中国社会科学院创新工程学术出版资助项目

肖超宇 —— 著

元末士人危素研究

社会科学文献出版社
SOCIAL SCIENCES ACADEMIC PRESS (CHINA)

序

　　肖超宇博士的专著《元末士人危素研究》即将由社会科学文献出版社付梓，希望我写上几句代序，考虑到此书是在其博士论文的基础上修订而成，而我对他的研究课题和写作情况比较熟悉。作为指导教师，从论文选题，到开题、写作、初稿修改，我和超宇有过多次交流与沟通，见证了他在论文写作中付出的艰辛努力和钻研精神，因而在尊作出版之际谈一些自己的想法，以表祝贺之意。

　　危素是元末明初著名文人，生于元成宗时代，卒于明洪武朝，经历了元明鼎革的时代变迁。在元顺帝妥欢帖睦尔统治时期，他先后出任经筵检讨、中书参知政事、岭北等处行中书省左丞等职，参与过辽、金、宋三史的史料征集与修撰以及《后妃功臣传》的编纂工作。另据碑铭记载，他撰有《宋史稿》50卷、《元史稿》若干卷，可惜已经亡佚，难以得见了。各种史料表明，危素在元末以精通文史名世。明兵进攻大都（今北京）时，危素欲以身殉国，有人劝慰说："国史非公莫知，公死是死国之史也"，基于此他才打消了自尽的念头。洪武元年（1368）八月，明兵占领大都，危素归附明朝。翌年，他与曾坚、张以宁、王时、胡益等故元旧臣被召至应天（今南京），"以新制衣冠赐之"，危素任新朝翰林侍读学士。然而朱元璋对危素以及其他元朝"遗臣"心存猜忌，不予重用。洪武三年（1370）冬，危素因遭到监察御史王著等人弹劾，被夺职、谪贬和州（今安徽和县），"阅再岁而卒"。

　　很显然，危素的个人经历和命运沉浮与他所处的时代有很大关系，这个人物非常值得探讨，然前人对他的研究相对薄弱，具有较大拓展空间。在充分论证之后，超宇决定以危素研究作为博士论文的选题，旨在通过这一人物为切入点，深入考察其在元末复杂政争中的政治选择以及多民族文化交相辉映的时代特征，以弥补前人研究的不足。我赞赏超宇的想法，希望他在爬梳元明文集、方志、碑刻等史料的基础上，把危素置于元明鼎革的时代背景下，精细地考察其生平、家世、婚姻、文史贡献等相关内容，以此探索他在元末明初的心路历程和时代巨变大势之下个体命运的艰难抉择，从而为我们以及后人更加全面地认识危素提供重要的参考依据。

作为本书最早的读者，我认为可以称道的有以下三个方面。

第一，穷尽式的资料搜集。研究危素的难度在于资料较为分散，搜集殊为不易。相对集中的材料除了危素本人撰述的《危太朴文集》外，还有《明史·危素传》和宋濂（1310—1381）的《故翰林侍讲学士中顺大夫知制诰同修国史危公新墓碑铭》，其余大多散见于元人文集、碑传、方志等资料。超宇利用电子检索技术先将辑得的资料编成长编，然后再根据研究的需要分别加以归类、辨析，将其作为立论的依据，这是史学研究的传统路数，也是最基础的工作。据我所知，作者在三年里可以说夜以继日，没有浪费一天的时间。读者从文末所附参考文献可知其用功之深。

第二，通过资料辨析，厘清了一些基本史事。现有搜集到的大量文献资料，通常存在着地域上、时间上、详略上、性质上的差异，有的史源不一，甚至存在抵牾或偏差，这就需要研究者对史料的真伪及可信度进行检验和甄别。超宇在这方面付出了很大努力。关于危素的家世、行实，尤其是他出仕之前的活动和家世情况文献记载殊少，并不清楚。作者在前人的基础上，最大限度地榨取资料中的有用信息，以此作为立论依据。如作者翻检危素《金溪黄氏墓记》时发现，危素的祖父危龙友是从金溪黄氏家族过继给危家的，危素应属黄氏血脉的后裔。事虽细微，却令人耳目一新。再如，以往的研究者大多认为洪武三年（1370）冬，危素被弹劾革职后谪贬和州，主要是让他为余阙守墓，这一认识似成定论，殊少异议。作者在综合分析各种记载之后，断言明廷令危素为余阙守墓事，于史不合，纯属后人附会。类似颇具新见的考证不止一处，显示了作者扎实的史学功底和强烈的问题意识。

第三，作者对危素交友圈及其在明初活动轨迹的考察具有独到之处。

元朝是我国统一多民族国家形成与发展的重要阶段，元代的文化是由各民族共同创造的。超宇在北京师范大学历史学院攻读硕士学位期间，跟着王东平教授学习中国北方民族史，受到了严格的学术训练，打下了很好的研究基础。2013 年考入中央民族大学攻读专门史博士学位后，又补修了民族学、民族理论和民族语言等相关课程，同时也受到了萧启庆先生"多族士人圈"观念的启示。他认为危素毕竟是一介文人，他的才情和诗文之所以能赢得时人的喜爱，除了他自身突出的诗文禀赋外，与其他各族诗文家的交往交流也激发了他研习学问的进取心。因此考察危素的交友圈，深度了解他与同时代其他文人交往的范围和相互影响，无疑是危素研究的重要内容之一。超宇通过查阅各种元人文集，辑录了大量危素与范梈、孙辙、吴澄、祝蕃、虞集、柳贯、揭傒斯、欧阳玄、黄溍、苏天爵、康里巎巎、余阙、迺贤、宋濂和王祎等诗文名流相互唱酬的资料，从而构建了危素的交游圈，其中康里巎巎、余阙、迺贤分别为康里人、唐兀人和哈剌鲁人，显示出各族士人的文化互动。

危素在元末做过官，后来在明初又被任命为翰林侍读学士，因此他的"遗民"身份受到质疑。所谓遗民，指的是经历改朝换代后拒绝在新王朝担任一官半职的人们。明初甘为元遗民者为数众多，其中大多数是汉族，杨维桢、郑玉、王翰等人就是典型的元遗民。以此标准研判，危素显然不属于遗民范围，而是"降臣"或"遗臣"，而"降臣"的结局及其在明初的活动无疑是危素研究难以绕开的议题。超宇从明初朱元璋对"降臣"的态度以及《元史》编修人员的选拔入手，探究危素在明初活动的轨迹和结局，这是一个非常好的切入点。

各种史料显示，从危素投附明朝那一刻起，朱元璋就对他们这批元代遗臣充满了戒心和不信任感。洪武三年（1370）六月十五日，当李文忠北伐的捷报传回京师、文武百官相率拜贺之际，朱元璋则下令："凡北方捷至，尝仕元者不许称贺"，这样就把一些曾经仕元的朝臣置于非常尴尬的境地，其中就包括危素、曾坚等在明兵攻克元都以后归附的降臣。他们这些人的结局大多不好，即便被尊称为开国文臣第一人的宋濂，最后也难以摆脱这种厄运，晚年因子孙犯罪受到牵连，被流放四川，死在中途。正如姚大力先生所言："对降臣结局的想象，正好反映出明初人们遗民心态的泛化"（《北方民族史十论》，第 261 页）。基于这种认识，超宇断言明廷令危素为余阙守墓之事纯属时人对降臣结局的想象，这是符合逻辑的分析，足资信据。仅就危素对元代典章制度和政治、经济、文化状况的了解，尤其是他对顺帝一朝史事的熟悉程度无有出其右者，朱元璋对此未必不知，然而他却无缘参与编修《元史》，修纂人员"不仕于元"和"不在官"的规定，很可能就是针对危素而下发的。这些讨论都有独到之处。

披阅全书，作者在充分吸收前人研究成果的基础上，精细地考察了危素的生平和相关问题，同时还就学界关涉危素的一些争议史事进行了考述，为研究元明社会变革以及多民族文化交融共存的时代脉动提供了一个生动的例证。

学人谙知，蒙元史已成为一门国际性学科，不仅入门起点高，而且治学传统悠久。值得庆幸的是，近年来越来越多的年轻学者投身这一领域，利用多语种文献和历史比较语言学的方法进行实证研究，取得了可喜的成绩。超宇就是这批优秀学者群体中的一员，相信诸君读完这部著作，能感受到他严谨的治学态度和扎实的学术功底。或许书中某些结论和方法还存在可以讨论的地方，但瑕不掩瑜，它的出版必将为我国元史研究的图景增加一抹鲜亮的色彩。最后希望超宇再接再厉，潜心治学，取得更多佳绩。

尚衍斌

2020 年 5 月 28 日

目 录

前　言

一　研究缘起

元朝作为中国统一多民族国家形成和发展的重要阶段，无论在政治上还是文化上较其他王朝都拥有更多的包容性与多样性。正因如此，以人物研究为切入点，探讨元朝政治、文化发展的特色以及多族士人圈的形成和互动，成为元史学界历来关注的重点。

危素（1303～1372），字太朴，号云林，是14世纪我国著名的文学家、史学家，也是元明鼎革之际重要的政治人物。他的大半生是在元廷的统治下度过的，晚年则由元入明，继续为新政权效力。但朱元璋对元朝故臣颇有成见，危素不幸遭贬流放，最终客死他乡。危素生活的时代，正是中国历史发生巨大动荡的时代。元朝后期政治黑暗，宫廷斗争纷乱，权势集团相互倾轧以争夺皇位；同时在元统治者残酷的剥削与镇压下，各地人民不堪其苦，接连起义。由此导致的长期战乱与政治分裂，严重地阻碍了社会经济的发展与文化的进步。在从分裂逐渐走向统一的过程中，出现过一批对社会发展起积极推动作用的人物，危素可以说是其中的代表人物。他一生在文学、史学、政治、艺术等许多方面做出过贡献，因此本书选取元明之际的危素作为研究对象，梳理其生平、交游和相关的学术活动等，旨在从个案的角度观察元末明初文人士大夫的政治、文化生活状况。笔者认为，本课题具有如下研究意义。

第一，危素是元末明初重要的历史人物，他不仅是跨越元、明两个朝代的人，也是一个备受争议的人物，因此具有较高的研究价值。危素自至正元年（1341）入朝以后，历仕翰林编修、太常博士、兵部员外郎、监察御史、工部侍郎，转大司农丞、礼部尚书，又拜参知政事，除岭北左丞，后弃官居房山。明兵入大都时，元顺帝北奔，危素应监国帖木儿不花旨复为翰林承旨，因不甘元朝实录毁于兵燹，遂求全其身，向明军投降。后来，虽然身居明翰林侍讲兼弘文馆学士，但一直不为朱元璋重用，最终遭御史弹劾，被贬放到和州，死于流所。尽管后世对危素失节于明朝的行为十分轻视，但他在史学等诸方面的成就还是为大家所认可的。元朝时，危素亲自参与了宋、辽、金三史的编修工作，出力尤巨；仕明后，太祖"数访以元兴亡之故"，又令臣工开馆修《元史》，其中亦得益于危素良多。据时人记载，危素曾私撰宋元史稿若干卷，可惜今已失传，这些都是危素在史学方面的贡献。此外，危素交游甚广，他师从吴澄，与名士虞集、黄溍、乃贤、苏天爵等皆有诗文唱和，在元末明初的文坛上占有很重要的地位。今有《云林集》《说学斋稿》行世，后人又在此基础上汇集其散作，整理成《危太朴文集》，集中反映出危素在文学方面的成就。

第二，作为元明之际的重要人物，危素受到学界的关注较少；就现有的相关成果而言，从深度上仍有深入研究的必要。以往多将研究焦点集中在对元朝统一、民族交融或元明理学做出过巨大贡献的人物身上，如成吉思汗、忽必烈、耶律楚材等人，前人对于他们的事功都做了全方位、精细化的研究。而研究相对薄弱的元末明初人物危素，虽然对一时之政治、文学、史学等方面的发展同样起到了推动作用，但学界关注还不够。笔者认为原因在于以下两个方面。一方面，已有的元后期研究成果多侧重于元末农民战争、边疆民族行政区域的管理与元曲成就的总结，致使这部分的研究形成了一定的思维惯性。近年来，学者们虽然逐渐把兴趣转移到江南士人文化圈上，考察某一地域内文人集团的形成与发展，但对重要的个案研究仍显不足。另一方面，有关危素的史料相对零散地分布于元明人物传记、碑铭石刻、台宪文书及地方志中，并且入明后危素的诗文几乎没有存留，完整、系统地进行整理具有一定的难度，所以有关危素的研究还相对滞后，目前仅有为数不多的几篇论文涉及他，研究深度略显不够。

第三，由于关涉危素的研究与文献资料相对缺乏，后人在述及危素行实时常常出现讹误，因此对危素展开深入的研究有助于勘误。例如，危素的生卒年，《中国历代年谱总录》（增订本）"危素"条（书目文献出版社，1996，第 161 页）、黄景行编《中国文学工具书辑略》"危素"条（浙江图书馆出版社，1985，第 131 页）、梁廷灿编《历代名人生卒年表》（商务印书馆，1933，第 101 页）等都认为其生于元元贞元年（1295），卒于明洪武五年（1372），享年七十八岁。这与《明史·危素传》的记载颇为相符。在一次明太祖的赐宴上，危素与朱元璋有一段对话，史官在描述完对话后紧接着记载道："时素已七十余矣。"虽然目前还无法确定此次赐宴的具体时间，但毋庸置疑是在危素被贬到和州之前。然而，宋濂《故翰林侍讲学士中顺大夫知制诰同修国史危公新墓碑铭》记载道："危公享年七十，以洪武五年春正月二十三日卒于和州含山县之寓舍。"这成为危素生卒年月的另一种说法。笔者认为上述文献出现抵牾，后人于此未加辨析，究竟危素生卒于何年何月，这个问题值得讨论；现存工具书及个别论文直接采用"年七十八"的说法也缺乏根据，无疑易将研究者引入歧途。再者，危素降明的举动长期以来被认为是失节的表现，致使后人对其赞誉者少、诋毁者多，评价有失公允；更有甚者，在吴敬梓的《儒林外史》中，危素被描绘成一位刻板守旧的老儒，一方面说明时人眼里的危素形象渐趋于固定，另一方面导致后世对危素产生越来越多的误解。因此，十分有必要再对危素做出更加客观、全面的评价。另外，笔者检索史籍发现《元海运志》的作者署名为危素，但在另一些文献中不仅找不到危素撰写过《元海运志》的记载，反而相同的内容却署他者之名。这也是学界对危素关注不足造成的。

二　相关学术成果

（一）关于危素生平经历的研究

危素作为元末明初重要的历史人物，目前还没有专著对其进行详细的考察，相关研究成果主要集中在论文部分。吴晓红的《危素研究》（中国地方史硕士学位论文，江西师范大学，1996）是最早探讨危素个人活动情况的文章，全文大体上可分为四个部分：第一部分介绍了危素身处的时代背景，第二部分叙及危素的家世与人生经历，第三部分概括了危素的理学、文学、史学成就，最后则是作者的评述内容。该文所涉内容十分丰富，较全面地勾勒出危素的一生以及他在文学、史学方面的贡献，就危素研究而言的确为首创之功，同时也引起了学界对危素的关注。但限于篇幅，有关危素其人的许多问题未能展开论述。

吴愫劼《元明易代之际悲剧人物危素研究》（中国古代史硕士学位论文，西北师范大学，2013）基本沿用了吴晓红《危素研究》的方法套路，在前人基础上对个别细节处做了补充说明。虽然文章以"元明之际"为题，但对危素在明朝的活动关注不足，并未展现出危素仕元时如日中天的地位，入明后是怎样一落千丈，以致其失节为后世所不齿终成"悲剧人物"的具体情况。另外，文章以"悲剧人物"为题定位危素似有主观臆断之嫌，易造成读者对危素的误读。

（二）关于危素交游的研究

武海波《危素交游研究——以师辈、同僚、方外友人为考察对象》（中国古代史硕士学位论文，暨南大学，2014）通过梳理危素与师辈、同僚、方外友人的关系来考察危素的交游情况，并以此探讨交游对危素个人经历所产生的影响。该文共分为四章：第一章概述了危素的生平经历，第二、三、四章分别论述了危素与师辈、同僚、方外友人的交游情况。作者在文中提出"虽然危素出身贫寒，但是危素在成长的道路上结识了许多名师和文化士人，这些师长对于危素的学术成长，尤其是在理学等领域的进步是非常明显的"，并进一步探讨了危素的交游对其人生经历和心态所产生的影响。作者的史学功底扎实，条理清晰且论证有据，但文章也存在一些可以改进之处：第一，关于危素的生平，文中仅仅做简单的铺陈，没有将交游与他的经历完整地结合起来；第二，作者选取危素与师辈、同僚、方外友人的关系做研究，却忽略了姻亲等方面的交游，如与危素交往甚密的虞集、曾坚、乃贤等人，文章并未述及，还有许多曾给予他帮助的友人，也并没有列入讨论；第三，文章只谈及危素择师交友后两者间的关系，却未详述危素择师的动机和交友的背景。

尚师衍斌在《读〈宋濂全集〉札记六则》（《中国边疆民族研究》第八辑，中央民族大学出版社，2014）一文中详细讨论了危素的姻娅及其入明后的命运，揭橥危素的经历实际与曾坚的下场有紧密的联系，并指出以危素为代表的一批由元入明的人物值得做深入研究。该文从姻亲角度观察危素交游的情况，这是以往学界没有注意到的。

此外，涉及危素交游方面的论文还有：利煌《范椁的生平和交游——

元代中期士人文化之管窥》（中国古代史硕士学位论文，暨南大学，2006）、王芳《柳贯交游考论》（中国古典文献学硕士学位论文，广西师范大学，2007）、段海蓉《元末江南士人在大都的活动——以乃贤为例》（《中国文化研究》2009 年第 4 期）、颜培建《元代史学家苏天爵交游考述》（《南阳理工学院学报》2010 年第 1 期）、刘东明《虞集之生平与交游》（中国古代文学硕士学位论文，华中师范大学，2012）、谭文选《张雨〈题张彦辅二画诗卷〉重录考略》（《美术学报》2012 年第 2 期）、魏红梅《从交游对象看余阙的交游特点》（《山西财经大学学报》2012 年第 S4 期）等，都有述及危素与研究对象之间的交游情况。

（三）关于危素文学等方面的研究

赵玉萍《危素〈云林集〉注释与研究》（中国古代文献学硕士学位论文，陕西师范大学，2015）是近期有关危素著作研究的一篇论文，文章分为两大部分：第一部分考察了危素的生平与交游情况，第二部分侧重于对《云林集》展开研究。作者通过对《云林集》版本的整理与内容的校注，讨论了危素诗歌的内容题材与艺术特点，认为他的诗歌恬淡平和，以通达晓畅为特色。不过，文章也指出，危素好为五言古诗，现存的诗歌多以应酬为主，显得格调不高。该论文的精彩部分在于对《云林集》的校注，这是以往学界所忽视的，却对危素研究大有裨益。

胡青、桑志军《危素学术思想探析》（《江西教育学院学报》1998 年第 5 期）从元明理学发展的角度切入，认为"危素是元代陆学向明代陆学过渡的重要人物"，并提出"元代一批江西学者坚持陆学，一批学者援朱入陆，朱陆汇合，这就使得陆学在江西从未中断，基础雄厚，并且为宋明理学的沟通创造了条件，而危素恰恰是这条学术承载线索中的关键人物"这一观点，肯定了危素在理学史上的重要地位，这是符合事实的。然而，作者在考述危素学术思想时，仅仅通过其师承关系进行分析，并没有从危素本人的文章出发去观察他究竟是如何做到了兼收并蓄、承上启下，也没有谈及接受理学前后危素的个人变化和他在当时的实际学术影响力。这使该文的论证过程未免显得单薄。

李超《危素文章"太音元酒"论》（《东华理工大学学报》2010 年第 3 期）和张文澍《蒙元之贰臣，朱明之废宦，易代之文人——论元明之际作家危素》（《厦门教育学院学报》2010 年第 4 期）两篇文章都是从文学史角度考察危素的活动情况，前者肯定了对危素文章"太音元酒"的评价，并提出"危素在后人心中的地位多少因他由元仕明而受影响"，学界应该重新给予危素客观、公允的历史评价；后者则深刻地指出危素诗文"包含了阿谀奉承、无可奈何，有时甚至自我麻木"的精神状态，同时也表示出对他因保存文献而晚年失节、投降明朝的理解。张氏还注意到了危素的生卒年月问题，对他的去世地点也存有疑问，体现出作者敏锐的文献观察能力，但文章主旨并不在于考证，故作者对这些问题也只是一带而过。

刘庆华《论〈儒林外史〉中危素的形象及其意义》（《明清小说研究》2010 年第 2 期）对比分析了历史上的危素与小说中危素形象的差异，指出吴敬梓将其塑造为一个完全负面的角色的原因，表达了原著作者对危素追逐功名的鄙视、厌恶以及对官场世相的批判。但刘氏先入为主地认为危素身仕二朝，是因为"太眷恋他那得之不易的名位了，终于不顾文行出处而仕明，乃至连身家性命也无法自保"，这一论断没有坚实的史料佐证，是不太符合事实的。

李圣华《"元季之虎"危素——兼谈〈儒林外史〉对危素的讽刺》（《文学史话》2012 年第 6 期）则是一篇以介绍性为主的文章，概括了危素的生平，并补充了一些危素在明朝时创作的诗文，最后感叹"危素如非谪居，入明诗恐亦有传，其仕明的不幸也是诗家的不幸"。究竟危素诗文如何高明，作者却没有做深入的分析。

温世亮《危素文学思想与创作实践平议》（《山西师大学报》2015 年第 1 期）从危素的文集出发，提出"文章有功于世"是危素文学思想的核心，堪称元朝后期"文道合一"音声的重要代表。不过，作者在论述"危素的文名却并未因他的身败名裂而冷寂寥落，在明代仍产生了不小影响"时，仅以宋濂为危素撰写墓志举例，旨在说明宋濂、王祎所开创的明代台阁文体是从危素那里继承而来的，这一推断过于草率。是否存在如温氏所言的文学承递关系，需要结合危素、宋濂等人的实际情况去考察。另外，危素入明后直至明中期归有光着手整理其文集，这段时间危素的文名可以说是"冷寂寥落"的，原因在于其失节的表现是为时人所不齿的，而与他同为贰臣的文人之间的交往也十分谨慎，自然失去了互相唱和的机会，因此温氏的论断仍有进一步展开讨论的必要。

（四）　其他涉及危素的研究成果情况

徐远和的《理学与元代社会》（人民出版社，1992）论述了危素的哲学思想，并简要介绍了他的文学、史学成就；么书仪的《元代文人心态》（文化艺术出版社，1993）专门辟篇幅对危素身仕二朝及最终被弃用的心态变化进行了讨论；师纶的《危素〈西宁王忻都碑〉及其他》（《民主协商报》2005 年 7 月 1 日）概述了碑文作者危素的生平经历；商传的《元末明初的学风》（《明史研究论丛》第七辑，紫禁城出版社，2007）也谈到了危素文学作品的影响；郝永伟的《元代江西文人诗集序文之整理研究》（历史学硕士学位论文，江西师范大学，2008）涉及《危太朴文集》序文的整理；李天白的《江西宰相传》（江西教育出版社，2008）考察了危素作为元末参知政事直至明朝被弃用期间的经历；张燕婴的《稿本〈故中书舍人南丰先生曾公谥议〉述略》（《文化遗产》2008 年第 3 期）亦有提及危素的个人情况。

总之，就目前的研究现状来看，关于危素的研究还存在许多不足之处，一些问题仍待解决，如危素的出生年份、他是否因护史而选择降明，以及他最终客死和州是否与守余阙祠庙有关等，尚有必要将这些问题逐一厘清，并借此深化学界对危素的认识。

第一章　危素的家世与早年经历

危素出生于江西临川习儒世家，因受家庭环境熏陶，自幼喜读诗书，曾从吴澄、范梈、孙辙等名儒问学、交游，为他日后的仕宦与文学道路打下了坚实的文化基础。危素在元末动荡的政坛上发挥过积极的作用，因其兼治文史，业有专攻，为后世儒林所称道。这主要得益于他早年的游学经历与家庭影响。因此，本章即对危素的家庭出身与其入仕前的活动略做讨论。

第一节　危素的家世

一　先世

（一）由河南迁至江西

危素曾说："危氏之始莫可稽，或谓周武王之妃感异梦而生，有文在手，似迂诞而难信，然疑若未可以遽削也。"[1] 由于年代久远，危氏的起源的确难以明辨，然而，所谓"周武王之妃感异梦而生，有文在手"一事，并非危氏之实际起源。太公吕尚女邑姜配周武王，载籍或称后或称妃不一，又有名"大姬"者，并非武王妃而是武王女，此已为前人辨正；[2]

---

[1]　（元）危素：《临川危氏家谱序》，《危太朴文集》卷6，《元人文集珍本丛刊》第7册，新文丰出版公司，1985，第434页。

[2]　参见（清）王鸣盛著，黄曙辉点校《十七史商榷》卷10《汉书》"张晏所讥"，上海书店出版社，2005，第72页；（清）周寿昌《汉书注校补》卷13《古今人表》"大姬"，《汉书疏证（外二种）》下册，上海古籍出版社，2006，第505页上。

武王遗有五子，曰姬诵，曰邢叔，曰叔虞，曰应侯，曰韩侯，姬诵受命践祚，是为周成王。其余四子则分别领有封地：邢叔封在今河南沁阳（一说陕西郿县）；叔虞封在今山西太原；应侯封在河南鲁山；韩侯先封在今河北固安，后徙封至陕西韩城。① 以"桐叶封弟"知名的叔虞，出生时由于手掌有文，故受名为虞，史称："当武王邑姜方震大叔，梦帝谓己：'余命而子曰虞，将与之唐，属诸参，而蕃育其子孙。'及生，有文在其手曰虞，遂以命之。"杨伯峻注曰："文，字也。据隐元年传孔疏，石经古文'虞'作'纵'，则掌纹或有此形。"② 危素所言的危氏起源是否即叔虞出生异象的映射，实在令人感到怀疑。不过，就现存成书较早的姓氏谱系专著来看，危氏家族的确在唐代以前不甚显著。魏晋谱学风行，隋唐尤盛，唐宪宗时林宝所撰《元和姓纂》集一代之大成，惜其原书散佚，后人又据《永乐大典》等书辑补而成，其中竟未见"危"姓；北宋邓名世与后世危素同为抚州临川人，著有《古今姓氏书辩证》，其书根据宋及宋以前历代姓氏文献，对当时所能见到的姓氏的起源、郡望、名人、流布做了充分的考证，有关"危"姓，氏著论述道：

> 危，谨按危氏不著于隋唐之前。唐末抚州南城人危全讽据郡为节度使，其弟仔昌为信州刺史，仔昌失郡奔钱镠，镠恶其姓，改曰元氏。而全讽在抚州，后与其婿钟正［匡］时战于象牙潭，正［匡］时执之而并有抚州。其族在临川有秘书郎傅，南城邵武有秘书丞序、著作佐郎雍及危扶。③

可见，危氏家族在隋唐之前并不显耀，少有其人能留名史册。危素谓其先世系周武王后人"然疑若未可以遽削也"，或许出于美化危氏渊源的心态。

---

① 参见杨伯峻《春秋左传注》"僖公二十四年"，中华书局，1990，第422页。
② 杨伯峻：《春秋左传注》"昭公元年"，第1218页。
③ （宋）邓名世著，王立平点校《古今姓氏书辩证》卷3"危"，江西人民出版社，2006，第43页。按，宋人避讳书"匡"为"正"，此据《新唐书·锺传传》改。

黄潽在《危府君墓志铭》中提及危氏"其先自洛徙汝南，又徙江南"①，宋濂则称"危氏封于新，其后居光州。晋永嘉中，建州刺史京迁建昌之南城"②。两方碑铭所书当为一事，但迁徙地点稍有龃龉。"洛""新"皆指洛邑，然而汝南、光州却分属两地，一在汝水之西，一在淮水之南，相距约三百里，不可以一论之。③ 危素追想先人事迹，故而在行文时偶有冠"汝南"于姓氏之上以示不忘。④ 然而，"晋永嘉中，建州刺史京迁建昌之南城"一事，仍值得讨论。永嘉为西晋怀帝司马炽的年号，其时战争频仍，大量北方人口南迁，史称"永嘉南渡"。但查诸史籍，西晋并未设置建州，更无建州刺史一称。西晋地方行政区划承袭东汉末年以来形成的州、郡、县制，"州置刺史，郡皆置太守，县大者置令、小者置长"。⑤ 而《晋书·地理志》载："晋武帝太康元年，既平孙氏，凡赠置郡国二十有三，省司隶置司州，别立梁、秦、宁、平四州，仍吴之广州，凡十九州。"十九州则为司、冀、兖、豫、荆、徐、扬、青、幽、平、并、雍、凉、秦、梁、益、宁、交、广州，⑥ 建州并不见于其列。稍晚的北魏曾置有建州，《魏书·地形志》曰："建州，慕容永分上党置建兴郡，真君九年省，和平五年复。永安中罢郡置州。治高都郡"，⑦ 地在今山西晋城。自魏孝庄帝设建州后，史书所记建州刺史有路希质、斛斯椿二人，⑧ 亦未见建州刺史有名危京者。南朝梁武帝普通四年（523）六月，曾"分广州置成州、南定州、合州、建州"，⑨ 地在今广东罗定，不过并没有于此建州设刺史。所以，危京身份的真实性颇令人怀疑。"建昌之南

---

① （元）黄潽：《赠太常博士危府君墓志铭》，王颋点校《黄潽全集》，天津古籍出版社，2008，第467页。

② （明）宋濂：《故翰林侍讲学士中顺大夫知制诰同修国史危公新墓碑铭》，载罗月霞主编《宋濂全集》，浙江古籍出版社，1999，第1459页。

③ 参见（明）顾祖禹：《读史方舆纪要》卷50《河南》"汝宁府"条，中华书局，2005，第2358、2381页。

④ 笔者所见危素文集中识以"汝南危素"仅有一处，见（元）危素《古灵书院记》，《危太朴文续集》卷1，《元人文集珍本丛刊》第7册，第494页。其余皆以"临川"或"抚州"冠名。

⑤ 《晋书》卷24《职官志》，中华书局，1974，第745～746页。

⑥ 《晋书》卷14《地理志》，第407～408页。

⑦ 《魏书》卷106《地形志》，中华书局，1974，第2481页。

⑧ 参见《魏书》卷40《陆俟传》、卷80《斛斯椿传》，第915、1773页。

⑨ 《梁书》卷3《武帝本纪》，中华书局，1973，第67页。

城"也与史实有出入，按照《晋书·地理志》的划分，建昌属豫章郡，南城属临川郡，二者皆为县一级别，不应存在统属关系。[①] 迟至宋太平兴国三年（978）改建武军为建昌军之后，南城才附属其下。[②] 所以笔者以为"晋永嘉中，建州刺史京迁建昌之南城"一事多有纰漏，反映出撰写该行状者对此段历史不甚熟悉，从而致使这样的讹误发生。或许我们还能从中窥得些许危素或其子于巘的家族虚荣心，通过层累地书写历史记忆来强化家族认同感与荣誉感。

（二）危全讽

史籍中提及的危全讽、危仔倡，是江西抚州危氏的近祖："唐之末世盗贼蜂起，黄巢党柳彦璋陷抚州。先南庭府君昆弟戮力平寇，攻彦璋于象牙潭……授府君刺史，府君之弟讳仔倡为新州刺史。"[③]"南庭府君"即危全讽，因其受封南庭王，故有是称。危素拜托黄溍为己父撰写墓志铭，黄由是较详细地转述了危全讽、危仔倡的事迹，其文曰：

> 唐泉州录事参军凝，有子曰亘，银青光禄大夫、检校刑部尚书、洪州别驾。亘之子曰全讽，曰仔倡，居抚之南城。当江淮寇盗充斥之时，合乡人立壁垒以自卫，而大破贼兵。朝廷因以命官：全讽金紫光禄大夫、检校司徒，守抚州刺史，兼御史大夫、上柱国、钱塘县开国男，累加太傅，封南庭王；仔倡特进检校太师、虔州防御使，守信州刺史、汝南郡开国侯。[④]

行状称全讽祖父凝为录事参军，父亘为银青光禄大夫、检校刑部尚书、洪州别驾，应为后世追赠的官衔。按，《新唐书·僖宗本纪》"中和二年（882）"条载："是岁，关中大饥。南城贼危全讽陷抚州，危仔倡陷信州"[⑤]，又《新唐书·锺传传》曰："中和二年（传）逐江西观察使高茂

---

① 《晋书》卷15《地理志》，第462页。

② 参见（明）夏良胜纂修（正德）《建昌府志》卷1《沿革》，明正德刻本，第1~3页。

③ （元）危素：《元氏世录序》，《危太朴文集》卷10，《元人文集珍本丛刊》第7册，第472页。

④ （元）黄溍：《赠太常博士危府君墓志铭》，王颋点校《黄溍全集》，第467页。

⑤ 《新唐书》卷9《僖宗本纪》，中华书局，1975，第274页。

卿，遂有洪州。抚民危全讽间传之去，窃州以叛，使弟仔昌据信州"①，可知全讽、仔倡为普通州民，并非官宦出身。此外，宋人路振还在《九国志》中详细介绍了危全讽的出身："全讽，临川南越人，世为农夫。初生赤而毛，丑状骇人，父母欲勿举，其姊保护之，仅得而全。"② 其时唐廷式微，不得不倚靠割据的藩镇势力来稳固政权，故而授之文、武散阶以荣其身，且唐末加"检校"衔者亦为虚衔，并非实职，③ 危全讽为检校司徒、危仔倡为检校太师，实为唐后期官阶趋滥、贬值的具体表象：

> 唐节度使带检校官，其初只左右散骑常侍，如李愬在唐、邓时所称者也。后乃转尚书及仆射、司空、司徒，能至此者盖少。僖、昭以降，藩镇盛强，武夫得志，才建节钺，其资级已高，于是复升太保、太傅、太尉，其上惟有太师，故将帅悉称太尉。④

唐乾符末年各地叛乱蜂起，危全讽"豪勇任气"，聚乡人武装自保，后由安南都护谢肇招安受命为讨捕将。中和五年（885），黄巢余党柳彦璋破临川、逐郡守，大掠而去，危全讽趁此入据临川，朝命授之抚州刺史。值吴武王杨隆演攻江西抚州，危全讽率虔、吉、抚、信四州兵十万屯象牙潭，不料为吴将周本所败而被擒。杨隆演念及旧情，其父杨行密"攻赵锽，遣使通聘于临川，全讽报礼甚至，粮运兵器皆取给焉"，所以将危全讽释放并给予赏赐，全讽卒后（天祐六年，909），"诸子随才叙录"。⑤ 后人往往目全讽为一介武夫，宋人吕南公《亡友黄显翁墓志铭》文曰：

> 士则生汉魏以后虽诚有才，犹与凡民无必异之势也。呜呼！显翁孰使不幸，迁、固至昀史述千卷，南城人列于传两武夫而已，周迪、

---

① 《新唐书》卷 190《锺传传》，第 5486 页。

② （宋）路振撰，吴在庆、吴嘉麒点校《九国志》卷 2《危全讽传》，《五代史书汇编》第 6 册，杭州出版社，2004，第 3244 页。

③ 参见赖瑞和《论唐代的检校郎官》，《唐史论丛》第 10 辑，三秦出版社，2008，第 106~119 页。

④ （宋）洪迈撰，孔凡礼点校《容斋随笔·三笔》卷 7《节度使称太尉》，中华书局，2005，第 510 页。

⑤ 《新五代史》卷 61《吴世家》，中华书局，1974，第 754~755 页；（宋）路振撰，吴在庆、吴嘉麒点校《九国志》卷 2《危全讽传》，第 3244 页。

危全讽是也。名德公卿亡矣，贤豪固不出下国乎？遭遇无期运乎？一何寥落之穷哉！①

实际上，虽然危全讽以擅武著世，但其人治政亦有可圈可点之处。路振《危全讽传》称他"敬爱宾客，善抚士民，颇有巧思，多所兴建，今城郭馆署皆其遗构也"确是事实，《全唐文》录有危全讽《重修抚州公署记》及《州衙宅堂记》两篇，详细记叙了其在抚州兴修土木的行迹。② 元人虞集在为抚州路达鲁花赤云中塔不歹撰写的《重建谯楼记》中说道："稽诸郡志，自刺史危全讽建府治于此，至于今四百余年。凡守郡有兴作，碑志略可考，而谯楼之岁月无述焉，盖亦已久矣。"③ 由此观之，危全讽于州府建设首创之功的确未被泯灭。

危素对于近祖危全讽的崇敬之情溢于言表，除了在先父行状中尽力美化危全讽的出身、际遇外，他还利用职务之便为危全讽追封谥号。至正二十二年（1362），"诏加封唐抚州刺史南庭王危全讽为南庭忠烈灵惠王"④，此条史料颇令人玩味，前后均与江西无涉，亦与危全讽无关，为何此时不缓不急地追封一个已故四百多年的地方割据势力首领？盖与危素时任参知政事有关。自祖宗被追封后，危素又撰《太祖忠烈灵惠英武南廷王全讽公像赞》来为其歌颂功德：

唐失其御，群盗冯陵。里里我祖，仗义兴兵。屡剪凶丑，邦邑载宁。传记可录，勇功智名。生聚保御，垂三十龄。情孚邻境，泽被鳏茕。威名丕烈，王爵南廷。皇锡嘉号，推恩幽明。英风凛凛，百世犹生。维忠维孝，后胤其承。⑤

---

① （宋）吕南公：《灌园集》卷20《亡友黄显翁墓志铭》，景印《文渊阁四库全书》第1123册，台湾商务印书馆，1986，第186页上。

② （清）董诰等纂《全唐文》卷868"危全讽"，中华书局，1983，影印本，第9092页下、9093页上。

③ （元）虞集：《抚州路重修谯楼记》，王颋点校《虞集全集》，天津古籍出版社，2007，第689页。

④ 《元史》卷46《顺帝本纪》，中华书局，1976，第962页。

⑤ （元）危素：《太祖忠烈灵惠英武南廷王全讽公像赞》，《危学士全集》卷9，《四库全书存目丛书》第24册，齐鲁书社，1997，第767页下。

危素笔下的危全讽被塑造成了一个上不负君命、下有恩黎民的英雄式人物,这样做确实可以为危氏后世树立起值得瞻仰、学习的形象;但危全讽出身草莽、割据一方,是唐末战乱的"群盗"之一,这样的史实也不会被掩盖。

(三) 危氏与元氏的渊源

由危全讽的胞弟危仔倡衍生的元氏家族,也与危氏后代保持着紧密的联系,如危功远与元明善相善就是一例。自危全讽兵败遭擒后,危仔倡则逃入吴越钱镠处,钱镠"恶其姓",以为刀下有厄不吉,故改危仔倡之"危"姓为"元"。① 危仔倡子元德昭为钱氏器重,出任吴越丞相,其九子中有八人均得荫官,幼子元守文入宋后中咸平年间进士,官至大理寺丞。元守文子元绛,为北宋知名文学家,曾支持王安石变法,后以太子少保致仕,谥赠章简。② 危素《元氏世录序》曰:"自易姓以来,危氏有讳清臣者尝与章简公以诗叙宗盟,章简公亦归南城界潭省墓,刻石永福寺。至尚书都官员外郎右正言讳佑,章简公实铭之",③ 叙及危、元两家世谊。元绛著有《玉堂文集》、《玉堂诗集》和《谳狱集》,惜皆已失传,故其与危清臣诗文唱和、危佑铭文内容实难查考。至于"省墓"一事,《舆地纪胜》言新城县南七十五里有危王墓,危王者乃危全讽、危仔倡之父,④ 元绛"归南城界潭省墓"应为祭拜高祖。危佑,字梦弼,天禧三年(1019)进士,后迁太常博士,因言诋宰相被谪廉州,元绛为其写墓铭,看来他可能也是新党人物。危佑有子曰固,字坚道,(正德)《建昌府志》有传曰:

> 少好学,以孝廉闻、推先泽,逊为庶人,作隐居诗以见志。诗曰:高士隐居处,迢迢绿水湾。数间玉川屋,七里子陵滩。出入是非外,醉醒文字间。千钟天子禄,不肯换清闲。元简肃公荐其文,除将作监主簿,赵清献公复荐之,召试馆职,皆不就。⑤

① 参见《新五代史》卷67《钱镠传》,第840页。
② (宋)苏颂:《太子少保元章简公神道碑》,《苏魏公文集》卷52,《宋集珍本丛刊》第12册,线装书局,2004,第604~609页。
③ (元)危素:《元氏世录序》,《危太朴文集》卷10,《元人文集珍本丛刊》第7册,第473页。
④ (宋)王象之:《舆地纪胜》卷35《建昌军》,中华书局,1992,第1522页。
⑤ (明)夏良胜纂修(正德)《建昌府志》卷17《隐逸传》,明正德刻本,第3页。

危佑遭到贬谪，也影响了其子的生活，以至于危固萌发隐逸之意。除了上引《隐居》诗外，危固还存留《送僧归西林院》、《广福院》和《福山寺》三首诗传世，皆流露出终老林泉之志。元绛、赵抃向朝廷举荐危固，一方面是爱惜其才，另一方面则是与其父有深厚的交谊。危、元两家关系密切，危素尝称"昔我太子太师章简公"以示两家实为同源异流。危素入居京师后还专门搜集过元绛的文集："素之先世藏公《玉堂集》《谳狱集》等书，兵毁之余无复存者。及客京师，得《玉堂集》二十卷于翰林国史院公库，因假传抄，盖为学士时代言之作也。又从鬻古书者得《玉堂诗集》十卷，余所得者《鹿苑寺记》等数篇而已。"① 这应该就是《宋史·艺文志》"元绛"条的来源。并且，危素以元绛事迹告诫后人："自公之没二百六十余年，吾宗诗书之泽犹未至于斩绝者，抑公有以振起于前软！后之人读公之书尚无怠于世业可也"②，"宗族之谊虽远而不可忘也"③，可见两家关系之密切。

危全讽六世孙有曰怦、曰忱分立门户，本宗危忱仍居临川南城，至危素时已分有三十六支；危怦则从南城徙居金溪，其下七世而列支有三。④黄溍《赠太常博士危府君墓志铭》载道："怦五世孙光大，有子曰鼎臣，府君之高祖也。曾大父曰时发，宋赠承事郎。"⑤ 时发子炎震是危素的曾祖，他曾中景定三年（1262）进士，危氏于此再次跻身朝班。至于危素以前危氏家谱多有修缮，南宋理宗时有字"福可"者修谱，其宗亲、工部侍郎危昭德及吏部侍郎冯梦得为之撰序；危炎震族弟危浩修谱，同郡周方序之。入元后，危瑞思续订族谱，危素叔危有成执之请袁桷为序，序有言："维漳州大夫与桷曾大父枢密越公同淳熙进士，同乙科，同著作，同

---

① （元）危素：《玉堂集序》，《危太朴文集》卷10，《元人文集珍本丛刊》第7册，第473页。
② （元）危素：《玉堂集序》，《危太朴文集》卷10，《元人文集珍本丛刊》第7册，第473页。
③ （元）危素：《元氏世录序》，《危太朴文集》卷10，《元人文集珍本丛刊》第7册，第473页。
④ （元）危素：《临川危氏家谱序》，《危太朴文集》卷6，《元人文集珍本丛刊》第7册，第434页。
⑤ （元）黄溍：《赠太常博士危府君墓志铭》，王颋点校《黄溍全集》，第467页。据危素称，其高祖危时发是唐江西兵马节度使黄表之后，则时发并非鼎臣亲生。见（元）危素《黄氏族谱序》，《危太朴文集》卷8，《元人文集珍本丛刊》第7册，第452页。

为番阳文敏公之门人。其弟南昌君族祖正肃公实铭其墓。"① 漳州大夫即危积，《宋史》有传。积，字逢吉，旧名科，淳熙十四年与袁桷曾祖袁韶同举进士，且二人皆出洪迈门下，有《巽斋集》；积弟名和，开禧元年进士，有《蟾塘文集》，袁桷族祖袁甫曾为之铭。② 危氏入宋以降，家族文教相承，培育出许多知名的文人士大夫，诚如危素所言："自宋淳化以来，以明经、述文擢科第仕于朝、于郡县者众多也。"③

二　家族成员

危素从小生活在书香门第，受到良好的文化熏陶，除了危氏本系重视文教外，他的母族、姑族亦对其成长产生了深远的影响，兹就危素整个家族中的一些重要人物做些探讨。

（一）曾祖危炎震

危素的曾祖危炎震，字子仁，为全讽十五世孙，"景定三年进士，调吉州司理参军，治狱明允，用举者，改秩以通直郎知临安府仁和县事，年未六十，以不能媚权臣，乞休致而去"④。司理参军为从九品，掌讼狱勘鞫之事，《宋史·选举志》载："太宗选用庶僚……又诏：'狱官关系尤重，新及第人为司理参军，固未精习，令长吏察视，不胜任者，奏判、司、簿、尉对易其官'"，⑤ 说明危炎震在司理参军任内的确有所作为，故而擢升至从六品知县。仁和县在今之杭州，入南宋后杭州升为临安府，仁和县遂升赤，地位尤为重要。关于危炎震"不能媚权臣"一事，元人吴师道《文丞相与危公书》有曰：

> 文丞相后来忠义轩天地，人所共知。当其在庶僚外郡，而与之托交，惓惓礼仪不少怠，若危君子仁者，非有过人之识，其能若是哉？丞相权直学士院时，草诏，以义切责贾似道，忤意迁罢，终抗不阿。

---

① （元）袁桷：《临川危氏族谱序》，《清容居士集》卷22，《四部丛刊初编》景元本，第6页。
② 参见《宋史》卷415《危积传》，中华书局，1977，第12452～12454页。
③ （元）危素：《临川危氏家谱序》，《危太朴文集》卷6，《元人文集珍本丛刊》第7册，第434页。
④ （元）黄溍：《赠太常博士危府君墓志铭》，王颋点校《黄溍全集》，第467页。
⑤ 参见《宋史》卷158《选举志》，第3699页；卷167《职官志》，第3976页。

危君宰仁和，闻贾欲荐擢之，即解印绶去。盖其志节合如此，宜其以类相求也。乃若以夙学硕儒自居，而附丽权奸，奉行其法以厉民者，有之矣，视此能无愧乎？①

"权臣"者乃贾似道，危炎震因不肯攀附权奸，故弃官而去，大有文人气节。危炎震与文天祥相知较深，文曾题危之堂署曰"种德堂"，② 不过，《文天祥全集》中未收录他与危炎震的书信，很可能是散佚了。所谓"其在庶僚外郡，而与之托交"，事当在文天祥中进士受官至他跻身朝班之间。文天祥宝祐四年（1256）中进士后，一生宦迹沉浮，出任过多处知州及提刑官，但他在景定五年（1264）十一月由瑞州知州改江西提刑，任至咸淳三年（1267），恰好与危炎震任吉州司理参军的时间相合，而其后危"知临安府仁和县"自然并非吴师道所谓的"庶僚外郡"，所以笔者推断两人很可能托交于此时，时任江西提刑文天祥负责审理一路狱讼，与危炎震自有上下级的关系，在此基础上，两人志气相投，遂结成挚友。危素尝读《〈西台恸哭记〉注》，跋曰："素之曾大父汝南郡公为吉州司理参军，（文天祥）公适家居，知遇尤厚，尺牍尚存，读此记为之太息久之。"③ 此时文天祥因遭黄万石弹劾"不尽丧礼"而闲居在家，故与危炎震愈发亲近。危炎震以通直郎身份致仕，按照宋代"一代初封赠父，文臣承事郎，武臣、内侍、伎术官、将校并忠训郎"的封赠制度，④ 危炎震的父亲危时发遂受赠承事郎。⑤

（二）祖父危龙友、表叔刘名山

危素的祖父危龙友，又名埴，字致尧，生于淳祐七年（1247）七月，工举子业。危龙友"胆气甚壮"，早年陪伴危炎震待在吉州衙署，夜里忽然看见狱中有一团怪火在地上旋转，他非但没有被吓退，反而引弓射之，

① （元）吴师道：《文丞相与危公书》，邱居里、邢新欣点校《吴师道集》卷18，浙江古籍出版社，2012，第658页。
② （元）危素：《先大父行状》，《危太朴文续集》卷7，《元人文集珍本丛刊》第7册，第570页。
③ （元）危素：《〈西台恸哭记注〉跋》，《危太朴文续集》卷9，《元人文集珍本丛刊》第7册，第589页。
④ 《宋史》卷170《职官志》，第4086页。
⑤ （元）黄溍：《赠太常博士危府君墓志铭》，王颋点校《黄溍全集》，第467页。

"怪遂绝"。危素曾撰《先大父行状》专叙龙友生平，但该文已有残缺，今只剩下前半部分，兹录其行实相关内容如下：

> 参知政事曾公渊子实府君从姑父，雅爱重府君，常携以从，因得尽游一时名人巨公间，而学问益广矣。父没扶丧归葬，服除而宋已内附，曾公方以宋二王之命经略潮州，府君往候之。厓山兵溃，曾公航海去，府君遍游南粤，辟潮州小江等处盐司提举。居亡何，弃去。江西平章政事史公弼闻名，召相见，府君野服诣门，长揖不拜，与论事甚说，署为南康路白鹿洞书院山长。府君闻之，一夕挈舟入彭蠡泽中，闻匡、庐、衡、霍多大儒古仙遗迹，即往寻之。游览最久间，为五七言诗以自娱，读其诗有甘贫贱、轻富贵、慕幽远之意。①

曾渊子，字广微，抚州临川人，南宋降元后仍辅佐二王用命，不知所终，其忠义节气为后世所激赏。曾渊子是危龙友的从姑父，也就是危炎震的堂姐（妹）夫、危素的族祖姑父，所娶危氏究竟系何人暂不可考。危素尝言危、曾两家四世通好，应该就是发端于此。元至元十三年（1276），南宋国主赵㬎呈降书以示内附，其时危龙友服丧期满，年三十一，则知危炎震卒于至元十年前后。曾渊子对危龙友的影响不可谓不大，直到至元十六年崖山之战，危龙友常伴随其左右，再加之其父不事权奸的气节，都促使他性格与志向的稳定和沉淀。所以入元以后，面对功名利禄，危龙友不为所动，以致"居亡何弃去"，"野服诣门，长揖不拜"。从《元史·史弼传》可知，史弼任江西平章政事在元贞二年（1296）前后，②

---

① （元）危素：《先大父行状》，《危太朴文续集》卷7，《元人文集珍本丛刊》第7册，第570页。

② 《元史》卷162《史弼传》，第3803页。不过，传内记史弼任平章政事一事过于简略，以致产生歧义，且纪年在元贞三年，但元贞并无三年。中华书局本校记曰："按元贞无三年，此云'三年'，当有脱误。《本证》云：'弼为同知枢密院事在武宗至大三年，为平章在延祐五年。'"然而，以上辨正、讨论的是史弼任中书平章政事的时间，实际上，原文上下文意指的是他从江西行省右丞升平章政事。此事，屠寄亦有论述，见《蒙兀儿史记》卷11《爱育黎拔力八达汗纪》"延祐五年"条，上海古籍出版社，2012，第153页上。不过，屠寄径自以为其任江西平章政事在元贞二年，而非三年，不知理由为何。笔者倾向于认同"元贞二年"说，主要是因为史弼的确任过江西平章政事，他从江西省左丞升至平章政事不太可能需要二十二年之久。

此时危龙友已五十岁，其间他并未出仕元朝，一直过着悠然的闲散生活。危龙友受命出任白鹿洞书院山长，其学问之精深概可想见，又不遗余力搜访耆儒名宿并延为书院经师，着实处处以教育树人为先念。所以危素在这样的教育氛围中成长起来，"先大父俾治儒业甚笃"①，自然有益于其日后的成长。

危龙友并非危炎震亲生，而是由金溪水南黄氏过继而来，此事尤当引起注意。② 危素受友人黄哗请托，撰写《金溪黄氏墓记》，道出了个中缘由："（黄）峻孙光仕王氏，官谏议大夫，分其子孙散居他郡，今邵武、南城、临川多其后也。徙抚州南梧桐坪者曰祚，梧桐今隶金溪；又有居板桥、水南、曹州、红门相去环十里间，族亦大……素之白鹿府君本出水南，俱谏议公后。"③ 危炎震配有王氏、彭氏，后皆追封汝南郡夫人，④ 两女并没有为危炎震诞出一子，黄溍在为危素之父永吉撰墓志铭时，仅仅叙及永吉父龙友配刘氏，竟未提到永吉祖炎震的婚姻情况，令人不解；而且就笔者所搜集的材料来看，危龙友似乎没有其他的兄弟姊妹。按，至元十年（1273）危炎震卒，时危龙友方二十六岁，而炎震自临安府仁和县致仕"年才五十有六"，⑤ 所以他们父子间的年龄相距实在三十岁以上，危炎震壮年以后仍膝下无子，只好从同县黄氏家里收养一子，承继家嗣。

危素《故刘君允恭夫人余氏墓志铭》云："至正十二年四月，寇陷抚之金溪，至秋，警报始达京师。素闻之大惊，莫知姻族之安否？明年素之曾外王父刘公之元孙文正以书来告。"⑥ "曾外王父"即危素祖母刘氏的父亲，其人暂无可考。刘公有孙曰名山，是危素的表叔，危素在其逝世后为其撰写祭文，文曰：

① （元）危素：《借书录序》，《危太朴文集》卷6，《元人文集珍本丛刊》第7册，第440页。
② 而且，危炎震的父亲危时发也是从黄氏过继而来的。由此看来，危、黄两氏关系非常，这种亲密的关系一直影响到危素的交游。
③ （元）危素：《金溪黄氏墓记》，《危太朴文集》卷5，《元人文集珍本丛刊》第7册，第430页。
④ （明）宋濂：《故翰林侍讲学士中顺大夫知制诰同修国史危公新墓碑铭》，载罗月霞主编《宋濂全集》，第1459页。
⑤ （元）危素：《先大父行状》，《危太朴文续集》卷7，《元人文集珍本丛刊》第7册，第570页。
⑥ （元）危素：《故刘君允恭夫人余氏墓志铭》，《危太朴文续集》卷6，《元人文集珍本丛刊》第7册，第551页。

昔在宋末，两代联姻。内附之后，事变多屯。顾念寒末，唯戴夫人。买田筑室，懿此情亲。叔父幼孤，先祖所爱。风波屹立，早阅世界。田畴屋庐，保守无坏。弥缝支拄，姻族实赖。壮而筮仕，游观京师。一命出宰，止或尼之。退处山谷，优游清时。凿池种树，宾友追随。推情及素，念其贫弱。缥籍扶持，恩义匪薄。书问之来，盈于庋阁。浪迹远游，守望依托。比使江南，归抵郡城。咫尺不见，简书有程。曾未几何，遂隔幽明。万里闻赴，涕泗交零。奔哭莫能，縻于职守。南望乡关，忧心如疚。友人葛将，亦公故旧。寄此清殇，为辞以侑。①

所谓"两代联姻"，抑或除危龙友娶刘氏女外，两家尚有婚姻亦未可知。由上文观之，刘氏务农为业，家境稍有余裕，有时还可以接济危家；刘名山成年后以方术远游，无心仕进，于是退居山谷，终日以寄情林泉自娱。刘名山一直很关心危素的生活，常常以书信问候，因而危素对这位表叔的感情很深厚。关于前述"素之曾外王父刘公之元孙文正"是刘允恭之子，笔者推断允恭很可能是刘名山之子。按，《故刘君允恭夫人余氏墓志铭》载："中书尝檄授（刘允恭）江西儒学提举司都目，夫人曰：'都目吏职不足为，且二亲年高，孰与代养？'"又言："（余氏）年三十有四丧其夫，而君舅寻卒，文正方十有六岁，外侮交至，夫人与君姑支吾纲纪，保完其家。"② 刘允恭是刘公某的曾孙辈，刘名山便为允恭父辈，危素言允恭及允恭舅卒后家庭全靠余氏及允恭姑母支撑，则知允恭没有叔伯，那么刘名山就是允恭之父。余氏三十四岁丧夫，看来刘允恭是中年殒命，这样一来，刘名山晚年失子，自然对侄儿辈的危素关爱有加，所以才会有"书问之来，盈于庋阁。浪迹远游，守望依托"的牵挂；而且刘名山讣告由其故旧葛将代为转告，这理应由直系亲属做的事为何却由外人代劳？很可能此时刘文正年纪尚小，而且也印证了"二亲年高，孰与代养"的隐含意思，即刘允恭没有亲生兄弟，或皆已亡故。

① （元）危素：《祭表叔刘名山文》，《危太朴文续集》卷10，《元人文集珍本丛刊》第7册，第591页。
② （元）危素：《故刘君允恭夫人余氏墓志铭》，《危太朴文续集》卷6，《元人文集珍本丛刊》第7册，第552页。

（三）父亲危永吉，叔父危功远、危有成

危素的父亲危永吉（1272～1328），字德祥，自幼好学，尤其喜爱钻研易经，可能是受其父危龙友的影响。[①] 永吉事父母至孝，母亲生病时他刲己股肉和药以服，并祈愿减去寿命来换取母亲的健康。危龙友任潮州小江等处盐司提举时，"小江岁课不登，督责甚峻，（永吉）不惮竭力服劳，倾私财以纾父之急"[②]，《元史·百官志》载，广东盐课提举司设置于大德四年（1300），[③] 下辖潮州小江等处盐司，[④] 此时危永吉二十九岁，已成家，故有"私财"以助父役。也许是提举官责任过重，所以危龙友才会"居亡何，弃去"，举家搬迁至云林山中。危永吉乐善好施，但实际上他的生活并不富足，"岁凶，出粟赈其邻里，而为粥以济路人，未始计家有无"，他本人则以勤俭持家，"身服田亩以为养，而薄于自奉，一布裘至十年不易"。[⑤] 危永吉兼善医术，曾著《医说》一卷。病人凡有请约，无论严寒酷暑，他都不拒亲至，遇到贫穷者则不收取药钱，颇有仁人之心。在危素眼中，父亲为人"平居气刚而和，警敏善料事，亲故有过，必加规正。有患难，必力排解之"[⑥]。危永吉因病逝世后，危素同僚袁士元曾作《挽抚州危德祥先生》五言长律，其序亦称赞永吉"伯仲孝爱，雍肃一门"，[⑦] 尽管其中未必没有为尊者讳的成分，但总体上看，危永吉品行端正、学通医易，能急人之难，这就为危素的成长创造了融洽的家庭环境，树立了良好的榜样形象。

文献记载危素有两位叔父，曰有成，曰功远，皆为危永吉胞弟。有成曾客居京师持危氏族谱请袁桷为之序，事见危素所撰《临川危氏家谱

---

① 危龙友爱好易学，常在家诵读周敦颐《易通》，并时有感悟。参见（元）危素《先大父行状》，《危太朴文续集》卷7，《元人文集珍本丛刊》第7册，第570页。
② （元）黄溍：《赠太常博士危府君墓志铭》，王颋点校《黄溍全集》，第467页。
③ 《元史》卷91《百官志》，第2314页。
④ 陈高华、张帆等点校《元典章·吏部》卷3"盐场窠阙处所"，天津古籍出版社，2011，第345页。
⑤ （元）黄溍：《赠太常博士危府君墓志铭》，王颋点校《黄溍全集》，第467页。
⑥ （元）黄溍：《赠太常博士危府君墓志铭》，王颋点校《黄溍全集》，第467页。
⑦ （元）袁士元：《挽抚州危德祥先生》，《书林外集》卷1，《续修四库全书》第1324册，上海古籍出版社，2002，第549页。

序》，然而他不幸客死他乡，由其弟归葬于临川。① 元人任士林《庆元路道录陈君墓志铭》中提及"温州路道录危有成"曾受教于传主陈可复，疑此危有成即危素之仲父。② 陈可复卒于大德十一年（1307），任士林为之作铭在至大元年（1308），知此时危有成尚为温州路道录，这与危素自谓"素在童子时"叔父求序于袁桷的时间大致符合；而袁桷撰序时危有成已故去，说明有成卒年在泰定四年（1327，袁桷卒年）之前，上述"温州路道录危有成"的行年的确符合危、袁二人的叙述，借此则推断出危素仲父危有成很可能出任过温州路道录。巧合的是，危素的另一位叔父危功远乃道士出身。危素《先天观诗序》云："素之叔父功远甫，少从尊师学在京师，以观之图及四明戴先生所为记，求题咏于朝之名卿大夫，清河元文敏公与先叔父为莫逆交……太史临江范公德机之诗曰'玉堂学士危与吴'，谓先叔父及玄教宗师鄱阳吴公也。"③ "鄱阳吴公"即玄教掌教吴全节，危功远能与之相提并论，可见危在道教中地位之崇高。危功远交游广泛，元明善、贡奎、吴澄、袁桷、赵孟頫、虞集等人皆以诗文相赠。危功远又称危虚室，"虚室"不知是其字还是其号，吴澄《虚室记后铭为危功远作》有曰：

> 室则有居，曷其为虚。虚则无质，何者为室。既无有室，曰虚奚谓？室岂其名，虚岂其字。弗可以字，而乌乎记？弗可以名，而乌乎铭？古古今今，信信宿宿。了无一有，万有具足。④

故而元明善在诗文中常以危虚室相称，如《虚室记》《次韵危虚室过居庸》等。袁桷亦有《送危功远》一诗云"居庸关外雪模糊"，盖与元诗所涉为同一事。虞集《送道士危亦乐并序》曰："往年，亦乐之从父曰虚室

① （元）袁桷：《临川危氏族谱序》，《清容居士集》卷22，《四部丛刊初编》景元本，第6页 b。

② （元）任士林：《庆元路道录陈君墓志铭》，《松乡集》卷3，景印《文渊阁四库全书》第1196册，台湾商务印书馆，1985，第535页下。

③ （元）危素：《先天观诗序》，《危太朴文集》卷9，《元人文集珍本丛刊》第7册，第469页。

④ （元）吴澄：《虚室记后铭为危功远作》，《吴文正公集》卷27，《元人文集珍本丛刊》第3册，新文丰出版公司，1985，第466页上。

君,与予最相善。虚室归江南,予尝送之曰:落花如海思归夜,剪烛裁诗又送君。"① 后又有《挽危公〔功〕远道士》首二句"剪烛裁诗忆送君,落花如海政缤纷"②,也可印证虚室乃危功远之别称。

究竟危有成与危功远是否为同一人,囿于史料难以分辨。若认为二者为一人,有成、功远分别为其名或字,主要有以下依据。第一,身份相近。如前所述,危有成曾任温州路道录,而危功远是道教名流,以他能与吴全节相埒的地位,应该也会有相应的官职授受。第二,交游相同。记叙危有成交游的史料仅有危素《临川危氏家谱序》一则,袁桷只不过印证了危素的说法:"族孙有成尝曰:'两家畴昔若是,谱非子叙不可。'不幸有成卒,其弟归其骨于临川,遂不负其言而序之。"③ 关于危功远交游的材料颇为丰富,除去上述吴澄、元明善等人诗文酬答外,袁桷《清容居士集》中尚有《同复初功远饮仲章家观芍药分韵得一字》、《舟中得功远琼花露戏成三绝》、《送危功远》(三首)、《题危功远山水》、《危功远道士》、《书薛严二道士〈双清编〉》等诗文涉及危功远,贡奎诗《发通州》序曰:"时同袁伯长、危功远南归",④ 亦可以表明危功远与袁桷关系之深,且袁桷《同复初功远饮仲章家观芍药分韵得一字》诗题中"复初"者即元明善之字,恰好印证了危功远与元明善"为莫逆交"的说法。第三,卒年相似。危有成卒于袁桷《临川危氏族谱序》写成之前,危功远也早于袁桷逝世,故而袁有《祭危功远》文,赵孟頫亦撰诗《挽道士危功远》以示悼念。赵过世在至治二年(1322),则危功远卒年又当早于此。若二者不为同一人,则可能是因为以下原因。第一,名、字、号难辨。文献中"有成""功远"皆单独出现,其后未加字、号,而危功远又称危虚室,亦不知虚室为其字或号。第二,同一文献中称呼不同。危素文集中提及叔父者见《临川危氏家谱序》与《先天观诗序》:前者作于泰定二年(1325),称"仲父有成";后者作于至正十一年(1351),称"叔

---

① (元)虞集:《送道士危亦乐并序》,王颋点校《虞集全集》,第 169 页。
② (元)虞集:《挽危公远道士》,王颋点校《虞集全集》,第 172 页。
③ (元)袁桷:《临川危氏族谱序》,《清容居士集》卷 22,《四部丛刊初编》景元本,第 6 页。
④ (元)贡奎:《发通州》,《云林集》卷 4,《北京图书馆古籍珍本丛刊》第 96 册,书目文献出版社,1998,第 57 页上。

父功远甫",虽然前后相距二十六年,但系出同一文献。袁桷《清容居士集》中叙及"危有成"者仅一处,其余皆是与"危功远"酬唱之作,所以从文献上看,"危有成""危功远"似为不同的两个人。第三,袁桷述及危有成卒后尸骨为其弟所收拾,可以肯定的是危有成还有一胞弟,前者危素又有称呼"仲父""叔父"的区别,这样一来就容易造成危功远乃危有成之弟的感觉。尽管暂时无法弄清有成与功远究竟是否同为一人,但危素有一位道士叔父是可以肯定的,这影响了他日后的成长和交游。

危永吉有一妹,嫁与同乡刘永定。永定有家学,"我大父白鹿府君自邑徙居山中,适相近,闻公以文献故家实世其业,妻之以季女"。这位姑父不仅对危素的学习成长起到了很大的帮助,也多次帮助危家经营生计,"家数罹忧患,公经纪备尽,其道隆婚姻之义莫先焉"①。另外,危素曾作《游石门寺有怀表兄张伯玉》一诗,此表兄应系姑表亲戚,也就是说,危永吉尚有一姊妹嫁予张氏,但张伯玉生平已不可考,危素诗末言:"肠断张郎成阻越,独攀苍竹听渔歌"②,恐怕是英年早逝。

(四) 大母邓氏、生母黄氏

危永吉先后娶同里邓氏、建昌黄氏为妻,危素乃黄氏所出。邓氏为忠义社统领邓克志的孙女,危素有《怀母》诗一首,笔者认为即追怀其母邓氏,诗曰:

> 季春天多阴,往拜慈母墓。恸哭长松根,声彻泉下土。母殁儿尚髫,儿啼母仍苦。儿长母不见,岁远益愁慕。白日向西流,沧波自东注。凄凄石上云,翳翳谷中树。抚景抱长恨,苍天莽难愬。③

诗中提到危素幼年丧母;危素还曾于延祐戊午 (1318) 作《春日上高桥阡》诗,高桥阡即高桥原,是危氏祖坟所在地,诗曰:"春草如带长,生

---

① (元) 危素:《处士刘公墓志铭》,《危太朴文续集》卷5,《元人文集珍本丛刊》第7册,第550页。

② (元) 危素:《游石门寺有怀表兄张伯玉》,《危太朴云林集》卷1,《元人文集珍本丛刊》第7册,新文丰出版公司,1985,第380~381页。

③ (元) 危素:《怀母》,《危太朴云林集》卷1,《元人文集珍本丛刊》第7册,第379页。

于阿娘墓。不见墓中人，但见墓上树"①，危素时年十六岁。根据黄溍
《墓志铭》的记载，危素是嫡长子，生母为黄氏，其下有弟六人、妹二
人，而且叙危永吉的婚姻为"娶同里邓氏，忠义社统领克志之孙女，今
封宜人；再娶建昌黄氏，奉训大夫、瑞州路总管府判官顺翁之女"②，由
此可知黄溍在撰文时邓氏已殁，故有宜人之封，而黄氏尚存，所以未言及
其封赠名号。根据《元史·选举志》的规定："正五品封赠父母，爵县
子，勋骑校尉，母、妻并县君。从五品封赠父母，爵县男，勋飞骑尉，
母、妻并县君。……正从七品封赠父母，父止用散官，母、妻并宜人"③，
而危素曾谓"余之母偃师县君，又（邓）汝贞之族祖姑也"，④ 则知邓氏
因危素官阶的升迁，后来又受到加封，其已故去多年。有关"忠义社"
的发展与演变，前人已多有研究，⑤ 盖为一种民间武装自保组织；至于邓
氏"忠义社"的兴革，危素有过简拪的记叙：

> 宋既南渡，苗刘作乱，诏民得立社自保……（邓）雾与同里傅
> 氏亦起兵，久之它社皆罢，惟邓、傅两社存，旌曰忠义，号其帅统
> 领，令世袭其职，至迪功郎时昇族益大。元赠忠翊校尉、南康路同知
> 建昌州事丰字子茂，生子希颜……为巡检，已而并罢其社。⑥

据道光朝《金溪县志·忠义传》知，邓氏忠义社统领先后有邓雾、邓需
（雾弟）、邓时昇（需族孙）、邓克济（时昇子）、邓持志（时昇孙）、邓
卓（持志子）、邓希颜（持志孙）共七人，⑦ 承袭关系明确，未见有黄溍
所谓"忠义社统领克志"其人。邓汝贞本为邓希颜长子颐娶危氏所出，
后过继给希颜侄邓涣为子。危素嫡母邓氏既为汝贞族祖姑，则与邓希颜

---

① （元）危素：《春日上高桥阡》，《危太朴云林集》卷 2，《元人文集珍本丛刊》第 7 册，
　　第 386 页。
② （元）黄溍：《赠太常博士危府君墓志铭》，王颋点校《黄溍全集》，第 467 页。
③ 《元史》卷 84《选举志》，第 2114 页。
④ （元）危素：《邓汝贞墓铭》，《危太朴文续集》卷 6，《元人文集珍本丛刊》第 7 册，第
　　553 页。
⑤ 参见史江《宋代会社研究》，博士学位论文，四川大学，2002。
⑥ （元）危素：《邓汝贞墓铭》，《危太朴文续集》卷 6，《元人文集珍本丛刊》第 7 册，第
　　553 页。
⑦ （清）松安等纂修《（道光）金溪县志》卷 12《忠义传》，清道光刻本，第 1 ~ 5 页。

同辈。希颜为邓持志孙，那么邓氏当为邓持志孙女，"邓克志"者或是讹误。危、邓两家关系十分亲密，邓汝贞的母亲恰恰又是危素的族祖姑，即危炎震胞弟之女，而邓汝贞实为危素门人，生于至大四年（1311），① 可知邓母危氏年龄不大，在危家中辈分却很高。由此又可以间接地印证，或许危炎震兄弟两人年龄相差较大，危龙友过继时其弟尚未成家生子，也可能危炎震弟仅得女儿，无法过继给他，炎震只好从黄氏家族那里求取继嗣。

危素生母黄氏，为瑞州路总管府判官黄顺翁之长女。黄顺翁（1243～1314），字济川，危素曾为他撰写行状，并请黄溍铭之，《新元史》有传。黄顺翁"少勤学，卓荦有才气"，受命为盱江书院山长，后诏授武冈路新宁县尹，以劝降徭乱有功，民人以其宅邸立生祠纪念。大德四年（1300）调龙兴路税课提领，九年迁抚州金溪县丞；皇庆元年（1312），升江州路德化县尹，延祐元年（1314）以老得谢，授奉训大夫、瑞州路总管府判官致仕。② 顺翁为官有惠政，且与吴澄、程钜夫、张山翁等一时名流相善，程曾作《送黄济川序》曰：

> 数十年来，士大夫以标致自高，以文雅相尚，无意乎事功之实。文儒轻介胄，高科厌州县，清流耻钱谷，滔滔晋清谈之风，颓靡坏烂，至于宋之季极矣。穷则变，敝则新，固然之理也。国朝合众智群力一宇内，自管库达于宰辅，莫不以实才能立实事功，而清谈无所用于时。若吾盱江黄君济川，以殷之士而用于周，其通才修能，有今之实无昔之虚，所谓应时而特起者也……君前于治民而可，则今于理财吾知其可也，而君之才岂但于治民理财为可哉？试于其小固将试于其大。君行矣，吾又当有以赠君：虚口谈仁义，通儒固所羞。是间惟尔可，券外岂予求。出淤红莲净，经寒翠竹修。勖哉须

① 参见（元）危素《邓汝贞墓铭》，《危太朴文续集》卷6，《元人文集珍本丛刊》第7册，第553页。
② 参见（元）黄溍《奉训大夫瑞州路总管府判官致仕黄公墓志铭》，王颋点校《黄溍全集》，第465～466页。

远业，古有济川舟。①

此序应作于黄顺翁迁龙兴路税务提领之际，时程钜夫任江南湖北道肃政廉访使。由序文可知，黄顺翁善于治民理财，能务实，程亦对其充满了期许之情。黄到任龙兴之后，江西平章政事史弼曾私从其学《论语》《大学》，受益匪浅，为此，史弼之父登门向黄致谢："吾儿子免旷官之责者，先生之力也。"② 黄顺翁之学问造诣由此可见一斑。危素对外公的印象是"天性乐易，无老幼待之以诚，与人言恳恳详尽，故咸乐亲之"③。在这种环境里生长的女儿嫁到危家，言传身教自然影响危素的成长，黄溍记曰："素之母有疾，出公（黄顺翁）小像并书一通以授素，令谨藏之。母没，启其书，则谓素渐长，盍端仪表以正之？读书乃其次也。素由是知为学之本末次第，而有以用力焉。"④

（五）妻室与子女

关于危素的家庭，宋濂《新墓碑铭》曰："公娶舒氏，先三十年卒；再娶赵氏，先十一日卒，俱封楚国夫人。子男子二人：㲚，中至正二十年进士第，累官承直郎大都路同知蓟州事，今为安庆府儒学教授；游，登仕郎大都路儒学提举，亦前年卒。女六人：一适同邑曾㑺，坚之子也；余皆夭。孙二人：长太平夭，次德童。"⑤ 舒氏系何人之后，暂不可察。不过，危素文集中屡见名舒彬、字文质者，疑为危素姻亲。危素《广信文献录序》称舒彬两次游京师，意在修整典籍，但舒友蓝仁曾作诗，题曰《海上行送舒文质之京赴危大参之招》，似乎舒彬并非出于本人意愿前往京师，而是受到危素的邀请。然而缘何招舒彬来京，危素文集中只字未提。由于舒彬为广信永丰人，地近临川，是不是危素姻亲，故而招之京

① （元）程钜夫：《送黄济川序》，《雪楼集》卷14，景印《文渊阁四库全书》第1202册，台湾商务印书馆，1985，第179页下、180页。
② （元）危素：《元故奉训大夫瑞州路总管府判官黄山行状》，《危太朴文续集》卷7，《元人文集珍本丛刊》第7册，第566页。
③ （元）危素：《元故奉训大夫瑞州路总管府判官黄山行状》，《危太朴文续集》卷7，《元人文集珍本丛刊》第7册，第566页。
④ （元）黄溍：《奉训大夫瑞州路总管府判官致仕黄公墓志铭》，王颋点校《黄溍全集》，第466页。
⑤ （明）宋濂：《故翰林侍讲学士中顺大夫知制诰同修国史危公新墓碑铭》，载罗月霞主编《宋濂全集》，第1465页。

师？舒氏先危素三十年而卒，此值至正二年（1342），素方四十岁，甫任经筵检讨。危素继室赵氏乃元将仕郎、漳州路总管府知事赵嗣椿长女，[①]嗣椿又名宏道，字良夫，江西临江人。赵氏曾求危素为其父作墓志："余继室赵氏，数泣而言曰：子以文章铭述功德，而先君子之没，未有以志诸幽者，子宜为之。"[②] 据墓志知，赵嗣椿卒于至正四年，享年六十八岁，其嫡长女嫁予危素，也就是说，赵氏嫁给危素是在舒氏卒后、嗣椿卒前，即至正二年到至正四年。

未知嫁时赵氏年方几何，不过就危素长子危伋而言，其当为舒氏所出，而非赵氏所生。（同治）《金溪县志·选举科甲》载："至正十六年丙申乡试，危伋，素子，一作于巘……至正二十年庚子会试魏元礼榜，危伋，直隶安庆府教授。"[③] 元代规定"年及二十五岁以上"方可参加科举，尽管实际上并未完全按照该规定执行，[④] 但就危于巘而言，若为赵氏嫁予危素后所出，参加乡试、会试的年龄则分别为十三岁、十七岁，这恐怕是极其罕见的；而且，自于巘登进士第后，即授大都路同知蓟州事；其弟游，虽难以考察其是否亦为科甲出身，但在元仍官至大都路儒学提举，此等职位一般少见年轻人出任，所以笔者倾向于危素二子皆其前妻舒氏所生。这一点在黄溍《危府君墓志铭》中也有提及："（危永吉）孙男二人：伋，游；女一人。"[⑤] 此铭作于至正六年冬，说的是危素的子嗣情况，其实迟到至正五年赵氏仍在江西（详见下文），自她嫁予危素后不过二三载而已，其间并无机会相聚，因此这里记载的"孙男二人"应该是舒氏所出。

需补充说明的一点是，有关危伋的姓名问题。方龄贵先生在《〈元史〉纂修杂考》一文中曾谈到，他所见不同版本的宋濂《吕氏采史目录序》及《危公新墓碑铭》皆作"危於"，而贝琼《送危于巘赴安庆教授

---

① "漳州路"疑误，元代并未设此路。按墓志知，其与范梈相厚善，其在任漳南路总管府知事时，梈曾书其额曰"衡平"。范梈曾任海南海北道廉访司照磨、福建闽海道知事，或许此时与赵相识，并予题字，故"漳州"也许是漳州之误。

② （元）危素：《故将仕郎漳州路总管府知事赵府君墓铭》，《危太朴文续集》卷6，《元人文集珍本丛刊》第7册，第555页。

③ （同治）《金溪县志》卷17上《选举科甲》，清同治九年刻本，第4页b。

④ 萧启庆：《元代进士辑考》，"中央研究院"历史语言研究所，2012，第9页。

⑤ （元）黄溍：《赠太常博士危府君墓志铭》，王颋点校《黄溍全集》，第468页。

序》则称"危于巘",二者未知孰是。朱彝尊《跋危氏云林集》提出,其名正作"于巘",载记脱去"巘"字;全祖望《跋危学士云林集》则认为"于巘"是其字,正名当为"危仴"。据上,方先生赞同全氏之说,怀疑"于巘"是危仴的字。① 萧启庆先生引用了方氏的观点,然而或许是排版的原因,氏著《元代进士辑考》中,"危仴"仍作"危於",萧先生在介绍此人情况时,一度混淆了危仴与其父危素的事迹,如误认为危仴卒于洪武初,且有一女配曾坚子,② 实际上这是危素的行实。危素长子名仴,字于巘,宋濂在文集中早有提及:"云林先生危公冢子□,字于巘。"③ 此即关于危仴名、字的最直接证据。笔者赞同萧先生关于危仴登至正二十年庚子科的观点,他谈道:"此榜产生时,政治情势已快速恶化。河南、两浙、江西、四川等地已非元廷所能控制。有些地区无法举行乡试,如陈友谅所控制的江西,'丙申(至正十六年)而后,江西亦不复举矣'!本科虽有两名原籍江西的进士登第,其中王彰系以大都流寓科参与会试,而危於〔引者注:当作仴〕之父素长期供职大都,於〔引者注:当作仴〕当亦是在大都就试。"④ 这一说法的确符合当时的环境。危仴曾经请父亲帮助仕进,却遭到危素的严词拒绝:"贤才未进,吾敢私尔乎?"⑤ 由此亦可察危素品性之一端。许慎《说文解字》"仴"云:"古人名仴字子游。"段玉裁注曰:"晋有籍偃、荀偃,郑有公子偃、驷偃。孔子弟子有言偃,皆字游。今之经传皆变作偃,偃行而仴废矣。"⑥ 这可能就是危素次子名游的缘故。

至于危素有女嫁予曾坚之子曾伓一事,尚师衍斌已有述及,⑦ 于此不赘。危女究竟为谁所生已难辨明,原本危素为曾坚撰有墓志,此事见宋濂《曾学士文集序》文末,直至清代该墓志依然存世。清人傅占衡《书危太

① 方龄贵:《〈元史〉纂修杂考》,《元史丛考》,民族出版社,2004,第28页。
② 萧启庆:《十四科进士辑录》第12科,《元代进士辑考》,第365页。
③ (明)宋濂:《题危云林训子诗后》,载罗月霞主编《宋濂全集》,第882~883页。"□"是原文内容。
④ 萧启庆:《十四科进士辑录》第12科,《元代进士辑考》,第361页。
⑤ (明)宋濂:《故翰林侍讲学士中顺大夫知制诰同修国史危公新墓碑铭》,载罗月霞主编《宋濂全集》,第1465页。
⑥ (清)段玉裁:《说文解字注》,上海古籍出版社,2012,第309页。
⑦ 尚衍斌:《读〈宋濂全集〉札记(六则)》,《中国边疆民族研究》第八辑,2015,第203页。

朴曾子白文后》就提到，他曾看过曾坚的墓志："偶游僧庵，遇曾蕴鲁谈危太朴事，因告余《陶源曾氏家谱》中有太朴所为曾坚子白墓志，予以太朴又集湮没，散见者亦罕矣，欣然请观。蕴鲁抱之来，果见危志二篇，其文淳健有法，为元儒笔不谬。"① 可惜该谱今已不存，危氏所作墓志亦难寻迹。不过，在方志中我们可以找到关于曾坚儿子的情况。（康熙）《金溪县志·曾坚传》曰："（曾坚）子六人，佹、仰、偕最知名，佹即危朴子婿。仰字昂夫，能读父书，亦举进士，授云州判官，危素所取士也。"② 曾佹曾为国子生，不过他年寿不高，早在至正八年（1348）就去世了。③

（六）其他亲戚

危素有一弟危瓛，字朝献，官卫府纪善，善行楷，此说出自清代《六艺之一录》《佩文斋书画谱》，而两书分别注明材料来源为《吾学编》《书画记》。《吾学编》为明人郑晓所编，是一部洪武至正德朝纪传体史书，《书画记》则是清初吴其贞所作，稍为晚出。然而，据黄溍《危永吉墓铭》知，危素乃黄氏出，为嫡长子，其下有弟六人，分别为苍、白、舟、次、会、点，虽皆名不见经传，但其名却历历可考，并没有危瓛其人。不过，危素曾说道："南宫画幽深无际，出有入无，此卷旧在梁礼部思伯，爱之，时置几案，舍弟得与观焉。"④ 可见他的确有个懂书法的弟弟。历史上的危瓛，与危素所处时代较远。据（嘉靖）《江西通志·抚州府》载，危瓛为金溪人，曾参加洪武十七年（1384）甲子乡试;⑤ 并在洪武十八年会试中名列前茅，赐同进士出身,⑥ 而后才授卫府纪善，即卫王朱植府内掌管讲授之官。此时距危素逝世已十二年，遑论距素父永吉卒有五十七年之久（且危永吉享年五十七岁），所以危瓛不太可能是危素的胞

① （清）傅占衡：《书危太朴曾子白文后》，《湘帆堂集》卷5，《清代诗文集汇编》第27册，上海古籍出版社，2010，第48页下。
② （康熙）《金溪县志》卷5《文苑·曾坚传》，清康熙二十一年刻本，第2页b、3页a。
③ （元）危素：《曾夫人何氏墓碣铭》，《危太朴文续集》卷4，《元人文集珍本丛刊》第7册，第536页。
④ （明）李日华著，屠友祥校注《味水轩日记》，上海远东出版社，1996，第147页。
⑤ （明）林庭㭿纂（嘉靖）《江西通志》卷20《抚州府·科考》，明嘉靖刻本。
⑥ （明）张朝瑞：《皇明贡举考》卷2"洪武十八年会试"条，《续修四库全书》第828册，上海古籍出版社，2002，第183页下。

弟，而应该是其族亲。

武海波《危素交游研究》言："危进，字伯明，金溪人。危素之子。善书法和诗文"，却未注明出于何处。① 宋濂与危素契谊深厚，为其撰铭曰："子男子二人"，曰赻、曰游者皆有生平可考，何故凭空又多出一子名危进？笔者经过爬梳史料，知其出处当为清乾隆年间吴升所著《大观录》，其文曰："危太学进，公名进，字伯明，太朴子。诗列《光岳英华》三体诗中，其七言律，音响琅琅，书有父风。"② 《光岳英华》是一部由明初人许中丽所编的诗集，收唐、元末明初诗，其中"危进"一条录诗七首，多为送别题材，然而原文"危进"名下仅有"字伯明"三字，并未注明乃危素之子。③ 尽管从其诗所涉送别对象来看，危进也生活在元末明初，但究竟是否为危素嫡亲，恐怕仍应遵循危于巘作行状、宋濂撰铭的说法，而不应采用晚出数百年的《大观录》之说。

总的来看，尽管临川危氏家族势力庞大，而且在历史上的确出现过一些著名的人物，但就危素的家庭状况而言，其境遇并不乐观。首先，自危龙友以下并非危氏正宗，危素实际上与金溪黄氏有着更深的血缘关系。正因如此，才加深了日后危素强化自己出身危氏这一身份认同的倾向。其次，危龙友身历二朝，在元末出仕，既有淡泊名利的原因，也有才智不足任的可能，故而他以林泉终老。这样一来，危素父辈再无人仕进，不得已之下只好选择其他途径聊以维生，如危素父亲在务农之余做兼职医生，危素叔父成为道士等，由此观之，危素并非官宦世第出身，相反他的早年生活是十分贫寒的。不过，由于从小受到祖父辈们的文化教育熏陶，被他们的生活经历所激励，危素的成长有了良好的榜样，有利于他性格的成熟与品质的塑造，危素还借助家庭的人际关系结识了许多良师益友，为他日后的交游与发展奠定了基础。

---

① 武海波：《危素交游研究——以师辈、同僚、方外友人为考察对象》，硕士学位论文，暨南大学，2014，第12页。

② （清）吴升：《明贤诗翰》，《大观录》卷10下，《中国历代书法艺术论著丛编》第30册，中国大百科全书出版社，1997，第453页。

③ （明）许中丽编《光岳英华》卷10"危进"，《四库全书存目丛书》第289册，齐鲁书社，1997，第716页。

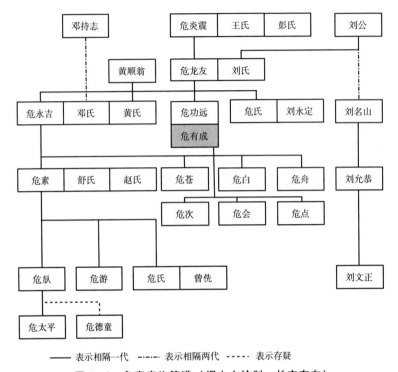

—— 表示相隔一代　----- 表示相隔两代　----- 表示存疑

图1-1　危素家族简谱（据上文绘制，长支在左）

第二节　早年经历

一　危素的生卒年

有关危素的生卒年月，尚存在一些疑点。《中国历代年谱总录》（增订本）"危素"条、黄景行编《中国文学工具书辑略》"危素"条、梁廷灿编《历代名人生卒年表》等都认为其生于元元贞元年（1295），卒于明洪武五年（1372），享年七十八岁。这与《明史·危素传》的记载颇为相符：在一次明太祖的赐宴上，危素与朱元璋有一段对话，史官在描述完对话后紧接着记载道："时素已七十余矣。"虽然目前暂时无法断定此次赐宴的具体时间，但毋庸置疑是在危素被贬到和州之前。然而，宋濂在《故翰林侍讲学士中顺大夫知制诰同修国史危公新墓碑铭》（以下简称《碑铭》）中却记载道："危公享年七十，以洪武五年春正月二十三日卒于和州含山县之寓舍"，成为危素生卒年月的另一种说法。笔者认为上述文献出现抵牾，后人于此未加明辨，遂有以讹传讹的现象出现，如《中国文学家大辞典》"危素"条、《全明文》中皆以元贞元年（1295）为危素的生年，刘庆华《论〈儒林外史〉中危素的形象与意义》一文亦沿用这一说法而未注明依据，① 吴愫劼《元明易代之际悲剧人物危素研究》则对两种说法表示困惑："如其所记卒年不误，危素一生当享七十二岁，未知孰是。"② 危素究竟生卒于何年何月？这个问题值得讨论。

除了宋濂所撰《碑铭》外，危素文集本身就有涉及其人年龄的几处记载，如作于庚寅年（1350）的《云林图记》曰："予明年四十有九，距纳禄之年固非远矣"，③ 自谓至正十一年（1351）四十九岁，则其出生于大德七年（1303）是可以成为定论的；又如《江州路玄妙观碑》云："至正十一年七月戊申朔，皇帝降玺书赐江州路玄妙观，观之学者王崇大虔奉之以还，而来属素著其事于碑。素惟昔唐翰林供奉李公，及宋苏文忠公、黄文节公皆以年四十有九过斯观，赋诗传之后世。素虽藐然晚出于已君子，无能为役，而行年适同，殆非偶然。"④ 此亦可以印证其生年的事实。那么，危素生于元贞元年（1295）的说法则不足取信。

至于这一说法的来源，清人吴修《续疑年录》的记载给出了线索："危太朴七十八，生元元贞元年乙未，卒明洪武五年壬子。以《宋文宪集》至元元年荐经筵检讨年四十一，推知洪武三年出居和州，再岁而卒"，⑤ 似乎是宋濂的记载中出现了前后不一的情况。笔者接着查阅了现行的浙江古籍出版社本《宋濂全集》，有关"以宋文宪集至元元年荐经筵检讨年四十一"一事，该书表述为："公自至正二年用大臣交荐，入经筵为检讨，公年已四十矣"，⑥ 并无校勘内容；而元人文集珍本丛刊《危太

---

① 刘庆华：《论〈儒林外史〉中危素的形象及意义》，《明清小说研究》2010 年第 2 期。

② 吴愫劼：《元明易代之际悲剧人物危素研究》，硕士学位论文，西北师范大学，2013。

③ （元）危素：《云林图记》，《危太朴文集》卷 3，《元人文集珍本丛刊》第 7 册，第 417 页。

④ （元）危素：《江州路玄妙观碑》，《危太朴文续集》卷 3，《元人文集珍本丛刊》第 7 册，第 525 页。

⑤ （清）吴修：《续疑年录》卷 3 "危素"条，《续修四库全书》第 517 册，上海古籍出版社，2002，第 191 页下。

⑥ （明）宋濂：《故翰林侍讲学士中顺大夫知制诰同修国史危公新墓碑铭》，载罗月霞主编《宋濂全集》，第 1458 页。

朴集》中附录有宋濂《碑铭》，同样的内容却有些许文字出入："公自至正元年用大臣交荐，入经筵为检讨，公年已四十一矣。"① 这一则不同之处，《宋濂全集》没有校勘出来，所以危素生于 1295 年讹误出现的原因，是宋濂《碑铭》的版本差异。吴修以危素至元元年四十一岁，推断他洪武五年卒时应为七十八岁，计算方法没有出错，只不过依据了宋濂《碑铭》的不同版本，反而认为该《碑铭》在开头处称危素"享年七十"的记载有误。

二　生长环境

危素，字太朴，号云林。然而《宋元学案》却以为"云林"为其字："危素，字太朴，一字云林"，② 误也。危素自言道："然故旧从而以'云林'为余别号，则非余志也"，③ 证实了"云林"乃其别号而非表字。字往往与其名有关系，古时男子冠礼时一般由尊长、师亲等选取以授，而别号多为自己所取，可能是表明志趣或与地望相关。对于别号的使用，危素不以为然："上古简质，称名而已。周之弥文，乃有字焉。有字而不以称，又为之号，末世之敝也。"他之所以不愿以"云林"为别号，也有一定的原因："况昭武黄长睿、近集贤宣城贡文靖公、句吴倪元镇，皆号云林子，余于三君子无能为役，敢袭其号乎？"④ 故而在危素及其与时人的诗文往来中，较少有以"危云林"称呼的情况，更常见的仍是以其字"太朴"相称；谓"云林"者，则多为后世学人之尊称"云林危先生"。

"云林"别号，实与危素从小生活的地方有关。危素自言身为抚州临川人，但后世文献及近人相关研究称危素为抚州金溪人。据《元史·地理志》知抚州自至元十四年（1277）升为路，下辖县五，分别为临川、

---

① （明）宋濂：《故翰林侍讲学士中顺大夫知制诰同修国史危公新墓碑铭》，《危太朴文集》附录，《元人文集珍本丛刊》第 7 册，第 480 页。
② （清）黄宗羲撰，魏得良等点校《宋元学案》卷 93《蕃远门人》，浙江古籍出版社，1999，第 668 页。
③ （元）危素：《云林图记》，《危太朴文集》卷 3，《元人文集珍本丛刊》第 7 册，第 416 页。
④ （元）危素：《云林图记》，《危太朴文集》卷 3，《元人文集珍本丛刊》第 7 册，第 416 页。

崇仁、宜黄、金溪和乐安，其中临川、崇仁、金溪并为上县。① 由此可见，临川、金溪乃不同的两处地方。

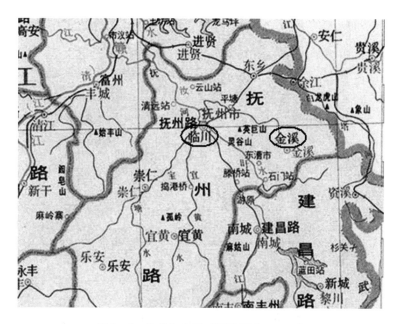

图 1-2 临川与金溪（至顺元年，1330）

资料来源：谭其骧主编《中国历史地图集·元明分册》之"江西行省"，中国地图出版社，1982，第 30 页。

那么缘何会有危素既称临川人又称金溪人的差别？原因在于，危素系临川危氏分支所出，素之十一世祖危怦由临川徙居金溪，从危炎震而下，危素一家实际居住在金溪县内。所以笔者以为，危素籍贯系临川和金溪的不同表述，在于旧贯与本乡（现居地）的区别，危素本乃临川旁系所出，故其始终以临川为正宗，冠"临川"于名前以示不忘家族渊源；还有一种可能，文人有用古之地望冠名的习惯，抚州路在唐时曾为临川郡，故危素以当时临川郡的辖地来表明自己的居住地。不过，从严格意义上说，在元代危素的籍贯仍应为金溪而非临川。

关于金溪县的由来，虞集曾做过简述："金溪县因金溪场之名也，唐时有银矿发其地，作场以冶之，曰金溪场。宝历乙巳，银绝而冶废。宋开

---

① 《元史》卷 62《地理志》，第 1511 页。

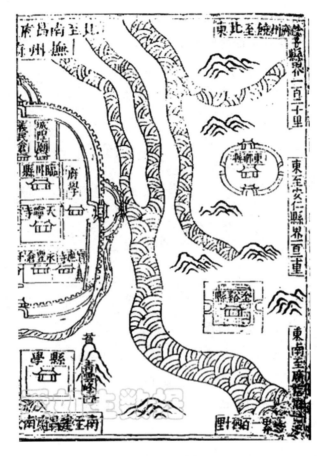

图1-3 抚州府图

资料来源：（明）林庭㭿纂（嘉靖）《江西通志》卷18
《抚州府》，明嘉靖刻本。

宝初，始置县云。"① 但此地为何得名金溪，后人推测可能与该地之水有
关，《郡县释名》曰："县有金溪水，在上幕岭东，水色如金，县因以
名。"② 金溪县下辖六乡，（康熙）《金溪县志》有载："宋太宗淳化五年，
以临川县归德、顺德、顺政合归政凡四乡，立为金溪县，属抚州军。景德
二年，饶州安仁县延福、白马、永和三乡之民，以道里之便诣官自陈，愿
附溪籍，因隶焉，凡七乡。后合白马、永和为一，凡六乡。元改抚州路，

---

① （元）虞集：《孝女赞并序》，王颋点校《虞集全集》，第323页。
② （明）郭子章：《郡县释名·江西》卷下《抚州府》，明万历三十四年刻本，第2页a。

县属如故。"① 危素家即在白马乡之高桥。关于这一点，危素文集中并未有明确表述，仅记道："予所居高桥，有小溪发源山麓。"② 所谓山麓者，即云林山下。根据黄溍铭危永吉"秋七月甲申，葬白马乡范田之原"③ 及宋濂志危素"某年月日，始还葬金溪白马乡高桥之原"的记载可以推知，④ 危素当为金溪白马乡人。

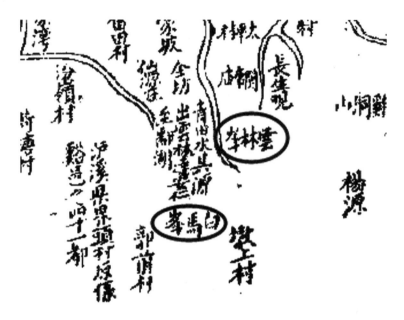

图 1-4　危素居址概况

资料来源：（清）杨文灏等纂（乾隆）《金溪县志》卷首《隅都图》，清乾隆十六年刻本，第 1 页。

危素曾言："至元廿一年，先大父白鹿府君由邑之梯云坊徙居于此。读书之室曰'处一堂'，开窗正面诸峰，韩子云'横云平凝，时露数岫，

① （清）王有年纂（康熙）《金溪县志》卷 1《建置沿革》，清康熙二十一年刻本，第 1 ~ 2 页。

② （元）危素：《云林图记》，《危太朴文集》卷 3，《元人文集珍本丛刊》第 7 册，第 416 页。

③ （元）黄溍：《赠太常博士危府君墓志铭》王颋点校《黄溍全集》，第 467 页。

④ （明）宋濂：《故翰林侍讲学士中顺大夫知制诰同修国史危公新墓碑铭》，载罗月霞主编《宋濂全集》，第 1458 页。然而，危素最终却未能归葬乡里，分析详见本书第二章。

修眉新画，浮于天宇'，与此甚类。"① "白鹿府君"即危龙友，梯云坊可能在金溪县城内，（康熙）《金溪县志》记其为元人刘杰所立，② 但刘杰其人暂不可考。"徙居于此"者，即谓云林山麓。明人王祎也曾载曰："往年客京师，危公太朴尝示余《云林记》，其道三十六峰名状甚悉，余读而爱之，恨不身至其处。太朴因言其居在白马峰下，门与山对，当云雾收敛时群峰前献，如列簾可历数。他日倘乞身归老，子幸访我相羊泉石间，一一指以相告。"③ 云林山为金溪县内一处雄山，（嘉靖）《江西通志》云其"在金溪县东四十五里，崒嵂数百仞，界抚、信、建昌三郡，为金溪巨镇。上有三十六峰，其势耸立如马昂首之状，故又名玉马，亦曰白马峰"，④ 然此记载似有混淆云林、白马之嫌。危素《云林图记》曰："其高上摩霄汉者三十六峰，其中最高者曰石惟，其左曰白马，又名玉马，以其形似也"，⑤ 指明了白马峰乃云林山三十六峰之一；王祎《云林小隐记》也说道："（云林山）有三十六峰，峰各有名。曰白马、石诸、出云三峰，又诸峰之雄俊而拔起者也"，⑥ 印证了危素的说法。乾隆年间重修《金溪县志》，尽管对于三十六峰最高峰究竟是不是石惟（石诸）有着不同的表述，但它总体概括出了云林山的形胜，兹录于下：

> 云林山，金溪多名山，其镇曰云林、玉马，高十五里，周回八十里。崒嵂排空，屹为巨镇。界建、抚、信三郡之境，脉自南城来，与贵溪仙岩、龙虎、琵琶诸峰相接。参差起伏，绵亘逶迤。而此山崖峰阻绝，上际云表，故称云林。脊有三十六峰，最高者为出云，宋建炎间邓、傅二社立寨之所也。旁一峰如天马行空，昂鬐振鬣，以在白马

---

① （元）危素：《云林图记》，《危太朴文集》卷3，《元人文集珍本丛刊》第7册，第416页。
② （清）王有年纂（康熙）《金溪县志》卷1《都图》，清康熙二十一年刻本，第27页。
③ （明）王祎：《云林小隐记》，《王忠文公集》卷8，景印《文渊阁四库全书》第1226册，台湾商务印书馆，1986，第172页下、173页上。
④ （明）林庭柳纂（嘉靖）《江西通志》卷18《抚州府·山川》，明嘉靖刻本，第6页。
⑤ （元）危素：《云林图记》，《危太朴文集》卷3，《元人文集珍本丛刊》第7册，第416页。
⑥ （明）王祎：《云林小隐记》，《王忠文公集》卷8，景印《文渊阁四库全书》第1226册，第172页下、173页上。

乡，名曰玉马，距县东四十里。①

由此观之，云林山的地理位置恰好与危素"信之龙虎山，距余家一舍而近""圣井山在信之上清宫东南……予家虽邻境，距其地不数十里，朝发而夕可至""余邻家［家邻］贵溪之境"② 等记载相吻合。"金溪"一名本身就点明了其地多水的特点，除了发自云林、白马之间的青田水外，紧邻危素家的还有兰溪水："吾金溪东行四十有五里，其地曰兰溪，昔产马兰，俗又称'马兰桥'……惟斯桥距余家为甚迩，余之少岁数过焉"，③由此可以想见，危素从小生活之地山水环绕，十分宜人。此地亦非常险峻，危素曾云："宗人子绎来自光泽之铁牛关……关距余家曾不满百里"④，而铁牛关乃"江闽往来孔道。关之南有大禾山，系山僻仄经，亦为闽省入泸之隘"⑤，由此构成了云林山相对隔绝的生活环境："江西提学黄君子雍尝避地其间，谓云林之所以遭乱而犹安者，盖山谷僻深，距三省之郡莫有近者。暴客虽至，而不能留，信善地哉！若夫山多而田少，其民无富足者，民贫故无盗，至者亦无所掠，此则黄君未能尽知也。"⑥ 这也是危素出身贫寒的原因之一。危素请方方壶为其作《云林图》后，一时名贤文达（如成廷珪、丁复、胡助、柯九思等）纷纷赋诗相赠，除了尽述危素情谊外，恐怕他们亦为云林山下宜人的环境所折服。宋人朱克家有《玉马山》诗，尽现云林白马之景胜：

　　　　水石嵌空山荦确，瘦藤扶上青云幕。平川一望渺无际，东疑崦夷

① （清）杨文灏等纂（乾隆）《金溪县志》卷 1《山川》，清乾隆十六年刻本，第 2 页。

② 分别参见（元）危素《文始道院记》，《危太朴文集》卷 4，《元人文集珍本丛刊》第 7 册，第 420 页；《山菴图序》，《危太朴文集》卷 6，《元人文集珍本丛刊》第 7 册，第 441 页；《〈广信文献录〉序》，《危太朴文集》卷 10，《元人文集珍本丛刊》第 7 册，第 470 页。

③ （元）危素：《兰溪桥记》，《危太朴文集》卷 3，《元人文集珍本丛刊》第 7 册，第 413 页。

④ （元）危素：《云林图续记》，《危太朴文续集》卷 1，《元人文集珍本丛刊》第 7 册，第 490 页。

⑤ （清）刘坤一等编绘（同治）《江西全省舆图》卷 3《泸溪县图》，清同治七年刻本，第 2 页。

⑥ （元）危素：《云林图续记》，《危太朴文续集》卷 1，《元人文集珍本丛刊》第 7 册，第 490 页。

北朔漠。驾天叠岘输翠浪，奔野细流横雪桨。疏峰点点雁聚沙，密屿喝喝鱼纵壑。一江净绿遗书元，几陇断畦成卦剥。乍惊渔唱出烟霭，时听村春动篱落。幽遐异景争指说，老眼苦难觅渺邈。夜间支枕挂银窗，闪闪星河手可摸。何年标名称玉马，蹴踏风云跨寥廓。更连三十六奇峰，削玉排青相间错。偶因佳友得壮观，俗虑尘襟顿疏瀹。翛然物外岂非仙，不须更羡辽东鹤。①

如此幽美恬静的环境不仅给危素的成长创造了良好的外部条件，使他从小远离人世喧嚣，能够心无旁骛的读书学习，也陶冶了他的情操，即使出仕后他依然念念不忘想要辞归田园，过上悠闲的日子，可以说危素的性格在很大程度上受到了生长环境的影响。

三 游学与爱好

（一）游学经历

危素自幼刻苦学习，"公生四岁，其大父即使公读书，大父本黄氏子，来继于危。知公能亢危氏宗，督厉之犹切。年十五即通五经大旨，据座为人师，与同郡葛君将、曾君坚、黄君晖、葛君元哲更相策警，穷日夜不休"②。为了避免危素学习分心，其父还立下遗戒，不许危素在家中设弈具，以至于"有琴一，不上弦"。③危素九岁那年，祖父危龙友让其去姑父刘永定家学习，"公尝开门授徒，素年九岁，府君命往受学"。④

除了接受家庭教育的熏陶外，危素自十四五岁时便开始外出求学，最初是向金溪县主簿徐长公问学："延祐间，徐长公先生来主簿金溪县，予以县民常造先生所，请举子业。"⑤ 此徐长公名奇伯，又见于揭傒斯诗

---

① （宋）朱克家：《玉马山》，（元）陈世隆辑《宋诗拾遗》卷11，《续修四库全书》第1621册，上海古籍出版社，2002，第147页下。

② （明）宋濂：《故翰林侍讲学士中顺大夫知制诰同修国史危公新墓碑铭》，载罗月霞主编《宋濂全集》，第1460页。

③ （元）危素：《云林图记》，《危太朴文集》卷3，《元人文集珍本丛刊》第7册，第416页。

④ （元）危素：《处士刘公墓志铭》，《危太朴文续集》卷5，《元人文集珍本丛刊》第7册，第550页。

⑤ （元）危素：《平徭六策序》，《危太朴文集》卷6，《元人文集珍本丛刊》第7册，第434页。

《送徐长公归豫章》，① 盖为江右文士。其后，危素从南丰临江范梈学习，他曾说："予年十六七，刻苦学诗，茫乎若望洋而不见其涯涘也"即在此时。② 后来又入吴澄门下执弟子礼："临川吴文正公年谱一卷，门人危素所纂次……素几弱冠，以亲命执经座下，侵寻衰暮，无能发明师训。"③ 吴澄乃元代著名理学家，师承二程，危素"昔事吴文正公学《礼》，得先生《礼记集说》，洎新安陈栎氏所著《礼记解》以问吴公，吴公复书曰：'二陈君可谓善读书者，其说《礼》无可疵矣。'"④ 关于危素早年的游学，宋濂记载道："复徒步走临川吴文正公澄、清江范文白公梈之门，质而正之，二公皆折行辈，与之为礼。吴公至恨相见之晚，凡所著书，多与公参订之。虞文靖公集、孙先生辙，名德俱尊，其遇之一如吴公，由是公之名震动江右。"⑤

英宗至治三年（1323），吴澄得授翰林学士同修国史，启程赴京上任，危素不得不中辍拜投吴门的学业，大致在此时期前后转而投向同郡隐士孙辙处求学。

在孙辙逝世（元统二年，1334）的前一年，危素家遭遇了一场官司，具体原因及经过不明，但此事促使危素与孙辙成为邻居，从而方便了两人之间的来往。⑥ "元统间，素客郡城，故金溪县主簿徐君奇伯之孙原，假以此书归与友人黄哷读之"，⑦ 徐奇伯乃前述之徐长公，"素客郡城"即"家罹讼事"的权宜举措。

至治年间，危素客居贵溪，游学于桂武仲处："余至治间，客游贵溪

---

① （元）揭傒斯：《送徐长公归豫章》，李梦生标校《揭傒斯全集》诗集卷 5，上海古籍出版社，2012，第 160 页。

② （元）危素：《刘彦昺诗集序》，《危太朴文续集》卷 1，《元人文集珍本丛刊》第 7 册，第 501 页。

③ （元）危素：《临川吴文正公年谱序》，《危太朴文续集》卷 1，《元人文集珍本丛刊》第 7 册，第 496 页。

④ （元）危素：《元故都昌陈先生墓志铭》，《危太朴文续集》卷 5，《元人文集珍本丛刊》第 7 册，第 546 页。

⑤ （明）宋濂：《故翰林侍讲学士中顺大夫知制诰同修国史危公新墓碑铭》，载罗月霞主编《宋濂全集》，第 1460 页。

⑥ （元）危素：《祭孙先生履常甫文》，《危太朴文续集》卷 10，《元人文集珍本丛刊》第 7 册，第 591 页。

⑦ （元）危素：《游先生文集目录后记》，《危太朴文集》卷 2，《元人文集珍本丛刊》第 7 册，第 403 页。

之境，始闻桂氏伯仲以文学为乡先生，乃斋沐修颂伏谒门下。于时澹圃先生武仲方颐白须，类古君子，不以余为少年，揖让为礼甚恭，犹抵掌谈谢公言论风旨，使人毅然有立志。退则从其子林伯游。"① 桂武仲并非以文学名世，未见其与时贤交往事迹，而桂氏后人所编《广信桂林三世文集》已散佚，所以关于此人行实知之甚少。唯见危素称"广信桂氏……宋忠臣谢公君直母家也"，② 谢君直即谢枋得（1226～1289），查其文集《叠山集》，内收《与道士桂武仲》信一封，盖为嘱托代谢照顾道士周质轩云云，③ 疑此与危素所遇之桂武仲乃同一人。据危素之言"盖余少林伯十有四岁，林伯之子孟又少余六岁"④ 知，桂林伯生于至元二十六年（1289），则其父桂武仲之行实，可以符合谢枋得的生年范围。

全祖望《再跋危学士云林集》称危素曾受业于玉山祝蕃，乃其高弟："学士曾受业于草庐，及予读胡仲子集，乃知其又为祝先生蕃远高弟，则学士之于槐堂，其统绪固不自一家也。仲子称蕃远遇事不顾利害，与人开心见诚，所至以讲学为己任，指受有师法。尤属意学士与之语，或终夕不寐，去辄目送之，以为兴吾教者必若人也，盖学士为其师友所期许如此。予又见学士撰《李先生仲公集序》，亦称学生。"⑤ 这一说法源自胡翰，胡翰《送祝生归广信序》云："尤属意其门人危素与之语……余尝识危君于京师，危君不自言其学之所，自子言之"，⑥ 此子名元晖，乃祝蕃之从子。故而世人皆以为危素曾入祝蕃门下，《宋元学案》就把危素列在了"蕃远门人"之下。危素的确与祝蕃私交甚密，但实际上，他并非祝蕃的门人。关于此点，危素曾有过记叙："夫素少辱知先生，先生致察其隐微，恒恐

① （元）危素：《广信桂氏三世文集序》，《危太朴文集》卷10，《元人文集珍本丛刊》第7册，第470页。

② （元）危素：《广信桂氏三世文集序》，《危太朴文集》卷10，《元人文集珍本丛刊》第7册，第470页。

③ （宋）谢枋得：《与道士桂武仲》，《叠山集》卷5，《四部丛刊续修》景明本，第8页b、9页a。

④ （元）危素：《广信桂氏三世文集序》，《危太朴文集》卷10，《元人文集珍本丛刊》第7册，第470页。

⑤ （清）全祖望：《再跋危学士云林集》，朱铸禹校注《全祖望集汇校集注》，上海古籍出版社，2000，第1348页。

⑥ （明）胡翰：《送祝生归广信序》，《胡仲子集》卷5，景印《文渊阁四库全书》第1229册，台湾商务印书馆，1986，第60页上。

陷于缪戾。久之，感其诚恳，请执弟子礼，先生固辞"，① 说明危素想从祝蕃而师之，却遭到了拒绝。至于祝蕃拒绝危素拜师的原因，史料没有记载，笔者推断，很可能与素曾为吴澄门人有关。吴澄以道学自任，承二程之学，崇朱子之教；而祝蕃师从陈苑，是象山传人，危素又言"昔者朱文公、陆文安公同时并起，以明道树教为己事，辨论异同，朋友之义。其后二家门人之卑陋者角立门户，若仇雠然……流俗之人，笑讥毁訾，无所不至，（祝蕃）终不为动。凡若此，以其有得陆氏之传也"，② 或许出于门派有别，危素最终未能成为祝蕃的弟子。武海波《危素交游研究》以祝蕃为危素师，③ 其实并非如此。

祝蕃之师陈苑，字立大，世称静明先生，危素亦尝从其问学："素天历、至顺间数拜先生于家，所以启迪训诱，无所不用其情。詹其风采，如孤峰绝壁，莫可得而近也。"④ 此外，柳贯出任江西儒学提举时，危素前往拜见："先生官豫章，素以诸生见焉，凡诱训奖励者久而弥笃。"⑤ 宋濂《柳先生行状》曰："（泰定）三年丙寅，先生年五十七，以文林郎出为江西等处儒学提举。龙兴郡学久废不治，先生请宰府新之，延聘名儒孙辙为学者师"，⑥ 据此知柳贯"官豫章"在泰定三年，而此时孙辙赴豫章讲学，危素很可能跟随孙师一同前往豫章，由此结识了柳贯。再者，临川有隐者吴定翁，字仲谷，与孙辙齐名，程钜夫、揭傒斯皆与之相善，危素仰慕其名，"少则闲造郡城，必见乡先生吴仲谷氏，登清润堂"，⑦ 以求学问。

危素年少时还接触过道学和佛学。"余未弱冠，读书于贵溪卢氏之

① （元）危素：《上饶祝先生行录》，《危太朴文续集》卷7，《元人文集珍本丛刊》第7册，第574页。

② （元）危素：《上饶祝先生行录》，《危太朴文续集》卷7，《元人文集珍本丛刊》第7册，第574页。

③ 参见武海波《危素交游研究——以师辈、同僚、方外友人为考察对象》，硕士学位论文，暨南大学，2014，第21~22页。

④ （元）危素：《静明书塾记》，《危太朴文集》卷3，《元人文集珍本丛刊》第7册，第412页。

⑤ （元）危素：《柳待制文集序》，《危太朴文集》卷9，《元人文集珍本丛刊》第7册，第463页。

⑥ （明）宋濂：《故翰林待制承务郎兼国史院编修官柳先生行状》，载罗月霞主编《宋濂全集》，第119页。

⑦ （元）危素：《故临川处士饶君大可甫墓碣铭》，《危太朴文续集》卷4，《元人文集珍本丛刊》第7册，第534页。

馆，时卢尊师自闲处玉清道馆。每休暇辄过其室，尊师为之陈豆觞，从容竟日，而退则与其徒嬉游茂林修竹之间，弹琴焫香，翛然不知世虑之牵人也"，① 卢尊师即卢明仲，尝创立玉清观，且修拂云阁于其上，元人戴表元曾作《拂云阁记》以志其事。贵溪县在元代属信州路辖治，境内有道教名山龙虎山，危素年少时来往此间读书，所以更易接触到一些学道之士："信之龙虎山距余家一舍而近，余少读书其间，与了然子居相迻……了然子姓倪氏名守中"。② 危素曾谓："至治间，余读书信之龙虎山，适里中朱贞一先生同馆舍，其门人毛君永贞执侍左右。退则过余，从容款洽。"③ 朱贞一为道士，事见元人王逢《题长春道院许元逸所藏桂风子与朱贞一真人诗后》，所言"同馆舍"可能就是前述之玉清道馆。在龙虎山下读书之余，危素亦结识了道士金蓬头："仙者金蓬头结草菴观旁，独居廿有六年，素屡宿菴中，闻松风涧水之音清清泠泠，有高举远引之志"，④ 此观即先天观，由曾贯翁创于龙虎山之南。由此看来，道家对危素的影响不可谓不大，无论是来自其叔父的耳目熏陶还是基于自己少年时的读书经历，危素并不排斥方外之学，反而更愿意亲近自然，甚至萌发出"高举远引"的志向。至于少年时他与佛学的接触，在危素的记载中仅有一则：

> 吾尝从浮屠、老子之徒以求其人，亦时与之过。虽不能尽窥其中之所存，察诸语言文字有不可得，而遁其情矣。……余少识师于广信山中，一见以故人相期，因考求谢公之所以学，师曰：要不外乎易，子其勉之。⑤

引文中所称师者为释正则，此人幼时尝从谢枋得学，后入华果寺学禅定于

① （元）危素：《送道士李九成》，《危太朴文集》卷9，《元人文集珍本丛刊》第7册，第460页。
② （元）危素：《文始道院记》，《危太朴文集》卷4，《元人文集珍本丛刊》第7册，第420页。
③ （元）危素：《白水观记》，《危太朴文续集》卷1，《元人文集珍本丛刊》第7册，第491页。
④ （元）危素：《先天观诗序》，《危太朴文集》卷10，《元人文集珍本丛刊》第7册，第469页。
⑤ （元）危素：《溪香文集序》，《危太朴文集》卷7，《元人文集珍本丛刊》第7册，第448页。

铁牛禅师。正是由于早年与方外之学的接触，他更加拓宽了自己以后交游的范围，和许多出名的僧侣、道人都结下了深厚的友谊。

由于父亲从医，危素年少时也读过一些医书，并且学习医术。如危素曾言："余读孙［思］邈《千金翼方》，首戒医师之处心积虑，要必亡愧其言，而后可以通其学。"① 又如他在《将医一首赠雍方叔》中所云："素少好读医官书，尝从通其学者以问焉。"② 而关于他如何求习医术的经历，虞集在《［故临川］黄［君］东之（大明）墓志铭》中写道："人或有田二十五亩，而求学东之［者］，东之曰：予学不易成，不足以为贫。子遽失田，则无以为业，是不得此而反失于彼也。弗受其田。来学者众，辄语之曰：治予业不精，不足以活人，而易于杀人，非拒子不教也。同郡危素亦请学焉，东之曰：子则可矣。古书多简奥，意旨深远。子沉默通博，庶几得之，沉审不忽易，善救而不为利，则不轻于人命矣。遂尽以告之。"③ 传主黄东之精通医术，著有《保婴玉鉴》《伤寒总要》等书，元统二年（1334），虞集因在家养病而识其人，黄时年已近八十。黄东之在择徒一事上如此审慎，可见危素在医学方面的确有所积累，而且能够融会贯通，具有习医的良好素质。不过，有一事值得注意，东之曾自陈："我本姓黄氏，自高祖托婚于游，而曾大父成、大父贵、父友直世以游为氏，而黄氏之族，昔同出于一人之身者，遂为路人。而与为兄弟族人者，则游氏也，不亦诬其祖乎？因著谱，去游复黄。我娶危，未有子，以异母弟师孟为子久之，殊不安也。"④ 是否因黄曾娶危氏女，所以才对危素青睐有加？按，黄生宝祐甲寅（1254），年齿当与危素祖父龙友相仿，其虽非素之直系亲属，却仍与危氏有着密切的关系。另外，危氏也的确有习医的传统，元代医学家危亦林、太医危昇就出于金溪危氏家族。

① （元）危素：《故天临路医学教授彦君墓铭》，《危太朴文续集》卷6，《元人文集珍本丛刊》第7册，第556页。
② （元）危素：《将医一首赠雍方叔》，《危太朴文续集》卷10，《元人文集珍本丛刊》第7册，第596页。
③ （元）虞集：《［故临川］黄［君］东之（大明）墓志铭》，王颋点校《虞集全集》，第953～954页。
④ （元）虞集：《［故临川］黄［君］东之（大明）墓志铭》，王颋点校《虞集全集》，第953～954页。

(二) 兴趣爱好

少年时的危素，除了负笈问学之外，还广泛阅读，积极涉猎各类知识。他不仅爱好文学，也十分关注历史、地理："素少读《夏书》，建安蔡氏于《禹贡》导河积石之下引公数言，且谓公之学甚博，自是欲求公他文，久而弗得。"① 危素以博闻广识见长，与其喜好读书的经历密不可分。他曾谈道："始余之隐于云林，百家之书列于左右，昼诵夜弦，游心圣域，超超乎出于埃壒之表，故范太史德机氏铭余读书之室曰：蝉蜕污浊，龙光牛斗。入此室处与天者游，其观览乎四方也"，② 既表露出他极其浓厚的读书兴趣，也说明其凡书无所不读，兼治百家之学。不过，由于危素出身贫苦，再加上先世所藏书籍多毁于兵燹，"稍知自厉而无书，家又贫不能致书"，③ 所以他往往只能向亲友借书观阅，以满足自己的读书嗜好。关于其阅读范围，危素在《借书录序》中如是云：

> 故于天也，日月星辰、风雨霜雹之象；于人也，圣贤仙佛、文武忠烈、战伐攻取、贼乱奸诡之迹；于地也，山川郡国、城郭冢墓、草木昆虫之物，靡所不载。反之于身，则性命道德昭焉；施之于事，则礼乐刑政具焉。至于法书碑刻、稗官小说、方技之微、术数之末，亦莫有所遗顾。④

诚如袁简斋所言"书非借不能读也"，借书之经历的确裨益危素良多。危素博览群书，能够不拘一格、兼收并蓄，吸取各家所长，最终"名震江右"，在元末文坛上占有一席之地，也正是凭借着对诸家典籍的熟悉，他在运用史料时更加得心应手，并成为编修《宋史》的主要人员。

---

① （元）危素：《濂水集序》，《危太朴文集》卷10，《元人文集珍本丛刊》第7册，第475页。

② （元）危素：《云林图续记》，《危太朴文续集》卷1，《元人文集珍本丛刊》第7册，第490页。

③ （元）危素：《借书录序》，《危太朴文集》卷6，《元人文集珍本丛刊》第7册，第440页。

④ （元）危素：《借书录序》，《危太朴文集》卷6，《元人文集珍本丛刊》第7册，第440页。

　　危素在读书之余常常与友人游访各处山水名胜。从小生活在风光旖旎的云林山下，他更加乐于亲近自然，"昔余好游观名山，往来广信之境，由龙虎山东行二十五里，望见云台之山苍翠，插入天际。意其下必有遁世之士栖息其间，不然宜为珍馆以居仙者"。① 江西境内山岭起伏，河川盘绕，尤其在危素所居之抚州、信州交界处，多为名山风景，这也就是历来江西以方外洞天著称的主要原因。危素客居贵溪读书之际，尝从渔人买舟，泛溪而行，游观龙虎山：

　　　　自舟中仰望，峭壁万仞，众岩棋布，如辕轳酒甓。仙仓仙棺，不可枚数。有三人者同坐岩中，俯观流水，然或隐或显，意非飞仙不能到也。樵者虽极力攀缘，至绝顶仅可俯窥，而石磴嵌空，终莫能即……缘藤萝而上，有大岩可容数百人。益折而上，至其颠甚平旷，浮图师架岩为宫室。复登舟行数里，至桃原，太史范先生尝为之记。及舍舟入山，造演法观，汉张天师炼丹处，犹仿佛可见。又有水帘洞者，瀑流沔厓上，若缟练飞而雷霆吼。入洞中可坐，虽疾趋，衣巾必沾湿。至邹尊岩，乱石为门扉，中多黄精、薯蓣、鹡鸰之类。邹尊者，古仙人也。大抵千岩万壑、草木秀润，非遁世、好奇之士，无因而至。②

　　的确如危素所言，若非隐居或极富好奇心者，一般难以穷尽山水妙处，遑论体会此中乐趣。为领略风光胜景，危素不顾危险，攀缘绝壁、深入洞穴，可见其胆识过人之处。泰定年间，危素郁郁不得志，乃与友人邓晋近游崇山，作《崇山游》诗以志其事："仆生慕宗少文、李太白有世外风格，思山水之好。繇云林西行七十里，得崇山境甚胜，因与邓晋同游，泰定二年（1325）九月也。祈仙古观摩空青，手持铁杖山中行。浮丘真人不可见，窈窈万谷酣秋声。扣萝直登六七里，下俯世间真井底。雷霆震动猎云硠，煜煜灵光夜深起。尊师有道虎狼驯，瑶草满地山如春。仙公不归

　　① （元）危素：《云台大隐记》，《危太朴文集》卷4，《元人文集珍本丛刊》第7册，第419页。
　　② （元）危素：《仙岩图序》，《危太朴文集》卷8，《元人文集珍本丛刊》第7册，第453页。

鹤自语，老木夹路龙生鳞。邓卿顾我三叹息，沧海蟠桃几时得。千年虎魄倘可餐，会见红颜生羽翼。"[①] 诗中邓晋的叹息，也正是危素烦恼之处，明知"沧海蟠桃""千年虎魄"不可急就，所以自己负才而无所用的境况，就越发显得无奈与凄凉。元统间，危素客居郡城，尝与道人郊游，并作诗二十一首纪行，其中《泊官步门》曰："人归石城边，鸟没白沙尾。秋风凉萧萧，波静月如洗。水凫栖不定，半夜犹飞起"[②]，道出了危素半夜辗转犹未能成眠，恐怕与他此时"家罹讼事"多有关系。《暮冬》则是危素在羁旅中的见闻："昔谓岩谷底，其俗异黄农。浪迹城府归，却爱淳朴风。猎夫不射雁，云与兄弟同。羽毛岂知道，天理谅无终。"[③] 在危素看来，大雁迟早都会面临被杀死的下场，而如何才能避免这样的结局，这或许成了他决意求仕的一个考虑。

后至元四年（1338）前后，危素远游至金陵，写下了《游牛头山记》，其文曰：

> 牛头山在金陵南，去三十里。至元四年龙集戊寅，余留崇因寺，崇因当里之半焉。三月己酉，将与鄱阳僧明晋同游里中，僧善继、如璧、山阴道士费一元皆欣然愿偕行。过石子冈，东行至山下，寻辟支佛洞。洞黑，有穴在东，投之瓦石，琅然有声，久而后定。孙权时山裂，有僧出其中，谓文殊、辟支佛云，南唐周彦崇纪其事。过大雄殿前，值寺僧明大及英台寺一僧，导予登兜率庵，正近山顶。又东缘崖石，寻融师脚迹。及卓锡泉，崖甚险，予五人者皆惧，而明大独往来如飞猱，訾且笑，更由庵西去。予与一元不能从，而其能往者诧其奇胜。读南唐保大时所建佛窟寺碑，实王文秉所刻。文衰弱甚，而刻字殊精好，摩挲久之而去。
>
> 至下西寺，僧道宣留饭，壁见恒山周昶诗。昶，文穆公之后，皇庆间佥江西廉访司事，行部至吾抚，卓然有政，后至者率不及也。诗

① （元）危素：《崇山游》，《危太朴云林集》卷2，《元人文集珍本丛刊》第7册，第383页。
② （元）危素：《泊官步门》，《危太朴云林集》卷1，《元人文集珍本丛刊》第7册，第385页。
③ （元）危素：《暮冬》，《危太朴云林集》卷2，《元人文集珍本丛刊》第7册，第389页。

虽无足观，予特爱其人焉。道宣之言曰：兵戈以来，寺之田在邻郡者
悉不能复，故徒众繁多，营营于衣食，以故不及曩时之盛云。

闻祖堂寺有幽栖岩者，山径危折，登之颇艰。憩西峰寺，诣融禅
师庵。至延寿寺，其碑亦文秉所刻，而又有断碑在地，唐大历中僧灵
樽书，文甚简古。遂宿寺。明日观幽栖岩，拓文秉题名，善继赋诗题
石上，而明晋和之。还上东峰，望见兜率庵，隐隐然在山上，树石参
错，若画图然。一元顾善继曰：子与吾约结庵，此其处矣，不必他求
也。

临高而望，自孙权分裂江南，更晋宋齐梁陈以来数百年间，金陵
为必争之地，英雄豪杰之遗迹，既皆划削、消磨尽矣。吾徒生值休
明，而得与山僧、道士娱情山水之间，又何其幸欤。①

牛头山位于今南京市江宁区，自南朝以来一直为佛教圣地，危素所游之辟
支洞、兜率庵等，至今仍为知名的旅游景点。此行之前虞集曾作《送危
太朴序》，款识于后至元三年（1337）十月，则知危素出游在后至元三年
底，四年初方抵金陵，同行者有一鄱阳僧人。虞集《序》曰："临川危太
朴释书山房，将有观乎江海之上……而二子者殁世矣，宜乎吾子之彷徨远
适，而有所求也。"② "二子"谓范梈与吴澄，此时危素父母已先后过世，
所以他方可得闲外出远游。同游牛头山之僧善继、如璧，后来皆成为佛门
宗师。危素于途中见周昶诗，盛赞其人，昶曾为江西廉访使，素谓"后
至者率不及也"，由此可见其政治喜恶。③ 危素在游访名迹之余，还不忘
拓印碑刻，所拓碑刻出自王文秉之手。文秉乃南唐江南人，善小篆，欧
阳修欣赏其字，曾云："文秉之书，罕见于今也。小篆自李阳冰后，未

---

① （元）危素：《游牛头山记》，《危太朴文集》卷2，《元人文集珍本丛刊》第7册，第
　404页。文中鄱阳僧人"明晋"，清乾隆刻本《危学士全集》又作"明普"。
② （元）虞集：《送危太朴序》，王颋点校《虞集全集》，第545～546页。
③ 吴澄《题四君子赠疎山长老卷后》曰："李俞、周昶、萨德弥实持宪江西，可称无暇"，
　可知当时出任过江西金使的还有李俞、萨德弥实。（弘治）《八闽通志·秩官》记载李
　俞在延祐年间曾为福建闽海道肃政廉访副使，究竟他在皇庆以前是否行部江西，暂不可
　考，不过据吴澄的叙述顺序而言，他的任期可能在周昶之前。萨德弥实则是于延祐间任
　江西廉访使的，这一点欧阳玄在《分宜县学复田记》有说明，其文曰："延祐间，江西
　金宪萨德弥实按问至邑，考核始末"。这样看来，危素言"后至者率不及也"，大概所指
　之人中就有萨德弥实。

见工者。文秉江南人，其字画之精远过徐铉，而中朝之士不知文秉，但称徐常侍者。"① 危素机缘巧合得见王文秉字，称其"刻字殊精好"，摩挲断碑不忍离去，足见他在书法上亦具有一定造诣，故能去粗取精，慧眼识墨。

危素生活贫寒，即使步入壮年，依然没能脱离这一窘境，有诗为证："云林山人穷到骨，手种菘菜连中唐〔塘〕。栽培深丛照云水，拮掇翠甲盈顷筐。江南仲冬寒气盛，小草无力排风霜。侧闻今岁谷不熟，田里嗟怨吾神伤。大车运米填旧债，一穗不在农夫仓。农夫辛苦食无粟，艺菜正欲充糇粮。上天胡为降杀气，造物骄蹇颓其纲。吾君爱民如爱子，忧国感激张平章。臣忿贪夫满郡邑，臣愿盛世跻虞唐。君不见豪家大户餍酒肉，暖阁无风咽丝竹。又不见饥人破铛夜煮蕨根粥，妻子嗷嗷向天哭。"② "穷到骨"可谓是当时危素的真实写照。曾经有一位老人上门乞求接济，危素实在是心有余而力不足，只好作诗一首向老人告歉且感慨世道之不易，诗云："邓翁老耄食无粮，卧病愁多白发长。千里南闽无过雁，五更秋雨乱啼螀。年来破屋尘生甑，岁暮空山雪似墙。愧我相逢贫到骨，悲歌此曲意苍茫。"③

除了平时务农外，危素还兼任童子师"以供赋税、给衣食"，即便如此，仍是"妻子数告空乏"，④ 其经济之脆弱可以想见。如果说生活的窘迫尚能忍受，那么作为文士的怀才不遇则是危素长久以来的郁结所在，其诗《东风行》曰：

> 余居深山，郁郁不乐。醉中长歌，以东风命篇，与一二知己倡和
> 之。时泰定二年三月。东风浩荡吹江南，危子行年二十三。长谣空谷

① （宋）欧阳修：《王文秉紫阳石磬铭》，《欧阳文忠公文集·集古录跋尾》卷10，《四部丛刊初编》景元本，第12页a。

② （元）危素：《种菜为霜雪所杀歌》，《危太朴云林集》卷1，《元人文集珍本丛刊》第7册，第381页。

③ （元）危素：《邓叟时可，大寒中见过，语余曰：余今年六十八岁矣，有一子在闽，三年无消息，顾贫且病，无所依倚，不能无求于世。余悲之，欲济之，橐无一金，相对叹息。追和苏子赠扶风逆旅诗，载之简轴不以送叟》，《危太朴云林集》卷2，《元人文集珍本丛刊》第7册，第388页。

④ （元）危素：《借书录序》，《危太朴文集》卷6，《元人文集珍本丛刊》第7册，第440页。

天荡荡，倚剑白日风潭潭。气高颇怪星象动，身在岂为饥寒贪。宫中圣人朝万国，臣抱犁锄在山泽。终年读书空自劳，三岛求仙岂能得。齿牙不动心未摧，欲奏长策天门开。周公仲尼没已久，麒麟凤皇去不来。世无忠臣与孝子，四海风俗何由回。[①]

"宫中圣人朝万国"与自己"抱犁锄"的形象形成了鲜明的反差，到最后竟然使危素怀疑起自己终年读书是不是一场"空自劳"。末二句则明确地表达了他对世事的不满及生不逢时的烦闷。

综上分析，我们可以大概了解危素入仕前的生平经历。危素出生于江西金溪云林山下，自幼家境贫苦；身为长子长孙，祖父教导尤为严厉。这使危素从小就培养起读书学习的兴趣，再加上他天资聪慧，勤奋好学，与同辈学子曾坚、黄晖等人相互督促，所以他在早年就能有颇多收获。而在他遍访郡县名儒巨匠、从其问学后，进步得更加明显。一方面可以说，危素的才识得到了一定范围的认可；另一方面，由于师友之间的推荐与深交，危素获得了更加广阔的人脉关系，这些都成为他日后发展的重要资源。不过，危素曾跟从道士、医生学习，这可能与其家经济拮据的情况有关；迫于生计，即使危素去做童子师，依然难以满足家用。[②] 危素早年学问庞杂，故而后来胡翰问及师承时，他避而不谈。的确，尽管危素师从吴澄，又与祝蕃、李存相交甚密，但他从来没有表露过自己的学问出处。

危素喜爱游览名山大川，这与他自幼成长的环境密不可分。待到父母、业师先后故去后，危素收拾行箧，负笈远游，从此踏上了另一段征程。

小　结

本章主要探讨了危素的家世及其入仕前的活动情况，旨在勾勒出一些易为人所忽略的史实，以更加全面地了解危素其人。第一节着重讨论了危

---

① （元）危素：《东风行》，《危太朴云林集》卷2，《元人文集珍本丛刊》第7册，第388页。

② 参见（元）危素《借书录序》，《危太朴文集》卷6，《元人文集珍本丛刊》第7册，第440页。

素的家族成员，可以看出自素之曾祖危炎震以下，危氏一系几乎仅靠务农为生，生活十分俭朴。这的确与元初南宋的灭亡有着很大的关系，由于危素祖父危龙友曾追随过南宋忠臣，他的遗民情结很深，所以入元以后选择隐居避世，其家庭自然也就受到了他的影响。而危龙友归居乡里，却不失文人身份，他以耕读传家，形成了危家良好的家学家风；同时在子女姻娅的选择上，他也具有一定的标准。这样一来，危素从小就生活在文化氛围浓厚的环境之中，为他日后的成长提供了重要的条件。第二节首先辨明了危素生年的问题，其次对危素的居地和他早年学习经历做了详细的讨论。可以看出，在家庭的熏陶下，危素逐渐对读书产生较大的兴趣。他一方面四处求访名师，砥砺学问；另一方面博览群书，甚至向亲友借书阅读，以丰富自己的见识。久而久之，危素不再仅仅满足于书本上的知识，还更加渴望学有所用，于是自父母、业师谢世后，他就开始远游，途中结交朝官，并借此踏上了仕途。

除了攻读儒学经典以外，危素也兼修医、道二学。从表面上看，他可能受到了父亲、叔父职业的影响，实际上应与当时社会甄选人才的价值观念有关。尽管有元一代屡兴科考，然而由于政策的倾向，科举取士并不能完全满足庞大的江南士人群体的需要，所以身兼数技之长，以技艺求生存便成了江南士人的另一条出路。① 危素略通医、卜之术，自然更易于得到赏识和任用。他还爱好书法，② 并且成为一代名家，其作品至今为民间所竞相收藏。

---

① 关于江南士人的求仕，可参见申万里《元代江南儒士游京师考述》，《史学月刊》2008年第10期。

② 危素《书清闲阁临兰亭序后》曰："至元二年，予至郡城与友人丰城揭君子舟寓邻舍，并得见其所藏绍彭临本"，点评他人书法得失，从侧面反映出危素本人的书法功底。见（元）危素《书清闲阁临兰亭序后》，《危太朴文集》卷2，《元人文集珍本丛刊》第7册，第404页。

第二章　危素在元明两代的政治活动

危素自至正二年（1342）入仕以来，先后出任经筵检讨、国史院编修、大司农司丞、礼部尚书、参中书省事、参知政事等职，逐步接近元廷的政治中枢，并成为能够影响朝政的重要人物。那么，他究竟是如何以一介布衣进入仕途且逐渐赢得统治者对他的信任的呢？在风云变化无常的元末政坛上，他又有哪些可圈可点的作为呢？明军攻入大都的前夕，本已弃官隐居房山的危素，为何再次出仕元朝？待到大都被占领后，他原打算以身殉国，却为什么还是选择了投降朱明、苟安性命？入明之后，危素作为遗臣仍供职馆阁，他在明朝有哪些政治经历？最终遭贬和州，他的政治生涯又是如何结束的？本章拟就上述问题，分别梳理出危素在元、明两朝的政治活动情况，并针对史实隐晦之处，如他究竟在明军入京时有没有投井赴死，以及最后他到底是病死在和州寓舍，还是不甘羞辱投水而死，做一些考证和补充。

第一节　危素在元代的政治活动

顺帝即位之初，朝野政治斗争激烈，矛盾复杂。先是燕铁木儿挟辅立文宗之功，一时权倾朝野，其死后弟撒敦、子唐其势为了巩固既得利益，展开了与伯颜势力集团的权力争夺。待到燕铁木儿余党被完全肃清后，伯颜遂得以擅权，而此时顺帝尚幼，还不具备与伯颜相抗衡的实力，所以元统、后至元年间，伯颜任意妄为，实行了一系列"变乱祖宗成宪"的政策，如废除科举、加强民族压迫等，可谓倒行逆施，同时也激化了各种社会矛盾。顺帝对伯颜所作所为既惧又恨，而此时伯颜侄子脱脱也感到事态严峻，担心一旦伯颜失势，自己与家人就会受到牵连，于是脱脱主动向顺帝请命，终于在君臣二人合力之下，铲除了伯颜及部分文宗旧党势力。为了昭示大权重归，顺帝下诏改元"至正"，而在至正初的四五年间，他重用脱脱以改革弊政，确实收到了一些良好的效果，史称"至正更化"或"脱脱更化"。

一　初入仕途（1342～1352年）

（一）备职经筵

后至元六年（1340），危素与友朋同游金陵，这是他第一次远离家乡的经历，也成了改变他命运的关键点。宋濂《危公新墓碑铭》曰："（危素）出游金陵，或以其文示南台中丞张文穆公起岩。张公以状元为显官，少所称许，独推服公曰：'危君为状元庶几相当，老夫有愧色矣！'张公入朝，遂挟公以行。达官贵人慕公声华，争欲出其门下，更相论荐，唯恐失之。"[1] 张起岩，字梦臣，为元代首科状元，官至御史中丞、翰林承旨，《元史》有传。

1. 任职的时间

张起岩与危素在金陵相识，时由江南行台侍御史升至南台御史中丞。然而萧启庆先生却以为张并未出任过江南行台侍御史，"（张起岩）升翰林侍讲学士兼知经筵事，出为江南行台侍御史，未行，又除陕西行台侍御史、翰林侍讲学士、中台侍御史、翰林学士承旨、御史中丞，至正三年复为翰林承旨"[2]，所依据的是欧阳玄《齐郡公张公先世碑》的记载。其实不然，《齐郡公张公先世碑》是欧阳玄为张起岩之父张范及其先世而作，其中提及张起岩云："长起岩，薛氏所出。初授集贤修撰，迁国子博士监丞司业，历翰林待制、监察御史、中书右司员外郎郎中兼经筵官，转太子左赞善、燕王司马，拜礼部尚书、参议中书省事，升翰林侍讲学士、中奉

① （明）宋濂：《故翰林侍讲学士中顺大夫知制诰同修国史危公新墓碑铭》，载罗月霞主编《宋濂全集》，第1460页。
② 萧启庆：《十四科进士辑录》第1科，《元代进士辑考》，第140页。

大夫、知制诰同修国史，寻以本官知经筵事，出为江南浙西道肃政廉访使，未行，奏留侍讲，进知经筵，俄除陕西诸道行御史台侍御史。"① 萧先生误认为"江南浙西道肃政廉访使"即"江南行台侍御史"。实际上，此二官职权责不同，而且就张起岩的仕宦经历而言，《元史·张起岩传》中有明确的记载："御史台奏除浙西廉访使，不允，已而擢陕西行台侍御史。将行，复留为侍讲学士。拜江南行台侍御史，诏入中台，为侍御史。"② 所以张起岩是出任过南台侍御史的，后又升为南台御史中丞，并在其任内结识了尚为布衣的危素。

　　根据《至正金陵新志》中的《南台题名录》可知，后至元三年（1337），张起岩任江南行台侍御史，至正元年（1341）升南台御史中丞。③ 有材料佐证，如张起岩曾为许有壬父许熙载撰写行状，后来欧阳玄据此作神道碑，其中就提到了当时张的官衔："状公行者，为今南台侍御史济南张公起岩；志公圹者，为今御史中丞浚仪马公祖常；至（欧阳）玄为神道碑，三人皆安阳公同年进士……至元四年岁在戊寅八月吉日建。"④ 张起岩任南台中丞时，的确屡有提携后进之举，如宋濂记道："元重纪至元中，张文穆公起岩为江南行台中丞，见君（杜元）诗，愿掾君，君不可。欲以茂才异等荐，又不从。年若干，卒以布衣终。"⑤ 《宋元学案》言："征君朱先生夏……济南张起岩在江南行台，辟宪司掾，京兆贺某在相位，欲荐入史馆，皆未就。"⑥ 而据张养浩《风宪忠告》知，元代御史本身就有"举贤良"的职责，故而张起岩才会前后荐举多人，包括危素。

　　关于张起岩如何与危素相识，宋濂《净慈禅师竹庵渭公白塔碑铭》提供了一条线索："集庆为东南都会，而行御史台莅焉。四方名荐绅，无不翕聚，无不与全悟游。初科第一人张公起岩来为中丞，尤号最厚，翰林

① （元）欧阳玄：《元封秘书少监累赠中奉大夫河南江北等处行省参知政事护军追封齐郡公张公先世碑》，《圭斋文集》卷9，《四部丛刊初编》景明本，第47页b、48页a。
② 《元史》卷182《张起岩传》，第4194页。
③ 洪金富点校《南台题名录》，《元代台宪文书汇编》，"中央研究院"历史语言研究所，2003，第564、566页。
④ （明）叶盛：《水东日记》卷31《圭斋许氏赠公碑》，中华书局，2007，第310页。
⑤ （明）宋濂：《金陵杜府君墓铭》，载罗月霞主编《宋濂全集》，第1683页。
⑥ （清）黄宗羲撰，魏得良等点校《宋元学案》卷92《草庐门人》，第618页。

承旨张公翥、中书左丞危公素，时尚布衣，亦往来乎其中。四三君子，或发天人性命之秘，或谈古今治忽之几，或论文辞开阖之法。"① 集庆即金陵，是江南行台的所在地，张起岩受命于此，工作余暇常与文士、僧人交游，是以结识了恰好来金陵游玩的危素。其时危素虽为布衣，但文名已"震动江右间"，交游广泛，可以说具备了良好的内外条件，故而能受到张起岩的青睐。

危素随张起岩入京，在朝中官员的交相举荐下，受命为经筵检讨。但关于他究竟何时出任经筵检讨，前人研究多有抵牾。吴晓红《危素研究》称："至正三年（1343），危素凭借其卓越的才华，被荐入经筵班子，担任经筵检讨，从此踏上了仕宦之途。"② 吴愫劼、武海波则认为危素任经筵检讨在至正元年。③ 笔者不同意以上观点，理由如下。第一，宋濂《危公新墓碑铭》中有明确记载："公自至正二年用大臣交荐，入经筵为检讨。"此条材料已被确证可信，参见前文对危素生年的考订，而上述研究之意见分歧，看来还是受到了不同版本《危公新墓碑铭》的影响。第二，既然危素是跟随张起岩入京后才受职的，那么参照张起岩的政治经历，则该问题庶几迎刃而解。宋濂《危公新墓碑铭》言"张公入朝，遂挟公以行"，张起岩本为南台中丞，为什么会入朝？无非官职发生了变动。《元史·张起岩传》虽然没有明确记载其官职升迁的具体时间，但我们可以确信他在此时经历了"升江南行台御史中丞，拜翰林学士承旨、知制诰兼修国史、知经筵事"④ 的人事变动。很显然，张起岩任南台中丞后拜翰林学士承旨，即他从金陵前往大都的理由。《南台题名录》曰：

　　御史中丞：……王升，济南人，资善，至正元年上；张起岩，资善，至正元年上；王士熙，资善，至正二年上；赵成庆，资善，至正二年上。⑤

---

① （明）宋濂：《净慈禅师竹庵渭公白塔碑铭》，载罗月霞主编《宋濂全集》，第1435页。
② 吴晓红：《危素研究》，硕士学位论文，江西师范大学，1996。
③ 参见吴愫劼《元明易代之际悲剧人物危素研究》，硕士学位论文，西北师范大学，2013，第10页；武海波《危素交游研究——以师辈、同僚、方外友人为考察对象》，硕士学位论文，暨南大学，2014，第13页。
④ 《元史》卷182《张起岩传》，第4195页。
⑤ 洪金富点校《南台题名录》，《元代台宪文书汇编》，第564页。

而根据《元史·百官志》"江南诸道行御史台"的规定可知，南台设御史大夫一员、御史中丞二员，[①]既然至正二年的南台御史中丞分别是王士熙和赵成庆，说明此时张起岩已经离任，这恰好与危素在同年出任经筵检讨是相吻合的。所以危素在至正二年经大臣举荐，出任经筵检讨，才是符合史实的。[②]

2. 受到显贵的赏识

宋濂称"达官贵人慕公声华，争欲出其门下，更相论荐，唯恐失之"，那么究竟有哪些达官贵人如此看重危素呢？笔者就此做些梳理。

首先是时任大都路都达鲁花赤伯嘉奴（又作伯家奴、伯嘉讷、伯家纳）。危素甫至京师，恰逢伯嘉奴兴修大都儒学，于是他应伯嘉奴之邀作有《兴学颂》，其文曰：

> 至正元年四月，大都路都达鲁花赤康里公伯嘉奴，请作左右南三警巡院、大兴宛平二县孔子庙，并建学舍。都府函达诸礼部，部上之中书省，中书从其言，各以室庐之在官者为之。又言学设教谕而无廪食，非所以尊敬师道，中书亦从之……公字九德，在官守职若活海贾事皆可书，今独取其为政之知本者为颂之。[③]

伯嘉奴兴学之事，时人记载甚少，唯余阙有《伯九德兴学诗》可作印证。然而据前人的研究，至正元年、二年，余阙尚赋闲在家，直到至正三年（1343）方被召为翰林修撰，[④]而余阙与伯嘉奴却无甚交谊，恐怕其《兴学诗》亦为应邀而作。但若如此，为什么要请远在和州的余阙作诗？令人费解。余阙《贡泰父文集序》言："予既归淮南，泰父亦以亲嫌辞官，归除绍兴推官，不相见者为最久。去年大原贺君为丞相，搜罗天下人才之有政誉者，而泰父之治为浙东西第一，乃得复召为应奉，余适入朝为待

---

① 《元史》卷86《百官志》，第2179页。
② 吴晓红以为危素在后至元四年就跟从张起岩入京，以至于吴氏论述中，有关危素在这段时间的经历显得十分混乱，看来她忽略了张起岩携之入京这一条件才是促使危素登上仕途的主导因素。参见吴晓红《危素研究》，硕士学位论文，江西师范大学，1996，第14页。
③ （元）危素：《兴学颂》，《危太朴文集》卷1，《元人文集珍本丛刊》第7册，第402页。
④ 周春江：《余阙及其〈青阳集〉研究》，硕士学位论文，安徽大学，2014。

制，相见益欢，计其别十年矣。"① 周春江以为"大原贺君"为脱脱，误也；贺君即贺惟一，大原是其籍贯。余阙入官的时间与贺惟一官丞相、贡师泰任翰林应奉的时间有关，然而岳峰却以为贡师泰入为翰林应奉在至正七年，② 不足为信，因为贡师泰官翰林应奉，主要是奉敕编纂辽、金、元史，而三史早已在至正五年就修成了。"去年大原贺君为丞相"一事当在至正二年（1342），③ 此时余阙、贡师泰相继入朝，所以余阙才有机会结识伯嘉奴，并为其作《兴学诗》；而危素方与张起岩入朝，伯嘉奴有意结识，故亦有《兴学颂》之作。伯嘉奴乃康里王族阿沙不花之子，黄溍在《敕赐康里氏先茔碑［铭］》中写道："忠烈子男二……次伯家纳，前尹京时，平凡海盗被诬为盗者，所活一百十六人，累迁中政院使。"④ 而《元史·阿沙不花传》则称："子伯嘉讷，廉直刚敏，忧国如忧家。尝为京尹，屯储卫诱小民梅冻儿诬首海商一百十有六人为盗而掠其赀，狱具，械送刑部，命伯嘉讷审录之，尽得其冤状，白丞相释之，还其赀。后迁翰林侍读学士。"⑤ 上引资料皆可以印证危素所言伯嘉奴"活海贾"事，"京尹"则指当时伯嘉奴出任大都路都达鲁花赤。虽然伯嘉奴不见得给予过危素哪些实质上的帮助，但他以一任地方长官的身份请危素撰文，足可以见其对危素才华的重视，而危素亦凭借此举越发扬名朝中。

其次，司天监事王宏钧（王弘钧）在危素初至大都时，也给予过他一些帮助。按照危素的记述，"素始至京师，即从公求观故宋所铸浑天仪，考其制度。公不问其姓名，欣然相携观之，古所谓'倾盖如故'，公之谓也"⑥。由于初来乍到，陌生的环境总会令人感到拘谨，危素也不例外，"不问姓名"即说明他当时尚未预列筵阁；然而王宏钧却十分热情地接待了危素，这让他深受感动。他一直将此事铭记于心，以至于事隔近二十年后，其子为父来求撰寿藏碑，危素犹念念不忘当年交谊。在危素文集

① （元）余阙：《伯九德兴学诗》，《青阳先生文集》卷9，《四部丛刊续编》景明本，第1页b。
② 岳峰：《贡师泰诗歌研究》，硕士学位论文，扬州大学，2012。
③ 《元史》卷113《宰相年表》，第2846页。
④ （元）黄溍：《敕赐康里氏先茔碑［铭］》，王颋点校《黄溍全集》，第708页。
⑤ 《元史》卷136《阿沙不花传》，第3300页。
⑥ （元）危素：《大元钦象大夫提点司天监事王公寿藏碑》，《危太朴文续集》卷3，《元人文集珍本丛刊》第7册，第520页。

中还收有《王宏钧传》一文，是其在生前专门撰写而成，旨在备藏馆阁以俟后世修史之用，危素于文末评曰："余观宏钧之才，可以居风宪，然老矣。"时危素已跻身宰执之列，此言之出颇有滴水报恩之意。

最后，翰林学士朵尔直班对危素亦多有照顾："临川危太朴游京师，承旨朵儿只（直）班公筑室以客之，学士清江揭公扁之曰'说学斋'。"① 危素随张起岩初到大都，起岩受官入朝或有临时住处安排，而身为一介布衣的危素如何落脚呢？朵尔直班"筑室以客之"，可谓助解燃眉之急。至于究竟是危素得授经筵检讨以后才得到如此待遇，还是甫入大都便客居朵尔直班家中，笔者以为是后者。朵尔直班待危素以宾客之礼，专门为其修筑房屋，似乎有久聘其为幕僚之意，否则倘若危素已领朝俸，何必选择居人篱下？尽管揭傒斯为其住所题匾曰"说学斋"，暗示了危素备官经筵的身份，然而此举犹可能是在危素受官之后的庆贺之举。《元史·朵尔直班传》曰："至正元年，罢学士院，除翰林学士，升资善大夫。于是经筵亦归翰林，仍命朵尔直班知经筵事……俄迁大宗正府也可扎鲁火赤。"② 黄溍《恭跋御书庆寿二大字》云："今上皇帝改元至正之明年，翰林学士臣朵尔直班，尝一日侍燕闲于宣文阁。"③ 据上可知，至正元年、二年，朵尔直班知经筵事，这就为危素入讲经筵提供了方便，因为元代大多数经筵官皆为兼任，而专职的经筵官如经筵检讨、译史等则大多由领、知经筵事者推荐任命。

3. 首任经筵检讨

至正元年（1341），顺帝改奎章阁为宣文阁，承担经筵进讲的事务。但宣文阁不设学士，经筵官大多以他官兼任，其具体事务则设检讨等职执掌。许有壬《敕赐经筵题名碑》云："今上皇帝法圣祖之宏规，考近制而损益之，开宣文阁。选中书、枢密、御史台、翰林国史之臣以见职知兼经筵，丞相独署以领，重其事也。其下有兼经筵官、参赞官、译文官，率以中书翰林僚幕若阁属为之，而不常其员。又其下译史三人、检讨四人、书写五人、宣使四人。有公移，翰林国史知经筵者署之，仍用国史院印章，

① （元）李存：《说学斋铭》，《鄱阳仲公李先生文集》卷21，《北京图书馆古籍珍本丛刊》第92册，书目文献出版社，2000，第628页。

② 《元史》卷139《朵尔直班传》，第3357页。

③ （元）黄溍：《恭跋御书庆寿二大字》，王颋点校《黄溍全集》，第175页。

奏为著令。"① 是为顺帝至正时期经筵建制之大概。经筵检讨多出身布衣，专门负责起草进讲稿件，王祎《经筵录后序》言："至正更化之始，荐开经筵，博延儒流，敷绎古艺……至于讲文，则视成于检讨，检讨则具稿译毕，白于丞相及诸讲官。众论允合，然后进焉。故检讨者，其秩虽轻，所职甚近，皆以布衣自庙堂公选为之。士之为之者，因得以圣贤仁义礼乐之道、古今治忽成败之故彻闻当宁，而痏主意于片言，诚可谓不负所学者矣。"② 《经筵录》作者是元人郑涛，字仲舒，乃黄溍门人，与宋濂、戴良、王祎等人相友善；《宋元学案》谓其"工于词翰，为丞相脱脱所知，授经筵检讨"③，可见经筵检讨多由举荐得任，看重的是出任者的品质与才华。

危素任经筵检讨与至正初年宣文阁的设置有着密切的关系。脱脱上台后，大行更化举措，改奎章阁为宣文阁，改艺文监为崇文监，开经筵，遴选儒臣进讲，④ 于是"诏选儒臣欧阳元〔玄〕、李好文、黄溍、许有壬等四人，五日一进讲，读五经、四书，写大字、操琴弹古调。常御宣文阁用心前言往行，钦钦然有向慕之志焉"⑤。然而设检讨之前，讲稿起草工作大都由兼职经筵的翰林国史院官员完成，⑥ 如宋濂追忆当时"进讲经筵者三十有二。经筵无专官，曰领曰知咸宰执近臣，讲文之述率属先生（黄溍）订定，非有关于治道之大者，不敢上陈"⑦。此举稍为不便，所以至正更化之始开宣文阁，专设经筵检讨分属其事。值得注意的是，至正元年正月，脱脱以右丞相身份兼领经筵事，同年十二月"己巳，以翰林学士承旨张起岩知经筵事"⑧，再加上此时厚待危素的朵尔直班亦"知经筵

① （元）许有壬：《敕赐经筵题名碑》，《至正集》卷44，《元人文集珍本丛刊》第7册，新文丰出版公司，1985，第218页。
② （明）王祎：《经筵录后序》，《王忠文公集》卷6，景印《文渊阁四库全书》第1226册，第118页。
③ （清）黄宗羲撰，魏得良等点校《宋元学案》卷82《静俭门人》，第293页。
④ 邱树森：《妥懽贴睦尔传》，吉林教育出版社，1991，第78页。
⑤ 任崇岳：《庚申外史笺证》，中州古籍出版社，1991，第36页。
⑥ 参见张帆《元代经筵述论》，《元史论丛》第5辑，中国社会科学出版社，1993，第142页。
⑦ （明）宋濂：《故翰林侍讲学士中奉大夫知制诰同修国史同知经筵事金华黄先生行状》，载罗月霞主编《宋濂全集》，第309页。
⑧ 《元史》卷40《顺帝本纪》，第860页。

事"，由此可以推知，正是在脱脱设宣文阁、重视经筵教育之际，由具体负责经筵事务的朵尔直班、张起岩等人交相举荐，危素才得以任职检讨，专门负责起草经筵讲稿。

具体而言，笔者以为经筵检讨一职设于至正二年（1342），即危素当为顺帝朝首任经筵检讨官。按，危素尝于至正二年作《太平十策序》，其文曰：

> 太平十策者，临川艾君本固之所著也。其纲曰开经筵以广圣学，广储蓄以备水旱，行铜钱以助钞法，严考绩以择守令，崇节俭以厚风俗，汰冗员以厚正官，奖廉让以化官吏，举孝弟以正民彝，通资格以任贤才，修武备以振国威。艾君上书时，今太师忠王方入相，得君书大喜。中书参议何庭兰，世称能吏，亦曰君言可用。下之部，而吏议沮之不报……此十策者，盖其粲然可举而行者，为国而不先乎此？则以为治者皆自诡而已，顾岂可以老生常谈视之哉？今夫居高位、食重禄者非无其人，而乃使布衣之士焦心劳思，徒步五千里奋然言事，言之而又困于吏议，吾不知其何说也。因阅其草稿，书以归之。①

文中所称"今太师忠王方入相"，事在后至元六年（1340）。"太师忠王"即脱脱父马札儿台，《元史·马札儿台传》云："（后至元）六年，伯颜既罢黜，召拜太师、中书右丞相……明年，以其子脱脱为右丞相，而封马札儿台为忠王。"② 尽管马札儿台十分欣赏艾本固的建言，却未能予以施行。时危素方入京师，所以谓艾君从临川"徒步五千里奋然言事"，却未料吏议不报，危素只好"书以归之"，撰序以送艾本固。《太平十策》首言开经筵，说明其时经筵未开或体制并不完备，直到至正二年危素撰写序文时依旧没有改观，故而他才愤然感慨道"吾不知其何说也"。或许正是在这样的情况之下，首先是丞相脱脱秉承父志，恰好有意要改革经筵；其次是张起岩携危素入朝知经筵事为危素出仕提供了机会；最后则可能是危素利

---

① （元）危素：《太平十策序》，《危太朴文集》卷6，《元人文集珍本丛刊》第7册，第440~441页。
② 《元史》卷138《马札儿台传》，第3340页。

用艾本固上书不报的事，向新识的朝臣们再次提出了建议，由此构成了他最终入官经筵的基本条件。另外，黄溍《赠太常博士危府君墓志铭》言"今天子稽古图治，诞开经筵，即以素为检讨"①，更是说明了危素与顺帝朝开设经筵之间的直接关系，其行颇具开创之意。

4. 建言赈灾与修史

危素初官经筵检讨，"经筵一月进讲者三，讲文皆属公手。公尝敷绎'民惟邦本'之言以进，典领臣恶其峭直，难之。公曰：'经筵之职，所以格君心，反不以民之疾苦告邪？纵加罪，罪在操觚者，素请当之。'卒以进讲。顺帝大悦，诏赐经筵官酒，公不饮，复赐马湩一革囊，金织文币人一端，皆有副"②。关于危素"敷绎"一事，并非指他懂得如何翻译汉蒙材料。尽管用汉、蒙两种文字进讲的确是元代经筵制度最具特色的一部分，如"康里巎巎以翰林承旨亦在经筵，在上前敷陈经义，朵尔直班则为翻译，曲尽其意，多所启沃"③，但这里危素"敷绎'民惟邦本'"其实只是用汉文口语翻译典籍原文而已，诸如吴澄的《经筵讲义》、贯云石的《孝经直解》，都属于经筵讲稿的敷绎之作。材料中所谓"典领臣"者，疑为脱脱，因为据上文知"丞相独署以领"经筵事，而在危素任检讨期间，右丞相一直由脱脱担任，左丞相别儿怯不花则未曾领经筵事，所以可能是脱脱曾经为难过危素。那么，他们究竟因何事发生了争执？其结果如何？宋濂《危公新墓碑铭》接着介绍道："已而有诏下中书，发钱粟千万，赈河南永平民，万口咸曰：'活我者，经筵官也。'"④ 说明上文危素敷绎"民惟邦本"、执意不屈一事的确收到了良好的效果，然而细究此事，疑点尚多。

首先，河南江北行省下并无"永平"这一建制。查诸史籍，元代地方区划称"永平"者有三：一为永平路，"元太祖十年（1215），改兴平府。中统元年（1260），升平滦路，置总管府，设录事司。大德四年

---

① （元）黄溍：《赠太常博士危府君墓志铭》，王颋点校《黄溍全集》，第467页。

② （明）宋濂：《故翰林侍讲学士中顺大夫知制诰同修国史危公新墓碑铭》，载罗月霞主编《宋濂全集》，第1460页。

③ 《元史》卷139《朵尔直班传》，第3357页。

④ （明）宋濂：《故翰林侍讲学士中顺大夫知制诰同修国史危公新墓碑铭》，载罗月霞主编《宋濂全集》，第1460页。

（1300），以水患改永平路。户一万三千五百一十九，口三万五千三百。领司一、县四、州一，州领二县"，属中书省；一为保定路永平县，至元二年（1265）后复为完州，亦属中书省；一为云南永昌府永平县。① 三者皆与河南行省无关，而如果把原文理解成"赈河南、永平民"，将两个既互无统领又级别不同的行政区划放在一起，也不太符合一般的文本叙述形式。三者中，永平路与赈灾的关系较大，因其靠近滦河而多有水患，但滦河流向是自北而南，永平路又在滦河东，所以如果以滦河为参照称"河南永平"亦是不妥的。

其次，倘若暂时搁置"河南""永平"之间的矛盾，单就"发钱粟千万"一事查核史实仍然存在问题。在危素任经筵检讨期间（至正二年到至正五年），至正四年（1344）闰二月"辛酉永平、澧州等路饥，赈之"②，同年七月"滦河水溢，出平地丈余，永平路禾稼庐舍漂没甚众"③，两事皆关乎灾赈，但是否就此"发钱粟千万"，其数额之巨，实在不能不令人产生怀疑。今以顺帝朝元统二年赈济江浙大饥一事为参照，"以户计者五十九万五百六十四，请发米六万七百石、钞二千八百锭，及募富人出粟、发常平义仓赈之，并存海运粮七十八万三百七十石，以备不虞"④，如此大规模的饥荒，也仅是发钞二千八百锭、粮六万七百石而已，折合总价不过十五万五千锭钞左右，那么总户数不足江浙灾赈户百分之三的永平路，何来"发钱粟千万"呢？恐怕多有夸大之嫌。

最后，应当明确的是，危素作为经筵检讨仅仅负责起草稿件，无法直接向皇帝进讲，检讨一职有秩无品，它与译史、书写、宣使一样皆是文吏，有别于翰林学士所兼的"经筵官"，所以百姓口中的"活我者，经筵官也"也不符合实情。因为其一，危素并非经筵官；其二，赈灾程序复杂，从报灾、验灾到朝廷制订应对方案，再付诸施行，涉及官员极多，尤其是对于直接负责赈济事宜的地方长官，蒙泽百姓感激不尽，多会归功于他们，而不太可能知道身在宫闱之内的一名低级文吏，或许他对赈济一事起到过帮助作用。换言之，若当时真发生了需要"发钱粟千

① 分别参见《元史》卷58、卷61《地理志》，第1352、1356、1480页。
② 《元史》卷41《顺帝本纪》，第870页。
③ 《元史》卷51《五行志》，第1095页。
④ 《元史》卷38《顺帝本纪》，第822页。

万"赈济的灾荒，恐怕绝非只有危素才认识到事态的严重性，毕竟至正之初君臣锐意更化，朝中还是有不少明智人物的。所以笔者认为，《危公新碑墓铭》称危素以经筵检讨"活河南永平民"一事含混史实，多有浮夸、粉饰之意，不足凭信。

至正二年（1342）七月，危素以经筵检讨身份向中书右丞贺惟一上书，建议开馆修宋、辽、金三史，朝廷经反复商议，终于在次年开始修撰，"书成，公之力居多"。危素参与的是《宋史》的编撰，其主要工作包括采集史料和编写部分传记，可以说，参与修三史对危素而言是一个非常重要的契机，因为当时实际参修史书的人员众多，其中不乏以文史闻名的文人才子。但书成之后，他们大多只是获得地方儒学提举之类的官职，便告归乡野；而危素却因此跻身朝班，正式成为朝廷官员。他在参与修史的同时，还曾对《尔雅》《君臣政要》等书做过校注，以备经筵进讲之用，"公悉心而为之，不数月而成"①。关于危素校勘《君臣政要》的具体时间，任崇岳先生考订为至正二年，根据的是《庚申外史》"至正二年"条"诏译唐《贞观政要》"的记载，任以为此时所译乃《贞观政要》，而校勘亦在同年完成。② 其实，危素校勘《君臣政要》比该书译成要迟三年，他曾撰《君臣政要序》曰："臣素执事经幄，身亲见之，乃因臣拔实所订重加校雠，疏于其下，藏之中秘，以备乙夜之览。"而该文题名注曰"乙酉"，即至正五年，所以危素校勘《君臣政要》的时间应为至正五年，此事当予以辨正。为了奖掖危素校书之劳，"及进，赐金若干，公辞曰：'臣职也，何劳而受赐？'不敢奉诏。寻有宫人之赐，公复辞曰：'臣有糟糠之妻，在大江之南，无所用之。'亦不受"③。根据前文的考订，危素在至正二年丧妻后续娶赵氏，距此时不过三年，而且自至正元年游金陵、入京师以后，他并没有回过家乡。可以说，此时他与赵氏的感情基础尚不深厚，然而面对朝廷的赏赐，危素却以"糟糠之妻"相拒，不为所动，足见其道德操守之一斑。同时，这则材料也透露出两个信息：一是朝

---

① （明）宋濂：《故翰林侍讲学士中顺大夫知制诰同修国史危公新墓碑铭》，载罗月霞主编《宋濂全集》，第 1460 页。

② 任崇岳：《庚申外史笺证》，第 39 页。

③ （明）宋濂：《故翰林侍讲学士中顺大夫知制诰同修国史危公新墓碑铭》，载罗月霞主编《宋濂全集》，第 1460 页。

廷知道危素只身在京，无人照料其起居；二是直至至正五年，他仍没有能力把家人接到京城一起生活。

（二）执教官学

待到至正五年（1345）三史修成，危素由经筵检讨"改承事郎国子助教"，终于获得了品官身份。按照元制，承事郎为正七品散阶，"其官常对品"①，也就是说，国子助教理应为正七品，但实际上国子助教为正八品，②散官与职事官的品级并不完全对应。李鸣飞认为之所以存在这种情况，是因为散官数量无限而职事官窠阙有限，铨选部门可以相对灵活地授予官员较高或较低品级的职事官，以便下次铨选时参考其散官品级，再对其授予相应的职事官。③ 这样或许就能够解释危素所受散阶与他担任的职事官品级不相对应的情况。

1. 分学上都

危素任大都国子学助教的时间不长，随后又被派往上都分监国子学，"辍餐钱，建监门，葺斋舍，勒开国以来分教师之名于石"④。按，危素《清啸轩记》《昭福寺法堂记》皆作于至正六年，而撰文时危素仍在大都，不过，同年他又有《殿中司题名记》等文作于上都，说明这一年间他先后在大都、上都待过。至于危素何时分监上都官学，《国子监分学题名记》云"国子助教岁从幸，分学上都，配国子学印，给驲骑公车、学正或学录一人、伴读四人"⑤，说明危素是因扈从顺帝巡幸才任官上都分学的，而这一年顺帝巡上都在夏四月，那么危素前往上都的时间也就可以确定了。需要补充的是，自危素入经筵以来，至他监上都分学，每年都扈从顺帝往来两都之间，一共有五次经历，由其作于至正六年之《赠潘子华序》

---

① 《元史》卷91《百官志》，第2320页。
② 《元史》卷87《百官志》，第2193页。《百官志》中只规定了国子学的品级为正七品，并没有说明其下所设博士、助教等职的品级。然而，作为国子学平行机构的蒙古国子学，却明确记载了博士正七品、助教正八品的情况，应该可以与汉国子学的设置相对应。
③ 李鸣飞：《金元散官制度研究》，兰州大学出版社，2014，第6页。
④ （明）宋濂：《故翰林侍讲学士中顺大夫知制诰同修国史危公新墓碑铭》，载罗月霞主编《宋濂全集》，第1461页。
⑤ （元）危素：《国子监分学题名记》，《危太朴文集》卷2，《元人文集珍本丛刊》第7册，第407页。

"余五至开平"语可知，① 而之所以能够多次扈从巡幸，应得益于其经筵检讨的身份。

上都国子监是分学，并不设博士，是由国子助教主持日常工作。② 由于元朝皇帝每年要往返两都巡幸，待在上都的时间约为四个月，这就造成身居怯薛扈从北上的国子生要停课几个月。为了解决这一问题，每逢皇帝北上，国子监就派出助教等官随驾前往，开设分学。危素就是在这样的情况下分掌上都官学的。③ 危素在任期间，除了整顿学务外，还帮助地方缙绅兴办私学："尚书王某致政，居蔚州，构暖泉书院，请额于朝。他监官以地无先贤故事，不从，公听其立师，以训士子。"④ 王某即工部尚书王敏，建书院事在（成化）《山西通志》及《明一统志》中均有记载。根据元朝的规定，上都分学置"助教二员、学正二员、学录二员，督习课业"⑤，既然助教为分学最高长官，有权管理学务，那么"他监官以地无先贤故事，不从"，会不会是另外一员助教对于兴修私学表示不同意？其实，顺帝时上都分学仅设助教一名，此规制在危素《上都分学书目序》中有载："岁以助教一员佩印分学，学正或学录一员、伴读四人。"⑥ 所以，除了危素以外，其余的学正或学录以及伴读，虽然亦为监官，但他们都是危素的僚属，即使有不同意见，也仍由危素做出最终决断，故而"公听其立师，以训士子"，表现出他治政时的坚决果断的一面。

顺帝得知危素擅长书法，遂让他抄写佛家经籍，却遭到了拒绝："臣官胄监，以教化民彝为职，外教之典不宜书。无已，迁他官乃可耳！"⑦ 顺帝无可奈何，又不好与一名区区低级官吏过分计较，此事遂罢。然而，危素任上都分学助教不到一年时间，就又回到了大都。时隔多年以后，危

---

① （元）危素：《赠潘子华序》，《危太朴文集》卷8，《元人文集珍本丛刊》第7册，第451页。
② 《元史》卷87《百官志》，第2193页。
③ 参见王建军《元代国子监研究》，博士学位论文，暨南大学，2002。
④ （明）宋濂：《故翰林侍讲学士中顺大夫知制诰同修国史危公新墓碑铭》，载罗月霞主编《宋濂全集》，第1461页。
⑤ 《元史》卷87《百官志》，第2193页。
⑥ （元）危素：《上都分学书目序》，《危太朴文集》卷10，《元人文集珍本丛刊》第7册，第476页。
⑦ （明）宋濂：《故翰林侍讲学士中顺大夫知制诰同修国史危公新墓碑铭》，载罗月霞主编《宋濂全集》，第1461页。

素回忆起在上都分学的岁月，仍然感慨不已："（分学）远绝尘嚣，人事稀简，助教专于教事，非休假不出户，可以稽经诹史，探索精微之蕴。百司廥从者，求如分学之安适，亦云鲜矣。"①

2. 授经宣文阁

至正七年（1347），危素受代回京，"除应奉翰林文字同知制诰，兼国史院编修官，转宣文阁授经郎，兼经筵译文官，阶文林郎。明年，复入翰林为应奉"②。应奉翰林文字为翰林院从七品官，同知制诰是其差遣。宣文阁授经郎的品秩并无记载，然而宣文阁是由奎章阁所改，奎章阁曾设授经郎，官正七品，或许可以作为宣文阁授经郎官品的参考，"转宣文阁授经郎"说明是升迁官职，故此时危素由从七品升至正七品，同时授正七品文林郎散阶。不过，至正八年（1348）危素复入翰林为应奉，看来是遭到了降职，他又重新回到翰林院体系之中。

宣文阁授经郎的工作主要是"教戚里大臣子弟"，周伯琦曾在同一时期担任过该职。③危素任授经郎期间，"其授经宫学也，受业生皆贵戚大臣子，横肆不率度。公创教条，置帐历，日书其勤惰，月会而赏罚之，皆畏服不敢犯"④，应该说他的工作尚有可圈可点之处。然而，尽管顺帝创宣文阁，有意革新文教，"上亲选宿卫官及勋戚子弟，年二十以下者三十人为弟子员"⑤。"建学舍内苑，以严中外之别。丰廪饩，给笔札，俾无外慕"⑥，据此看得出宣文阁教育是十分受到重视的；但当时官学里"日啖笼炊粉羹，一人之食为钞五两。君子以监学乃作养人材之地，而千百为群，恣纵恬嬉，玩愒岁月，以侮嫚嘲谑为贤行。加屏风以障市人，入茶酒肆不偿直，掉臂而去，无敢谁何，是坏天下人材，何作养之有"，若监生

---

① （元）危素：《上都分学书目序》，《危太朴文集》卷10，《元人文集珍本丛刊》第7册，第476页。

② （明）宋濂：《故翰林侍讲学士中顺大夫知制诰同修国史危公新墓碑铭》，载罗月霞主编《宋濂全集》，第1460页。

③ 《元史》卷187《周伯琦传》，第4296页。

④ （明）宋濂：《故翰林侍讲学士中顺大夫知制诰同修国史危公新墓碑铭》，载罗月霞主编《宋濂全集》，第1461页。

⑤ （元）周伯琦：《原序》，《近光集》卷首，景印《文渊阁四库全书》第1214册，台湾商务印书馆，1985，第507页上。

⑥ （元）王沂：《授经署板屋记》，《伊滨集》卷18，景印《文渊阁四库全书》第1208册，台湾商务印书馆，1985，第546页上。

蠳加孙、普贤奴者，后来皆成为无良之辈，① 可见元末官学日益衰落已经成为普遍现象。在这样的情况之下，身为授经郎的危素，无论制定多么严格的规定，即使可以收一时之效，恐怕仍然无法扭转官学没落的颓势。何况诸生皆为勋戚子弟，难免会对危素的教育方法有些埋怨，或许因此他才又回到了翰林院做应奉文字。

宣文阁授经郎本职是教导官宦子弟，不过危素在任期间还曾奉敕作佛寺碑文《高丽海州神光寺碑》，危素在该文中道出了撰写的缘由：

> 圣上以圣智之资，旧劳于外，东涉辽土，至于三韩。或言神光寺之阿罗汉，素著灵异，往瞻礼焉。不三四年归即大位，乃眷潜藩，思有所记述。诏翰林侍讲学士臣揭傒斯为记其事，未及为而傒斯即世。久之，大司徒臣雅普华、同知资政院事臣姜金刚传敕，俾宣文阁授经郎臣素撰文以进。臣素既莫详其兴创之由，历数年始从臣僧宏演得其颠末，具列而刻诸贞石。②

原本应由揭傒斯完成的碑文交给危素来写，揭傒斯当时为翰林侍讲学士，而危素受诏时是宣文阁授经郎，并且给危素下达命令的并非宣文阁长官，而是大司徒和资正院官员，这一方面说明了授经郎可以承担部分翰林学士的职能，如奉敕撰文等，宣文阁似乎与它的前身奎章阁一样，与翰林院保持着紧密的联系；另一方面说明了危素的文名达于朝宦之中，否则不会由领太常礼仪院的大司徒及资正院出面传敕，直接点名让危素撰文。不过，之前危素以身领监学事拒绝了顺帝让他抄写佛经的旨令而被任命为授经郎时，他的本职工作仍然是督教诸生，却"历数年"花了大功夫撰写这篇佛寺碑文来满足顺帝一时兴起的需求，此事尤当引起注意。

（三）参修后妃功臣传

危素回到翰林院后，恰逢朝廷开修后妃功臣传，史载"八年春正月……诏翰林国史院纂修后妃、功臣列传，学士承旨张起岩、学士杨宗

---

① 任崇岳：《庚申外史笺证》，第 37 页。
② （元）危素：《高丽海州神光寺碑》，《危太朴文续集》卷 3，《元人文集珍本丛刊》第 7 册，第 526 页。

瑞、侍讲学士黄溍为总裁官，左丞相太平、左丞吕思诚领其事"①，于是危素便参加了纂修工作，此次参与修史的还有周伯琦、贡师泰、余阙、杜本、方道叡等人。元廷曾于至大四年（1311）五月、至治元年（1321）三月、后至元元年（1335）四月分别诏令翰林国史院修后妃（或称皇后）功臣列传，事见仁宗、英宗、顺帝本纪，后世或以为后妃功臣传与实录一样，是累朝分别修撰而成的。② 其实不然，王祎撰有《代国史院进后妃功臣列传表》，记叙了纂修的原委：

> 维祖宗实录之具完，独臣后本编之犹阙。粤自大德丙午之岁，逮今至正戊子之年，屡庀攸司，特严直笔，乃懿范徽猷之放失，及骏勋伟绩之网罗，迄为全书，足裨正史。皇明润色乎鸿宪，追典谟诰命之余；体制取法于旧规，配纪传表志之列，于斯为盛……臣等粗殚忠赤，甫就汗青，敢私褒贬之权，姑谨事辞之载。昭玉册铁书之盛美，勒成一家；广金匮石室之秘藏，贻诸百世。③

由此可知，早在大德十年（1306）朝廷就敕命纂修后妃功臣列传，可直到顺帝至正八年，仍然"臣后本编之犹阙"。不知是哪些原因导致该项工作屡屡中辍，最后终于在顺帝朝编修完成，其工程量不可谓不大。

危素参修之际，"事多亡逸无据，公买饧饼馈宦寺戚里，历历扣之，复参覆得实，乃始笔之，卒为全史"④，其用力之勤、严谨求实之作风概可想见。清人王玉树以为，"累朝后妃功臣传，则张起岩、杨宗瑞、揭傒斯、吕思诚、贡师泰、周伯琦等修，凡执笔撰述者，类皆老于文学、熟于掌故，故修史宋濂诸臣即抄撮成书"⑤。其实单从危素的经历来看，仅仅"老于文

① 《元史》卷 41《顺帝本纪》，第 880 页。
② 参见（清）赵翼《元史》，《廿二史札记》卷 29，上海古籍出版社，2011，第 578～579 页。
③ （明）王祎：《代国史院进后妃功臣列传表》，《王忠文公集》卷 12，景印《文渊阁四库全书》第 1226 册，第 258 页。
④ （明）宋濂：《故翰林侍讲学士中顺大夫知制诰同修国史危公新墓碑铭》，载罗月霞主编《宋濂全集》，第 1461 页。
⑤ （清）王玉树：《元史多据实录》，《经史杂记》卷 4，《续修四库全书》第 1156 册，上海古籍出版社，2001，第 372 页上。此处言揭傒斯亦尝参与编修，误也，因为揭傒斯早在至正四年就已经过世。

学、熟于掌故"是不能完全胜任这项工作的，累朝后妃、功臣事迹相去甚远，还需要搜集大量的原始材料才能支撑这项纂修工作。从侧面而言，明朝修《元史》时直接据后妃功臣传"抄撮成书"，亦是对危素等人工作的肯定。

从后妃功臣传修成，到至正十一年（1351）迁儒林郎太常博士，危素一直郁郁不乐，表现为他对时政的不满与抨击。如《送方推官赴嘉兴序》（1348）言："夫今风俗之坏，狱讼之兴，奸豪得以骋其强梗，胥吏得以变其白黑。"① 《王左山房记》（1349）感慨："或浮湛于下僚，或老死于草野，斯世斯民，不被其泽，此天之不欲平治天下也，可胜叹哉。"② 《史馆购书目录序》（1348）甚至这样告诫子孙："至于人情之险阻，事物之缪辖，别为之录，以示儿子。俾知生乎今之世，虽事之小者，奉公尽职之为难。"③ 诸如此类批评时政的话语，多集中于他重返翰林院期间，一方面是因为此时社会矛盾进一步激化，脱脱复相以后形势依然每况愈下，朝廷不但没能解决由河患引发的各种问题，而且面对自身体制的腐化也是无能为力；另一方面或许由于曾参修后妃功臣传的同僚，一部分如周伯琦、贡师泰等人迅速得到了升迁，另一部分如方道叡等则外放到地方，危素心里多少有些不平，他既担心自己无法受到重用，又不甘愿回到地方成为一名默默无闻的低级官员。在这样的情况下，危素有些牢骚也是可以理解的。

（四）典礼太常

至正十一年（1351），危素迁儒林郎太常博士，官职正七品，太常博士为太常礼仪院下属官员，而太常院则主要掌管大礼乐、祭享宗庙社稷、封赠谥号等事宜。"其在太常也，请亲祀南郊，筑北郊，以斥合祭之非。谨谥法，严祀典，以祛谬妄。时翰林承旨张公翥为博士，礼文有阙者同补正之，人称为'双璧'"④，可以看出危素在元代礼制改革方面亦有一些

---

① （元）危素：《送方推官赴嘉兴序》，《危太朴文集》卷8，《元人文集珍本丛刊》第7册，第454页。

② （元）危素：《王左山房记》，《危太朴文集》卷3，《元人文集珍本丛刊》第7册，第415页。

③ （元）危素：《史馆购书目录序》，《危太朴文集》卷8，《元人文集珍本丛刊》第7册，第455页。

④ （明）宋濂：《故翰林侍讲学士中顺大夫知制诰同修国史危公新墓碑铭》，载罗月霞主编《宋濂全集》，第1461页。

建树。

　　关于元代的祭祀制度，马晓林博士的研究堪称详备。首先，他指出天地分祭、合祭之争，是唐宋以降郊祀制度中的核心问题，元朝只设南郊而不设北郊（武宗、仁宗朝曾计划设北郊，但遭搁置），在南郊只祭昊天上帝，而不祭皇地。其次，他强调有元一代共三次亲祀，其中顺帝分别于至正三年（1343）、至正十五年（1355）两度亲祀南郊。[①] 不过，从上文来看，危素任太常博士期间曾筑北郊，这就说明尽管时间较晚，但元朝的确有南郊、北郊的分设；而且，他修建北郊"以斥合祭之非"，则又说明了在其任太常官之前，元廷曾在南郊举行天地合祭之礼，并非不祭皇地。虽然"请亲祀"一事最终在至正十五年进行，此时危素已经调官别任，但在整个元朝的三次皇帝亲祀中，顺帝就占居其二，他如此亲近汉礼，是否在一定程度上受到过危素的影响呢？就此看来，危素于元朝礼法建设的功劳不可谓不大，这与他早年跟从吴澄学《礼》的经历有关。他不但推崇吴澄有关礼法的学说，而且对元人陈澔的《礼记集说》表示钦佩。[②] 吴澄的礼制思想不仅以他撰写的《月令纂言》《礼记纂言》为代表，也在其与友人的通信中多有体现，如《答王参政仪伯问》中云："冬至祀天于南郊之圜丘，夏至祭地北郊之方泽，此二礼相对，惟天子得行之……地犹母也，母亲而不尊，故惟北郊方泽一祭为至重……北郊之祭，天子所独。"[③] 既然吴澄这般重视皇帝亲祀及北郊之祭，那么身为吴澄弟子的危素把理论付诸实践，也就不足为怪了。

　　此外，元朝的三皇祭祀由医家祭祀过渡到国家祭祀，也与危素有些渊源。马晓林博士指出，元代的三皇庙制度经历了成宗、武宗两朝的建立和仁宗、顺帝的微调，[④] 这一说法固然不错，但仍有些含混，原因是他认定该制度创立于成、武两朝的依据，或者是针对医家祭祀三皇的规定，不属于国家祭祀范畴；或者仅仅为条款计划，其实践情况不得而知。然而，危

---

① 参见马晓林《元代国家祭祀研究》，博士学位论文，南开大学，2012。
② （元）危素：《元故都昌陈先生墓志铭》，《危太朴文续集》卷5，《元人文集珍本丛刊》第7册，第546页。
③ （元）吴澄：《答王参政仪伯问》，《吴文正公集》卷42，《元人文集珍本丛刊》第3册，第92页。
④ 马晓林：《元代国家祭祀研究》，博士学位论文，南开大学，2012，第424页。

素《三皇祭礼序》言：

> 在至元初，以医家专其享祀，议者谓三圣人之功之德，含齿戴发者皆所当尊而事［祀］之，岂独医家所得专之耶？由元贞以来，臣僚间尝以为言，有司漫不之省。今皇帝克承丕绪，严恭寅畏，事神治民者靡不尽其道，故断而行之，于乎盛哉！①

看来自成宗以来，将三皇祭祀上升为国家祭祀的尝试并不成功，直到顺帝朝，这一情况才获得彻底改观。所以笔者认为，就三皇庙制度成为国家祭祀的一部分而言，它在顺帝朝并非微调，而是最终成型。时任太常博士危素，不但亲自定撰三皇《乐章》十六曲，而且"窃思既隆其礼，宜制仪文，颁行郡县"，与前任太常博士任诜"讨论典故，为《祭礼》一卷"，②的确有功于三皇祭礼的改制。至于危素与张翥同为太常博士，被合称为"双璧"，在乃贤的诗中亦有所体现，诗云："南宫夜直拥青绫，二妙容台喜共登。瑚琏久知清庙器，阶衔联署玉壶冰。后来博士如公少，今日先生自此升。见说圜丘将大飨，百年礼乐正当兴。"③ 两人既承绪理学正统，又颇具文名，同擢太常博士，自然便成为一段儒林佳话。

二　平步青云（1353～1360 年）

（一）监理国子学

至正十三年（1353），危素由太常博士"转奉训大夫国子监丞，擢兵部员外郎。十五年（1355），升奉议大夫礼部郎中，拜朝散大夫监察御史，迁工部侍郎"④。据《元史·百官志》及《元典章·吏部官制》，国

---

① （元）危素：《三皇祭礼序》，《危太朴文集》卷 10，《元人文集珍本丛刊》第 7 册，第 470 页。
② （元）危素：《三皇祭礼序》，《危太朴文集》卷 10，《元人文集珍本丛刊》第 7 册，第 470 页。关于危素撰《乐章》十六曲一事，可参见《元史》卷 77《祭祀志》"三皇庙祭祀礼乐"条，第 1915 页。
③ （元）乃贤：《张仲举危太朴二翰林同擢太常博士》，叶爱欣校注《乃贤集》，河南大学出版社，2012，第 252 页。
④ （明）宋濂：《故翰林侍讲学士中顺大夫知制诰同修国史危公新墓碑铭》，载罗月霞主编《宋濂全集》，第 1461 页。

子监丞为正六品，专领监务，而兵部员外郎为从六品，显然兵部员外郎的品秩低于国子监丞，那么此处危素的官职变动用"擢"字解释则不通。危素由国子监丞转任兵部员外郎的时间是可以确定的，《水东日记》"晦庵小学定本"曰："元至正十三年重刻元统癸酉燕山嘉氏本，有祭酒王思诚、监丞危素、助教熊太古等题识。"① 危素《尼山大成殿四公配享记》言："至正十又四年岁在甲午三月戊寅，国子监丞危素记。"② 欧阳玄《师子林菩提正宗寺记》云："至正十四年甲午五月癸未，翰林学士承旨光禄大夫知制诰兼修国史庐陵欧阳玄撰，奉训大夫兵部员外郎临川危素书，宣文阁授经郎兼经筵译文官王余庆篆。"③ 由此可知，危素由监丞迁员外郎是在至正十四年四月间。至于"擢官"一事，笔者以为当时国子监丞并非正六品，而是正七品。刘岳申《送吴草庐赴国子监丞序》曰："至大元年秋，临川吴幼清先生以国子监丞征，当之京师郡县，趣就道者接乎先生之门。明年三月先生至洪，门生儿子从先生行。与送先生而返者，咸相与言曰：'先生有道之士，不求闻而达者也。监丞七品，其进退不为先生轻重加损也。'"④ 是谓吴澄应朝廷召赴任国子监丞一事，时人言"监丞七品"，恰好可以解释上文称危素"擢官"的疑问，也就是说，危素从正七品太常博士转为正七品国子监丞，再由国子监丞擢升为从六品兵部员外郎，这才是符合史实的，而《元史·百官志》及《元典章·吏部官制》中的"国子监丞"条则亟待订误。

"其为国子监丞也，捐束脩，锓《小学》书及《夏小正经传考》于梓，以惠学者"⑤，刻《小学》书的原因，一方面是该书为朱熹所提倡，如《庙学典礼》载："诸生所讲读书，合用朱文公《小学》书为先，次及

---

① （明）叶盛：《水东日记》卷1"晦庵小学定本"条，第1页。

② （明）陈镐：《尼山大成殿四公配享记》，《阙里志》卷9，《北京图书馆古籍珍本丛刊》第23册，1998，书目文献出版社，638页下。按，《危太朴文集》卷五亦收录此文，文章内容稍详于陈氏所收内容，但文末缺题识。

③ （元）欧阳玄：《师子林菩提正宗寺记》，载（明）钱谷编《吴都文粹续集》卷30，景印《文渊阁四库全书》第1386册，台湾商务印书馆，1985，第33页上。

④ （元）刘岳申：《送吴草庐赴国子监丞序》，《申斋集》卷1，景印《文渊阁四库全书》第1204册，台湾商务印书馆，1985，第174页下。

⑤ （明）宋濂：《故翰林侍讲学士中顺大夫知制诰同修国史危公新墓碑铭》，载罗月霞主编《宋濂全集》，第1461页。

《孝经》《论语》。早晨合先讲《小学》书，午后随长幼敏钝分授他书。"①
另一方面则或许是因为危素少时受到外公黄顺翁的熏陶，"公首出朱子
《小学》书以教之""取朱文公《小学》锓［录］本以训学者"②，耳濡目
染之下，危素有心要推广朱子学说的影响。《夏小正经传考》一书则为元
人史季敷所撰次，危素购求史书途中经过句章乃得此书，事在至正四年
（1344），据此时已隔十年矣。危素曾为该书撰《序》，云《夏小正经传
考》虽流传至今实属难得，"然尝患其经、传相混，而注释未详"，所幸
"史君季敷甫嗜古学，作《夏小正经传考》，句证以山阴傅氏本，及采《仪
礼集解》，参究同异，附以释音。复取先儒解经所引《小正》语，及事相附
近可以考订者，随事疏于传文之下，脱衍者列序于后。即其采摭之详，训
诂之密，非笃于古学者不能然也"③，或许是考虑到它与《小学》书同样具
有学习与研究的价值，所以危素才"捐束脩"付梓刊行，以裨益后人。

（二）赞皇太子受玉册

至正十五年（1355），危素迁至礼部郎中，官从五品，"其升礼部也，
与许文正公衡之孙克学，俱赞皇太子受玉册。故事，皇太子谒庙用牲醴，
百官以朝服贺于东宫。公谓克学曰：'傥有违礼，人惟责吾二人，盍正之？'
遂撤牲醴而以便服贺"④。克学当为许衡曾孙，非孙也。欧阳玄撰许衡《神
道碑》言其孙男六人，"长从宪，以荫累迁湖广行省理问，以归德知府政
事。次东孙禾。次从宸，积官监察御史、山南宪金，终河东副，志趣端正，
惜未究用。次从宜，太史院经历、中书省照磨，今翰林院国史经历。次从
宜，太保府长史，中书右三部照磨官。次从宗，章佩监异珍库提点"⑤，上

---

① （元）佚名：《行台坐下宪司讲究学校便宜》，王颋点校《庙学典礼》卷5，浙江古籍出
版社，1992，第101页。

② （元）黄溍：《奉训大夫瑞州路总管府判官致仕黄公墓志铭》，王颋点校《黄溍全集》，
第465页；（元）危素：《元故奉训大夫瑞州路总管府判官黄山行状》，《危太朴文续集》
卷7，《元人文集珍本丛刊》第7册，第566页。

③ （元）危素：《夏小正经传考序》，《危太朴文集》卷7，《元人文集珍本丛刊》第7册，
第442页。

④ （明）宋濂：《故翰林侍讲学士中顺大夫知制诰同修国史危公新墓碑铭》，载罗月霞主编
《宋濂全集》，第1461页。

⑤ （元）欧阳玄：《元中书左丞集贤大学士国子祭酒赠正学垂宪佐理功臣大传开府仪同三司
上柱国追封魏国公谥文正许先生神道碑》，《圭斋文集》卷9，《四部丛刊初编》景明本，
第7页。

引资料未见名"克学"者；而许衡七世孙婿郝亚卿辑成的《鲁斋遗书》，附录自许衡而下的许氏谱传，其中有名绍祖者字克学，乃从宸子，官至礼部尚书。其传曰："礼部尚书绍祖，从宸子。绍祖字克学，由秘书著作郎，中书检校，南台御史，云南省郎中，枢密院经历，兵部侍郎，甘肃按察使，河南济宁总管，户部尚书，内侍御史，礼部尚书，正议大夫，配王氏、宁氏，合葬先茔。子二，翥，凤。"①而据《秘书监志》知其任秘书著作佐郎在元统元年二月，②所以能确定许绍祖的任官经历应在元末，他与危素同时在礼部任职，并且后来为礼部尚书。不过，《元史》却又把他与许从宗混淆了，《顺帝本纪》"至正二十年"曰："（正月）乙卯，会试举人，知贡举平章政事八都麻失里、同知贡举翰林学士承旨李好文、礼部尚书许从宗、考试官国子祭酒张翥、同考官太常博士傅亨等奏。"③许从宗乃许衡之孙，对于这一点，《元史》是清楚的："（元统二年四月）壬午，帝嘉许许衡辅世祖以不杀一天下，特录其孙从宗为章佩监异珍库提点。"④但《鲁斋遗书》所附《谱传》云："监察御史从宗，师敬第三子。从宗行三，字希鲁，由章佩监珍异库提点，历监察御史、工部侍郎、集贤学士，终河南按察使。配姚氏、刘氏，合葬先茔。乏后。"⑤可见许从宗根本没有做过礼部尚书，《元史·顺帝本纪》"至正二十年"条"礼部尚书"非许从宗，而是许绍祖。许绍祖，字克学，乃许衡曾孙。关于这一点，《元史》及宋濂《危公新墓碑铭》都弄错了。

皇太子爱猷识理达腊受玉册一事，亦见《元史·顺帝本纪》"至正十五年"条，文曰："三月甲午，命汪家奴摄太尉，持节授皇太子爱猷识理达腊玉册，锡以冕服九旒，祇谒太庙。"⑥册文则为欧阳玄所撰。⑦根据元

---

① （元）许衡撰，（明）郝亚卿辑《谱传》，《鲁斋遗书》卷12，景印《文渊阁四库全书》第1198册，台湾商务印书馆，1985，第438页下。
② （元）王士点、商企翁编《秘书监志》卷10《题名》，浙江古籍出版社，1992，第194页。
③ 《元史》卷45《顺帝本纪》，第950页。
④ 《元史》卷38《顺帝本纪》，第821页。
⑤ （元）许衡撰，（明）郝亚卿辑《谱传》，《鲁斋遗书》卷12，景印《文渊阁四库全书》第1198册，第438页上。
⑥ 《元史》卷44《顺帝本纪》，第923页。
⑦ （元）危素：《大元故翰林学士承旨光禄大夫知制诰兼修国史圭斋先生欧阳公行状》，《危太朴文续集》卷7，《元人文集珍本丛刊》第7册，第564～565页。

朝的礼仪制度，凡皇帝有事于太庙皆用牲礼，高荣盛先生指出，元朝太庙祭品种类特别丰富，凸显出游牧民族的食尚，如太庙祭品除了用太牢外，还兼用羊、鹿、野豕、天鹅之类，这就造成了元朝礼制与古礼的抵牾。① 至于皇太子拜谒太庙的礼仪，《元史》没有记载，不过按照"郊庙礼成受贺礼"的规定，百官当着公服以贺礼成，此处危素"撤牲醴、着便服"的主张，或许正体现出元末礼制的变化，而学界对此却鲜有关注。

（三）为故臣平冤

同年，危素拜朝散大夫、监察御史，迁工部侍郎，官正四品，"其擢御史也，知无不言。御史观音保等四人以谏死英宗朝，公请录其后官之。四川行省平章政事囊加歹，天历初举兵欲翊戴明宗，燕帖木儿、伯颜等构杀之，公力为雪其冤。容城民魏敬益买田千亩，后见鬻田者二十家不能自生，以田券还之，公请旌其门，以敦廉让"②。观音保等四人，因劝阻英宗建寿安山而被杀，《英宗本纪》载："（至治元年二月）丁巳，监察御史观音保、锁咬儿哈的迷失、成珪、李谦亨谏造寿安山佛寺，杀观音保、锁咬儿哈的迷失，杖珪、谦亨，窜于奴儿干地。"③ 此四人遭诛、逐，实与铁木迭儿弄权擅政有关，详见王颋先生《元英宗朝政治与南坡之变》，此处不再赘述。

至治三年（1323），泰定帝甫继大统，即昭雪观音保等四人冤情，"御史言：'曩者铁木迭儿专政，诬杀杨朵儿只、萧拜住、贺伯颜、观音保、锁咬儿哈的迷失，黥窜李谦亨、成珪，罢免王毅、高昉、张志弼，天下咸知其冤，请昭雪之。'诏存者召还录用，死者赠官有差"④；泰定元年（1324）正月、二年正月又分别赐观音保等人妻子钞、田亩有差，其后还对观音保、锁咬儿哈的迷失追赠封谥，可谓恩遇优渥。但四人谏言被杀及抚恤、追谥事宜早在泰定初年就告一段落，为何时隔三十年后危素还要"请录其后官之"？这或许与当年英宗诛逐谏臣的背景有关。一方面，英宗个人十分推崇佛教，柳贯《温州新建帝师殿碑铭》言，"至治初元，天

---

① 参见高荣盛《元代祭祀三题》，《南京大学学报》（哲社版）2000年第6期。
② （明）宋濂：《故翰林侍讲学士中顺大夫知制诰同修国史危公新墓碑铭》，载罗月霞主编《宋濂全集》，第1461页。
③ 《元史》卷27《英宗本纪》，第610页。
④ 《元史》卷29《泰定帝纪》，第640页。

子申敕列郡，大建新庙，务极崇侈"，使他虽然还曾在前一月听取了张养浩的谏言，并对张说"自今朕凡有过，岂独台臣当谏，人皆得言"，但次月却因观音保等四人谏止造佛寺一事而无法容忍；另一方面，据王颋先生的分析，御史四人遭诛，亦因英宗受到了奸臣铁木迭儿的挑拨与撺掇。①相较之下，可以发现此时的顺帝朝与当年英宗杀谏臣的环境极为相似：首先是顺帝自至正十四年以来"时怠于政事，荒于游宴"，逐渐沉迷于对密宗佛法的修习；其次是危素任监察御史的同年，右丞相脱脱遭贬，奸臣哈麻取而代之，"国家大柄，尽归其兄弟（哈麻与雪雪）二人矣"②。在这样的形势下，危素身为监察御史，虽无法身效观音保等人因谏至死，却可以通过恩泽其后的方式，侧面劝诫顺帝、哈麻等人勿要重蹈英宗朝悲剧的覆辙。

至于危素为天历兵乱时的囊加歹（又作囊加台、南加台）昭雪平冤一事，则可能与其子答失八都鲁剿红巾军、屡立战功有关。③此时答失八都鲁"管领太不花一应诸王藩将兵马，许以便宜行事"，成为中原地区元军的总指挥，危素趁机为其父平反，以示朝廷收拢之意。附带一提的是，危素此年迁工部侍郎，但任内却以廉访使的身份前往淮南进行考察，原因是自高邮之战后，战场上的形势发生了急剧的变化，特别是在中原以南的江淮地区，如刘福通乘机在亳州建立宋政权、倪文俊俘获威顺王子歹帖木儿及王妃，这引起了元朝统治者的恐慌，故而危素"奉旨廉问其故"。在这段时间里，危素不但以廉访使身份便宜谕江浙守臣赈济镇江饥民，而且"当是时，淮东西皆陷，独安庆岿然存"④，大抵以余阙功为最，所以危素"上淮西宣慰使余阙捍贼功状，请升其官秩"⑤，后来余阙果然"论功，拜江淮行省参知政事，仍守安庆"⑥。

从至正十四年到十五年，危素由从六品官至正四品，其升迁之速让

① 王颋：《元英宗朝政治与南坡之变》，《暨南史学》第1辑，暨南大学出版社，2002。
② 《元史》卷205《哈麻传》，第4584页。
③ 参见《元史》卷142《答失八都鲁传》，第3395~3398页；邱树森《妥懽贴睦尔传》，第140~141页。
④ （明）宋濂：《余左丞传》，载罗月霞主编《宋濂全集》，第247页。
⑤ （明）宋濂：《故翰林侍讲学士中顺大夫知制诰同修国史危公新墓碑铭》，载罗月霞主编《宋濂全集》，第1462页。
⑥ 《元史》卷143《余阙传》，第3427页。

人感到诧异。不过，这也恰好反映出这一时期，随着脱脱贬死、哈麻兄弟上台，元朝中央官员经历了一场较大规模的人事变动。脱脱派系的人员自然受到打压与清洗，而空出的职位恰好成为哈麻等人培养己方新势力的机会。

（四）屯垦京粮

至正十四年（1354），危素被擢为兵部员外郎。"其居兵部也，奉诏垦田于雄霸二州，相地受略，薙除荆棘，辟田几千万亩，使民有道，民德之。"① 霸州属大都路，雄州属保定路，两地相近，皆在大都南面。此时危素奉诏开辟雄、霸二州田地，实与京师粮食供应不足有关。京师所需粮食主要依靠河运与海运，而这时由于战争的影响，河海运粮均遭到不同程度的破坏。为了保证京师供粮，朝廷不得已就近开垦荒地，暂缓燃眉之急。

至正十六年（1356），危素转朝请大夫、大司农丞，从三品；十七年，升中奉大夫、大司农少卿，从二品，复入礼部为尚书。"其官大司农也，分治京南保定之境，几无旷土，时海输不至，军国多仰焉。"② 由于这一时期张士诚攻占平江路，分兵克常州、松江、湖州与杭州，占领了富庶的长江三角洲，致使京师赖以生存的河、海粮运遭到完全破坏，于是朝廷任用危素为司农司丞，"于京师雄、霸等州屯粮以给京师，号曰京粮，为浙西被陷，浙粮不通故也"③。此前危素以兵部员外郎于雄、霸二州垦田，是为京粮自给做准备；待他以大司农丞分治"京南保定之境"，实际上就是管理此前雄、霸二州的屯垦。

不过，在京畿地区屯田仅仅是权宜之计，一旦发生特殊情况，就会暴露出它的脆弱性，如至正十八、十九年京师大饥，"民殍死近百万，十一门外各掘万人坑掩之"④，看来大都粮食的供给仅靠自力更生是不够的，仍须借助河、海粮运才可以满足人们的生存需求，所以后来元廷不惜赐张

---

① （明）宋濂：《故翰林侍讲学士中顺大夫知制诰同修国史危公新墓碑铭》，载罗月霞主编《宋濂全集》，第 1461 页。
② （明）宋濂：《故翰林侍讲学士中顺大夫知制诰同修国史危公新墓碑铭》，载罗月霞主编《宋濂全集》，第 1462 页。
③ 任崇岳：《庚申外史笺证》，第 87 页。
④ 任崇岳：《庚申外史笺证》，第 99 页。

士诚御酒龙衣，封他做运粮万户，以换取海运粮食。后危素任礼部尚书，"时乱将亟，公忧之，每陈得失无隐。丞相贺惟一曰：'君向寡言，今又何多也？'公曰：'时危恩重，情岂能默默？吾不敢畏丞相，但畏后世史官耳。'"① 可能正是他如此忧心时政、陈言得失，在至正十八年代祀北岳葛洪山的途中，他受命为参议中书省事，兼经筵官。

（五）参议中书省事

在他参议中书期间，"论天下事，以择将帅、举贤才为本，请专任甘肃行省平章定住总西方兵，勿遣其迎帝师误军事；用枢密副使普颜不花为中书参政，经略江南；以也先帖木儿、黄常为礼部尚书，颁历安南；立兵农宣抚使司，以安畿内；任贤守令，以抚流窜之民。顺帝欲以公兼兵农宣抚使，公以疏远辞，且谏曰：'今日之事，宜卧薪尝胆以图中兴可也。'公言虽愈加切，时不能尽用"②。下面对危素的建言——做些探讨。

首先，危素建议以定住总西方兵一事并未获得采纳，当时刘福通三路北伐军中的西路一支转战陕西，元廷急忙调察罕帖木儿、李思齐等救援，并且"会宣慰张良弼、郎中郭择善、宣慰同知拜帖木儿、平章政事定住、总帅汪长生奴，各以所部讨李喜喜于巩昌"③，待李喜喜败逃四川后，察罕帖木儿成为元西部军的实际主帅。所以定住最终没能"总西方兵"，不过"勿迎帝师"一事却做到了。据张云先生研究，元顺帝一朝有公哥儿监藏班藏卜与唆南罗古罗思监藏两任帝师，前者的卒年有 1358 年与 1359 年二说，张氏以为其"卒年似应在 1358"。④ 结合危素任参议中书省事且建言勿迎帝师的时间来看，有理由确定帝师公哥儿监藏班藏卜就是卒于至正十八年，所以朝廷才有迎新帝师赴京的需要。但继任的帝师唆南罗古罗思监藏，直到至正二十一年方接到朝廷诏封，并动身前往大都。⑤ 新旧帝师交接之间这三年的空缺，恰好说明元廷还是听取了危素此前"勿遣其迎帝师误军事"的建议。

---

① （明）宋濂：《故翰林侍讲学士中顺大夫知制诰同修国史危公新墓碑铭》，载罗月霞主编《宋濂全集》，第 1462 页。

② （明）宋濂：《故翰林侍讲学士中顺大夫知制诰同修国史危公新墓碑铭》，载罗月霞主编《宋濂全集》，第 1462 页。

③ 《元史》卷 45《顺帝本纪》，第 942 页。

④ 张云：《元代吐蕃地方行政体制研究》，中国社会科学出版社，1998，第 51 页。

⑤ 张云：《元代吐蕃地方行政体制研究》，第 51～52 页。

其次，危素建议用枢密副使普颜不花为中书参政经略江南，这一条获得了采纳。普颜不花，字希古，至正五年进士，《元史》有传。至正十八年九月，"诏命中书参知政事普颜不花、治书侍御史李国凤经略江南"①，不过，据《普颜不花传》知其官中书参知政事前为山东廉访使，非枢密副使，此处究竟是《元史》漏载还是《危公新墓碑铭》误记，仍有待考证。

最后，危素以也先帖木儿、黄常为礼部尚书的建议，未能落实。尽管黄常的确出使过安南且留有《使安南却金》诗，但《元史类编》称其"假礼部侍郎使安南"②，并非以礼部尚书身份前往安南颁历。至于也先帖木儿任礼部尚书及立兵农宣抚司之事，由于史籍失载，也就无从查考了。总的来说，诚如所言"公言虽愈加切，时不能尽用"，一部分原因是元末政府的整体行政能力低下，政治利害关系复杂，另一部分原因则是危素缺乏对时局的整体把握，政治敏感度不强，如当时察罕帖木儿凭战功由布衣升为统帅，按说他的功劳与答失八都鲁相当，但危素却建议用区区甘肃平章定住来总领元西路军，这既不切合实际，又易威胁到军队的稳定与团结。

（六）受到皇太子拉拢

至正十九年（1359），危素进通奉大夫，官御史台治书侍御史，"会中书左丞成遵而下，以赃得罪，独贺丞相、斡栾平章与公不与。皇太子书'澄清忠义，清白传家'八字以褒赐之"③，这次赃罪其实与皇太子爱猷识理达腊谋内禅有关。至正十六年，哈麻谋皇太子内禅未成；三年后，奇皇后与爱猷识理达腊再谋内禅，使朴不花谕意当时主政的贺惟一（太平），却并没有获得贺丞相的支持，于是皇太子与奇皇后决心铲除反对内禅的政敌，"皇太子遂令监察御史买住、桑哥失理劾左丞成遵、参政赵中等下狱死，以二人为太平党也"④。《元史·成遵传》详细介绍了该宗冤案的始

① 《元史》卷45《顺帝本纪》，第945页。
② （清）邵远平：《元史类编》卷42《附载》"安南"条，《续修四库全书》第313册，上海古籍出版社，2001，第629页下。
③ （明）宋濂：《故翰林侍讲学士中顺大夫知制诰同修国史危公新墓碑铭》，载罗月霞主编《宋濂全集》，第1462页。
④ 《元史》卷140《太平传》，第3370页。

末："是时太平在相位，以事忤皇太子。皇太子深衔之，欲去之而未有以发，以为遵及参知政事赵中，皆太平党也，遵、中两人去，则太平之党孤。十九年，用事者承望风旨，嗾宝坻县尹邓守礼弟邓子初等，诬遵与参政赵中、参议萧庸等六人皆受赃，皇太子命御史台、大宗正府等官杂问之，锻炼使成狱，遵等竟皆杖死，中外冤之。"① 可以说，其实这起案件与是否贪赃的关系并不大。然而，身为侍御史的危素，不仅没有因为与贺惟一的关系而被牵扯进来，反而受到皇太子的褒奖，可以看出在内禅一事上，危素的态度不是反对的。皇太子的赐字颇值得玩味，就贪赃一事而言，何来与"忠义"有关？不书"廉洁"而书"忠义"，说明爱猷识理达腊有意拉拢危素，或者危素其时已经是皇太子阵营里的一分子了。此次案发后的第二年，贺惟一知势不可留，遂以疾辞相位，朝廷遂擢搠思监为右丞相，危素则替补了赵中的职缺，成为参知政事。这标志着他正式进入元朝政府的核心决策层。

三　急流勇退（1361～1368 年）

（一）草诏削孛罗权

危素任参知政事以来，正值扩廓帖木儿与孛罗帖木儿拥兵相争，"孛罗帖木儿、廓扩帖木尔俱以平章总兵河南，渐生衅端。公谓御史大夫普化曰：'养虎者欲其不相搏噬，则别其牢。今欲二人无斗，莫若加其职而分地处之，用孛罗帖木儿为丞相，治四川；以廓扩帖木尔为丞相，治河南，各责其成功可也。大夫曷不为上言之？'普化如公言，顺帝及皇太子咸以为然"② 。御史大夫普化是皇太子党人，曾受皇太子令弹劾贺惟一"故违上命，当正其罪"③ ，危素以计告普化，可见在如何处理扩廓与孛罗的关系这件事上，其与皇太子党等人的利益是保持一致的。"以廓扩帖木尔为丞相，治河南"一事在《顺帝本纪》"至正二十二年六月"条，而对于"孛罗帖木儿为丞相，治四川"，《元史》虽未明确言及，却也有提到朝廷得知他藏匿老的沙后，"诏罢孛罗帖木儿兵权，四川安置""诏削其官，

①　《元史》卷 186《成遵传》，第 4282 页。

②　（明）宋濂：《故翰林侍讲学士中顺大夫知制诰同修国史危公新墓碑铭》，载罗月霞主编《宋濂全集》，第 1463 页。

③　《元史》卷 140《太平传》，第 3371 页。

使解兵权归四川"①，可见危素的计策的确得到采用了。

削孛罗帖木儿兵权的诏书，是由危素起草的："初，削孛罗兵权时，搠思监召承旨张翥草诏，翥曰：'此大事，非见主上不敢为之执笔。'乃更召参政危素，就相府客位草之。"② 本来危素满心欢喜，以为如此便可使孛罗、扩廓二人停止争战，结果却差点引来了杀身之祸："草毕，过中书［老中］郎中［宅］，曰：'我恰了一件好勾当，为朝廷草诏削孛罗兵权，此正拨乱反正之举也。'郎中曰：'相公此举莫不拨正反乱乎？'客有畅勋在座，因曰：'拨正反乱，其犹裸形搏虎豹也。'孛罗兵至京师［闻之］，召危素责之曰：'诏从天子出，搠思监客位岂汝草诏之地乎？素无以对［答］，欲将［将欲］出斩之。"后来旁人劝阻说："当时素以一秀才，岂敢与丞相可否乎？"才保住了危素的性命。③ 通过这件事情，一方面体现出危素缺乏敏锐的政治观察力，其时孛罗、扩廓各自拥兵自重，皇太子一系倚靠扩廓帖木儿的势力，自然竭力阻止孛罗坐大，所以才有诏削兵权一事，然而危素以为仅凭一纸文书就能够瓦解孛罗的势力，从而停止内部混战，未免过分天真；另一方面则可以肯定的是，危素属于皇太子势力集团，否则连张翥都明白诏书"非见主上不敢为之执笔"的道理，危素怎会不知？他私入搠思监府邸草诏，足见其已经把这里当作政令所出之场所。

（二）外放岭北左丞

在草诏削夺孛罗兵权的同年（至正二十四年，1364），危素升资政大夫，俄除翰林学士承旨，荣禄大夫知制诰、兼修国史，阶从一品。然而好景不长，待孛罗帖木儿入京问罪以后，他就被外放到和林，任岭北行省左丞。关于危素出任岭北左丞的时间，《宋濂全集》有一则材料亟须辨正："右上虞典史陶府君墓志铭一通，翰林学士承旨河东张翥仲举造，集贤大

---

① 《元史》卷 207《孛罗帖木儿传》，第 4602 页；《元史》卷 204《朴不花传》，第 4554 页。
② 任崇岳：《庚申外史笺证》，第 126 页。任氏以为张翥草诏事，非欲削孛罗兵权，乃是孛罗入京后欲削扩廓兵权，《庚申外史》记载有误。其实不然，此为前后两件事，不可混为一谈。先是搠思监等人秉承皇太子旨意，削去孛罗兵权，事在《顺帝本纪》有载，此次草诏张翥不愿参与，故用危素起草。后来孛罗挟师入京，又欲削弱扩廓兵权，再用张翥草诏，张翥依然拒绝，且言："吾臂可断，笔不能操也。"见《元史·张翥传》。
③ 任崇岳：《庚申外史笺证》，第 126 页，引文内容据《丛书集成续编》本《庚申外史》订补。

学士滕国公保定张珪公弁篆题，盖府君之子江浙行枢密院管勾汉生之所请。其时则至正二十三年，汉生将南辕，复求岭北行省左丞临川危素太朴书。后一年，太朴还中朝，承旨翰林，始为作，乌界道缮谨写就。"① 陶汉生即陶宗儒，一名宗谊，汉生乃其字，他是陶宗仪的三弟。按，《庚申外史》言："且以（素）负天下才名，乃除和林省左丞，即时上道。"② 据此知至正二十四年危素出为岭北左丞无疑。另据《元史·宰相年表》载，自至正二十年到至正二十四年四月危素一直为参知政事，五月出任翰林承旨，七月孛罗帖木儿大军方才入京觐见，同月逐危素为岭北左丞，前后不同材料俱可相互印证。但若按照宋濂《陶府君墓志铭跋尾》的说法，危素至正二十三年尚在岭北任左丞，次年返回大都，这是不符合史实的，因此值得引起注意。

危素任岭北左丞时编写了《临川吴文正公年谱》，其序曰："会绍禁林调官岭北，暇日取其稿，颇加绅绎。"③ 然而，当时的政治环境其实是让危素感到十分压抑的，所以他才在序文中感慨道："素儿弱冠，以亲命执经座下，侵寻衰暮，无能发明师训，夙夜畏惕莫知所云。年谱之成，君子有以悲其志矣。"④ 这是因为，一方面可以倚靠的太子党瞬息瓦解，搠思监被杀、皇太子出守，这使危素感到既无助又无能为力；另一方面，由于当时岭北行省平章埜速达儿"挟私憾杀右丞答里麻巴"，激起了危素的愤怒："是尚可以仕邪？不去，祸且及。"于是他上书为答里麻巴平冤，同时自己也告病辞职，归隐大都房山。

（三）发愿修《和林志》

危素出任岭北左丞的时间很短，几乎在同年就辞官回大都了。他在职期间向朝廷建议修《和宁志》（又作《和林志》）："和宁为太祖肇基之地，而无图志可征，公请于朝，作《和宁志》。"⑤ 陈得芝先生曾就危素作

---

① （明）宋濂：《陶府君墓志铭跋尾》，载罗月霞主编《宋濂全集》，第 725 页。

② 任崇岳：《庚申外史笺证》，第 126 页。

③ （元）危素：《临川吴文正公年谱序》，《危太朴文续集》卷 1，《元人文集珍本丛刊》第 7 册，第 496 页。

④ （元）危素：《临川吴文正公年谱序》，《危太朴文续集》卷 1，《元人文集珍本丛刊》第 7 册，第 496 页。

⑤ （明）宋濂：《故翰林侍讲学士中顺大夫知制诰同修国史危公新墓碑铭》，载罗月霞主编《宋濂全集》，第 1463 页。

志一事展开过讨论，根据危素所撰《艾蟄英赤纳思山百韵诗序》，他认为早在至正十五年，危素就已为《和林志》的编撰做了许多收集资料的工作，但其时尚未着手开始。不过，陈先生也提出疑问，既然危素曾有计划修《和林志》，官岭北左丞时又上言修志，为什么宋濂《危公新墓碑铭》在叙及他平生所撰的著述时却没有《和林志》一书？陈先生找到孔克齐《至正直记》中的一则材料，推测孔氏所藏《和林志》或许就是危素之书。①

结合危素的经历及陈先生的研究，笔者怀疑危素是否在至正十五年就立志修撰《和林志》。根据前文的分析，不难发现危素在至正十五年由礼部郎中迁监察御史，再转工部侍郎，并且任工部侍郎期间还以廉访使身份南下安庆，行程如此匆忙，他是否果真如其在《艾蟄英赤纳思山百韵诗序》中所言因"与余皆谒告养病"的机会，才得到艾蟄英的诗，并告诉艾蟄英自己"将撰次为《和林志》"？为了方便分析，现将《序》文的相关内容转录于下：

> 余好考求宇内山川风俗物产，独北方无载籍，至其地者往往不能言，虽言之不能悉也。往年古田主簿鄱阳萧澄尝为和宁学官，出其所撰《和林赋》；又有李生者，亦鄱阳人，为兵马司吏，其人儒者，颇记录其概。余将撰次为《和林志》，顾有所未暇尔。同郡艾君蟄英为内史府掾史……馆遇赤纳思山之下，暇日因登是山，作诗百韵千言以纪述其胜，至正十一年季春之月也。后五年孟秋之月，君为左警巡院判官，与余皆谒告养病，录其诗相寄，铺张皇元之丰功大业，慰怪余之素志，又足以助成其书，故幽忧之疾为之洒然以苏。②

该文题下有"乙未"二字，似指此文作于乙未年，即至正十五年（1355）；但据笔者对《危太朴文集》的整理发现，不是其全部的文章都有干支纪年，并且标有干支纪年的部分文章，纪年又与文中提及的年月相左，这就说明危素文集中的干支纪年并非原作者所注，有可能是后人添加的，它不能完全作为判断其成文年代的依据。所以首先应当排除"乙未"纪年的

---

① 陈得芝：《元岭北行省建置考》，《蒙元史研究丛稿》，人民出版社，2005，第115页。
② （元）危素：《艾蟄英赤纳思山百韵诗序》，《危太朴文集》卷10，《元人文集珍本丛刊》第7册，第477页。

干扰，才可着手考察该序文究竟作于何时。艾蜚英即前文提及的上书言事不报的艾本固，宋褧《跋艾氏策》言"临川艾蜚英十策……比者以才名辟掾公府，获转而上"，证实了艾蜚英任掾史确有其事。宋褧卒于至正六年，故艾蜚英为掾史当在至正六年之前。

虞集在编修《经世大典》时曾言及引文中的萧澄《和林赋》，对其称赞有加，却未提到鄱阳李生有关和林的记录，说明李生的记录当在《经世大典》成书以后。李生尝为兵马司吏，据《元史》知成宗大德七年立和林兵马司，而《元史·选举志》更有明文规定："和林系边远酷寒去处，兵马司司吏如历一考之上，转补本路司吏并总管府司吏，再历一考之上，转补称海宣慰司令史，考满正八品迁除，补不尽人数，从优，拟六十月于部札提控案牍内任用，蒙古必阇赤比依上例定夺。"① 所以李生即使经历人事变动，也当在岭北行省之内迁转，这样一来，假如该文作于至正十五年危素在京时，那么为何他人皆未注意到李生有关和林的记录，而偏偏危素却得知此事呢？何况李生仅为区区小吏，连名字都未曾被危素提及，危素又是如何认识他的呢？这便引起了笔者的怀疑。

至正十四年、十五年危素的官职迅速得到提升，一大堆繁杂的事务需要他来处理，是否有时间"谒告养疴"？起码在他的文集以及与他人的诗文中没有看到危素于该年生病告假的情况。那么，有无可能该文是他作于卸任岭北之后呢？笔者以为是有可能的。第一，和林兵马司吏李生名不见经传，而危素却知道其撰有和林的记录，这说明危素与他有过交往，而从两人的经历看，他们更可能是在和林相识。第二，危素任岭北左丞之前从未到过和林，如何会对修《和林志》产生兴趣？笔者以为宋濂《危公新墓碑铭》道出了个中缘由，这与《艾蜚英赤纳思山百韵诗序》中提到的修志初因相似，即危素到和林后发现"无图志可征"，才发愿纂修和林志书。第三，危素谓"谒告养疴"，符合他到任岭北后不久即辞官隐居房山的情况。按照元制，年七十方许致仕，危素任岭北左丞时才六十二岁，此时父母皆亡，妻子尚在，可以排除他利用养亲的理由辞官，故而极可能他是以病告辞，此"病"并非真病，所以危素才在引文中说"幽忧之疾"。同时艾蜚英也"谒告养疴"，他将自己在赤纳思山作的诗抄录给危素，勾

① 《元史》卷84《选举志》，第2106页。

起危素对纂修《和林志》的回忆，他本来可以在和林任内完成该志书的修撰，却未料到岭北行省内部的斗争异常尖锐，于是愤然离职，以至于修和林志一事也不得不暂时搁置，是以他在《序》文中言："余将撰次为《和林志》，顾有所未暇尔。"以上便是笔者针对危素未修《和林志》的一些推测，成立与否，有待发掘更多的史料来验证与说明。

（四）任职中书左丞问题

值得一提的是，文献中记载危素还曾任中书左丞，但此事并未被写入《元史》本纪、宰相年表以及宋濂的《危公新墓碑铭》《明史·危素传》。前人的研究也忽略了这一细节，因此有必要再对危素任中书左丞一事做些考订。戴良《元故冲玄处士罗君墓志铭》曰："至正癸卯十一月辛丑，冲玄处士四明罗君卒，年八十。后二年十一月丙午，葬于乡之鸣鹤山。既葬，其子康乞余铭其墓，余以不敏让，而康之请益力，曰：'无铭是无诸孤也。'乃为退考中书左丞危公素所为旌门记。"① 戴良《觉智圆明述禅师传》又云："翰林待制柳公道传、黄文献公晋卿、中书左丞危公太朴、著作佐郎李公季和，尤号知己。"② 尤其是宋濂《净慈禅师竹庵渭公白塔碑铭》明确说道："初科第一人张公起岩来为中丞，尤号最厚，翰林承旨张公翥、中书左丞危公素，时尚布衣，亦往来乎其中。"③ 以上皆称危素为中书左丞而非岭北左丞；还有许多后世文献更是直接呼以"危左丞"，盖言其地位之崇。按照魏青的研究，戴良作《元故冲玄处士罗君墓志铭》在至正二十七年，时戴良由大都南归，文称危素"中书左丞"，距其所处之时空位置较近，故可信度较高；而戴良所作《觉智圆明述禅师传》及宋濂《白塔碑铭》成文时间较晚，分别在洪武六年（1373）、十年以后写成。

至于危素究竟是否担任过中书左丞，在缺乏坚实材料的前提下，只能从两个方面加以推测。

如果危素没有做过中书左丞，那么也就是戴良、宋濂弄错了，戴良虽然很早就与危素相识，但危素任岭北左丞时，他尚在张士诚处为官，南北

① （元）戴良：《元故冲玄处士罗君墓志铭》，《九灵山房集》卷23，《四部丛刊初编》景明本，第8页a。

② （元）戴良：《觉智圆明述禅师传》，《九灵山房集》卷19，《四部丛刊初编》景明本，第18页a。

③ （明）宋濂：《净慈禅师竹庵渭公白塔碑铭》，载罗月霞主编《宋濂全集》，第1435页。

音信杳无，很难说戴良即刻便得知了危素的官职变动，或许他只听说了危素官任左丞，却不清楚是岭北左丞还是中书左丞；宋濂也是如此，之前曾提到他在《陶府君墓志铭跋尾》一文中混淆了危素前后任职的经历，至正二十四年、二十五年宋濂已归附于朱元璋麾下，所以他有可能不清楚危素官职的实际情况。

若危素果真做过中书左丞，那么首先应当明确其供职年限。危素出官和林，是受到孛罗帖木儿对皇太子党排挤的影响，而在此之前危素的政治履历是没有任何疑窦的，所以他官任中书左丞只可能在其从岭北辞官以后。至正二十五年孛罗帖木儿卒后，顺帝令皇太子还朝，父子之间达成了暂时的和解，此事成为一个契机，一批汉人官员得到重用，如陈敬伯、李国凤等人先后升为中书左、右丞甚至平章政事，危素也得到"将相重臣皆以书请"的待遇，只不过其子所呈写的行状称其"不听"，但既然已表明自己不愿再仕朝堂的态度，为何却还在明军攻入大都的前一天应允征召重返翰林任官，岂非前后自相矛盾？所以这里危肬如此书写，很可能是想抹掉危素曾官至元中书左丞的事实，以至于《元史》宰相年表、《明史·危素传》皆没有记载该事。否则宋濂既然已在《危公新墓碑铭》中说明危素官至岭北左丞，却又在稍晚所撰的《净慈禅师竹庵渭公白塔碑铭》中称其为中书左丞，很显然前一篇文章受到了危肬行状的影响，后一篇中的称呼才是宋濂对危素真实官衔的记录。再者，若危素曾任元中书左丞一事属实，那么可以说它是使危素后来的政治生活发生急剧改变的重要因素，将使人们重新审视这段史实。

自至正二年到至正二十四年，危素由一名经筵检讨逐渐迈入元朝权力中心，他经历了三史的编纂、礼制的修订，参与过屯田的开垦与管理，甚至还陷身于宫廷政治的斗争之中，几乎顺帝一朝的政治大事件他都参与过，实际上，危素在元朝的政治活动就是整个元末政治命运的缩影。尽管他也曾为了挽回颓势而努力改革体制，但当其面对无法无天的贵戚子弟、颠倒是非的权臣奸吏，甚至斧钺加诸颈项时，他才发现自己的理想抱负是如此的苍白无力。最终危素还是选择了顺从，顺从于对优渥生活的满足，并发出"余以贫干禄未及还，而先生往矣"① 的感慨；顺从于对生命的留

① （元）危素：《玄儒吴先生碑》，《危太朴文续集》卷 2，《元人文集珍本丛刊》第 7 册，第 517 页。

恋，所以他才会劝余阙弃守安庆入翰林，"阙以国步危蹙辞不往"①；顺从于对权力的享受，所以他才会利用权力追封已故去四百多年的远祖危全讽，② 而不顾危全讽其实乃一割据势力头目的事实，何况他与危素并没有血缘关系。但他又不甘心，不甘心那些他曾视之美好的东西，随着明军攻入大都，一朝烟消云散。所以他选择活下来，唯有活着才有可能继续感受世间的美好，尽管他也知道，这样做的代价必定是沉重且惨痛的。

第二节　危素在明代的政治活动

至正二十八年（1368）八月初二，明兵攻入大都，危素"及再任翰林仅一日，而大兵入燕，公曰：'国家遇我至矣！国亡，吾敢不死？'趋所居报恩寺，脱帽井傍，两手据井口，俯身将就沉。寺僧大梓与番阳徐彦礼大呼曰：'公勿死！公勿死！公不禄食四年矣，非居位比。且国史非公莫知，公死，是死国之史也。'力挽起之。已而兵入府藏，垂及史库，公言于镇抚吴勉，辇而出之，由是累朝实录无遗阙者，公之力也"③。以上是宋濂根据危素之子危斿所呈行状撰成的《危素新墓碑铭》的内容，后人多以此来评价危素的史学贡献与历史地位，如陈寅恪先生言："昔元裕之、危太朴、钱受之、万季野诸人，其品格之隆污，学术之歧异，不可以一概论；然其心意中有一共同观念，即国可亡，而史不可灭。"④《剑桥中国明代史》也说："危素在抢救濒于淹没的元朝实录和把它们保存下来用于将来编修元史方面发挥了作用。"⑤ 然而今天看来，这段史实仍值得再做些探讨。

---

① 《元史》卷143《余阙传》，第3429页。原文作"或欲挽阙入翰林，阙以国步危蹙辞不往"，根据当时安庆孤悬、"南北音问隔绝"的情况，危素奉命前往淮南廉问，以朝廷使臣的身份在余阙生命最后几年里与其有过接触，并且上书言余阙守城功，故而危素极可能就是劝余阙入翰林的人。

② 《元史》卷46《顺帝本纪》，第962页。

③ （明）宋濂：《故翰林侍讲学士中顺大夫知制诰同修国史危公新墓碑铭》，载罗月霞主编《宋濂全集》，第1463页。

④ 陈寅恪：《吾国学术之现状及清华之职责》，《金明馆丛稿二编》，生活·读书·新知三联书店，2001，第361~362页。

⑤ 〔英〕崔瑞德、〔美〕牟复礼编《剑桥中国明代史》，张书生译，中国社会科学出版社，1992，第114页。

一 降明问题再考证

首先引起怀疑的是，如《危公新墓碑铭》所言，危素辞官岭北之后心灰意懒，早已对元朝不再抱有希望，故而他才会对失烈门说："抚军院误国至斯，不可救矣！亟请河南王廓扩帖木儿总兵以卫京畿而固守之。"[1]既然如此，他又为何偏偏选在明军攻入大都的前一天答应朝廷的征召再入翰林？尽管当时信息交通不发达，但亦不至于明军攻向大都，危素一无所知。他究竟出于何种心态，入元翰林仅一天就投降了明军？很显然，这则史料与前后文有着极大的矛盾，所以有必要仔细考察该段材料的真伪。

（一）报恩寺赴死

《明史·危素传》曰："明师将抵燕，淮王帖木儿不花监国，起为承旨如故，素甫至而师入。"[2]而据《庚申外史》知顺帝命帖木儿不花监国是在七月二十七日，次日顺帝即携太子、后妃北奔，同行的还有左丞相失烈门、平章政事臧家奴、翰林学士承旨李百家奴等，可以说有生力量皆从顺帝北行了，留在大都的行政班子只是一个空壳而已。此时帖木儿不花已八十三岁，恐怕再经不起逃亡的折腾，所以才以监国的身份留了下来。同时留下来的还有左丞相庆童，在得知顺帝等人决意北行后，他叹息道"吾知死所，尚何言哉"，说明但凡留下的元朝高官已抱有赴死的决心。果不其然，徐达在攻入大都后就将他们处死在齐化门了。

早在七月二十七日，明军就已抵达通州，明知大限将至，元廷却仍起用危素为翰林承旨，除了考验他对元廷的忠心以外，实在看不出还有哪些其他的用意。不过可以肯定的是，当时危素确实带有职衔，否则他就不会向明军投交告身，再得到明廷的任用了。

危素所居报恩寺，"按中统四年《重修寺记》：创建于金，为宫人祝发之所。比丘尼宴然自汴来燕，主此寺，志节真淳，道韵严冷，使铁磨再起，末山复生，不是过也"[3]，此寺"在齐化门太庙西北，太子影堂在内，

---

[1] （明）宋濂：《故翰林侍讲学士中顺大夫知制诰同修国史危公新墓碑铭》，载罗月霞主编《宋濂全集》，第 1463 页。

[2] 《明史》卷 285《危素传》，中华书局，1974，第 7314 页。

[3] （元）孛兰肹等撰，赵万里校辑《元一统志》，中华书局，1966，第 30 页。

俗名方长老寺。又云在南城嘉会坊之万寿寺西，先为报恩精舍，有金朝圆通全行大师碑"①，明代依然存有该寺，位置在北居贤坊。② 根据陈高华先生的研究，居贤坊在齐化门西北，毗邻国子监、孔庙，因此可以确定报恩寺的大致位置，详见图3-1。

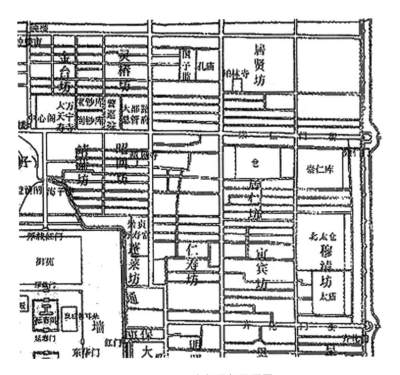

图3-1 元大都局部平面图

资料来源：陈高华、史为民《元代大都上都研究》，中国人民大学出版社，2010，卷首图。

按理说，危素在京为官二十余年，早应有属于自己的宅院，为何明军入京时他还居住在一座寺院之中？乃贤说自己到大都后，一度成为危素家的常客："裹衾屡就宿，下榻辱致延。"③ 当时他与危素同住在金台坊。其实，危素只是租住在金台坊，此地非其府邸，他曾多次在文集中提到这一

---

① （元）熊梦祥著，北京图书馆善本组辑《析津志辑佚》，北京古籍出版社，1983，第69页。

② （明）张爵：《京师五城坊巷衚衕集》，北京古籍出版社，1982，第10页。

③ （元）乃贤：《送危助教分监上京》，叶爱欣校注《乃贤集》，第51页。

点，"书于金台坊客舍""在金台坊僦舍书"就是明证。① 后来危素辞官岭北返回大都，一直居于房山。② 明军入京前夕，危素重返元廷任职，当时他在京城里已无寓所，故只好寄居报恩寺内，这是符合情理的。

（二）与友人约定殉节

明军攻入大都之日，许多忠元义士皆选择杀身殉国，自刭者如参知政事陈祖仁、建德州判官吴讷，不屈而死者如中书政事朴赛因不花、中书平章政事丁好礼、参政郭庸，投井而死者如太子司经拜住，管太常院王逊志、赵弘毅，翰林待制黄哻等。③ 至于危素投井一事，鄱阳徐彦礼、寺僧大梓的劝阻至为关键。黄溍《送徐彦礼赴冀州尹序》曰"而兵部郎中徐君彦礼，得河北之冀州……彦礼奋自儒科，待诏翰林，编摩史馆"④，该文作于至正七年（1347）；又有郑真《源斋记》言"元至正间，公尝曳裾燕都为国子伴读，助教乔先生志宁授以易经，凡卦爻象系之微，辞象变占之正，心传而面命之，祭酒徐公彦礼、御史胡公山历得其所试文，以为析理精立论当，置为魁选"⑤。故而知徐彦礼先后任官翰林、兵部郎中，又改尹冀州，迁转国子祭酒。结合图 3-1 不难发现，报恩寺毗邻国子监，所以徐彦礼寄宿国子监亦不足为怪，但此人入明后竟未再仕，其事迹也无从查考了。

相较之下，另一人物僧大梓则显得更加重要。据叶爱欣先生考订，大梓，姓梓，号北山，释名大杍（或作来梓），⑥ 与乃贤、张翥等人相善，至正二十八年五月十一日乃贤卒后，"所赏文籍《事文类聚》《文献通考》各一册，为梓北山取去"⑦，可以说，他是乃贤一生事迹的最后见证者。

① 参见（元）危素《马兰桥毛氏族谱序》，《危太朴文集》卷 8，《元人文集珍本丛刊》第 7 册，第 455 页；《定武王氏族族谱序》，《危太朴文集》卷 9，《元人文集珍本丛刊》第 7 册，第 468 页。
② （明）宋濂：《题危云林训子诗后》，载罗月霞主编《宋濂全集》，第 883 页。
③ （明）谈迁著，张宗祥校点《国榷》"太祖洪武元年八月庚午"条，中华书局，2011，第 369 页。
④ （元）黄溍：《送徐彦礼赴冀州尹序》，王颋点校《黄溍全集》，第 247 页。
⑤ （明）郑真：《源斋记》，《荥阳外史集》卷 13，景印《文渊阁四库全书》第 1234 册，台湾商务印书馆，1986，第 70 页下。
⑥ 叶爱欣：《乃贤集》前言，叶爱欣校注《乃贤集》，第 35 页。
⑦ （明）郑真：《濠梁录》，《荥阳外史集》卷 98，景印《文渊阁四库全书》第 1234 册，第 621 页下。

然而，梓北山并非报恩寺僧，原来他是庐陵僧人，《蜕庵诗》释宗泐跋曰："潞国张公诗集若干卷，庐陵沙门大杼北山之所编集也。先是，潞公于元季多故之际薨于燕都，由其无后，北山为之经纪葬事。未几，天兵北伐，燕都不守，北山取其遗稿归江南。"①"潞国张公"即张翥，卒于至正二十八年三月，此次大梓（大杼）专门赶赴大都为张翥张罗后事，故当此之际他尚在燕、蓟之间徘徊，直至明朝政权稳定后才又出游各地。洪武初，他携张翥诗稿前往南京请苏伯衡作序，事见苏氏《张潞国诗集序》。

就在危素投井被拦下之后，其好友黄哻的死讯突然传来，于是大梓赶去料理黄哻的后事。黄哻之死与危素投井关系尤大，宋濂《元故翰林待制黄殷士墓碑》曰：

> 洪武元年八月庚午，都城陷，大明兵入城，殷士谓其从人张午曰："吾为士子，义不可辱国，汝幸收吾骨南还。"即解衣投居贤坊井中。午苍黄大恸，拾级下救之。见殷士浮沉水间，气犹未绝，遽负之以升，歔欷言曰："今南兵不杀在儒臣，尤所宾礼，他日幸致贵富。君何为自苦如是耶？纵曰为国尽忠，未闻小臣而死社稷也。"殷士曰："齐太史兄弟皆死小官，彼何人哉？"午终不解，还舍治酒殽，使家人歌舞为欢，环守至日昃。会大将军徐公达下令："凡胜国之臣俱输告身于官，朝暮一见，各署名于册，违则罚。"殷士闻之，绐午曰："吾今知汝意矣，汝言良是也，可取吾告身来。第吾惭见同朝人，必乘醉可往耳。何所可致醇酎乎？"午大喜，持钱出沽阛阓中。及还，求之弗得，亟往视井傍，冠裳带舄列真不紊，殷士死已久矣，其寿六十一云。午买棺以敛，同知漳州事陈介、北山僧梓共营葬事。②

该文作于洪武二年，距黄哻慷慨就义之时较近，故可信据。明人王冀《历代忠义录》载："陈介，金溪人，为漳州同知，元亡归故乡。大明洪

① （清）陆心源：《蜕庵诗四卷》，《皕宋楼藏书志》卷104，清光绪八年刻本，第14页a。
② （明）宋濂：《元故翰林待制黄殷士墓碑》，载罗月霞主编《宋濂全集》，第1895页。

武初征之，介口易姓名，逃避而卒。"① 可知陈介、僧大梓为黄哻经营葬事即在当下。明人廖道南《殿阁词林记》披露了一个重要细节："及徐达收燕蓟，命仕元者投告身，素与编修黄哻约死于难，哻死而素背约焉。"② 其后《名山藏》《皇明通纪法传》《国朝列卿纪》皆沿袭这一说法，看来危素与黄哻曾有同死之约。黄哻与危素不但是少年的玩友、学伴，两人一起拜入吴澄门下，而且黄哻出仕做官也得益于危素的举荐，③ 可以说两人交情极深；他们都在翰林任职，又是同乡故人，面对明军攻入大都、国破家亡之危机，两人遂决定相约赴死。既然立誓在先，则当以身践约，这就是为什么黄哻被仆从张午救起，却说"第吾惭见同朝人"，而最终仍决意赴死，因为他实在无法面对危素在或不在的场面。因此，明人何孟春《余冬录序》评曰："若黄，乃真无愧齐太史者。僧梓拯危，何如送黄之为义？虽然梓非所责，黄固梓之人也。濂作太朴铭多假借词，无乃过乎？后世并与铭殉士者观之，死荣生辱自霄壤矣。"④

（三）投降明军的原因

危素本欲投井而死，却被僧大梓、徐彦礼劝阻，理由是危素死后恐元之国史、实录遭到破坏，于是"力挽起之。已而兵入府藏，垂及史库，公言于镇抚吴勉，辇而出之，由是累朝实录无遗阙者，公之力也"⑤。其实，明将徐达在攻入大都后就下令"封其府库及图籍宝物等，又封故宫殿门，令指挥张焕以兵千人守之"⑥，这一点在随征大都的俞本笔记中也能得到印证："八月初二日……达遣官封府库、宫阙、仓廪，禁军秋毫无犯，抚谕内外，差人表奏。"⑦ 既然徐达已经约法三章在先、封禁府库，

① （明）王褘：《历代忠义录》卷 7 "陈介"条，明嘉靖刻本。
② （明）廖道南：《弘文馆学士危素》，《殿阁词林记》卷 6，景印《文渊阁四库全书》第 452 册，台湾商务印书馆，1986，第 226 页。
③ 参见（明）宋濂《故翰林侍讲学士中顺大夫知制诰同修国史危公新墓碑铭》，载罗月霞主编《宋濂全集》，第 1460、1464 页。
④ （明）雷礼纂辑《弘文馆学士行实》"危素"条，《国朝列卿纪》卷 5，周骏富辑《明代传记丛刊》第 32 册，明文书局，1991，第 284 页。
⑤ （明）宋濂：《故翰林侍讲学士中顺大夫知制诰同修国史危公新墓碑铭》，载罗月霞主编《宋濂全集》，第 1463 页。
⑥ 《明太祖实录》卷 34，洪武元年八月庚午，"中央研究院"历史语言研究所，1962，第 600 页。
⑦ （明）俞本撰，李新峰笺证《纪事录》，中华书局，2015，第 264 页。

并且下令元故臣各输告身、违时罚之，那么很显然徐彦礼、僧大梓的担心是多余的，称危素因护史而不死的理由未免有些牵强。尽管当时吴勉的确为凤翔卫镇抚，在八月五日才升为北平知府，[①] 但由于八月二日情势特殊，城中一切事务皆决于大将军徐达，在没有任何身份证明的前提下，[②] 危素贸然前往史库向吴勉提议保存国史，暂且勿言吴勉没有相信危素身份的理由，即便是有，在封禁府库图籍的命令下，吴勉何敢明目张胆地将元朝国史、实录"辇而出之"？综上分析，笔者认为危素"死是死国之史也"这段材料是精心加工过的，并非史实的原貌。也正是由于其矛盾纷沓，才引起了历代学者对它的质疑，如明人姜南《籍口国史》曰："忠义者，人臣之大闲也。吾尽吾之节而已，遑恤其他。史书者，天下之公论也，一人不记，天下必有记之者耳，何必以此借口，而为偷生之阶乎？"[③]

还有一处细节值得关注，那就是危素之子危贠、危游的任职经历，其与危素自杀未遂有着一定的关系。目前见载于史书之殉元朝者，或举家就义，如集贤学士闽本；[④] 或赴死前遭到亲近的极力劝阻，如黄哔。反观危素，虽然城破之时他无法与内子取得联系，但他的两个儿子皆在大都路为官，值此生死存亡之际，为何在其子的行状中没有表明他们对父亲殉节的态度，却提及两个看似与危素无关的人物？要注意到，危素长子危贠"累官承直郎大都路同知蓟州事"，次子游任"登仕郎大都路儒学提举"，[⑤] 而在至正二十八年（1368）五月乃贤卒于蓟州时，危贠尚在蓟州为官。[⑥] 至正二十八年闰七月，明军会师山东临清，而后二十日下长芦、二十三日至直沽、二十五日兵进次通州，[⑦] 至八月二日攻入大都前，蓟州已为明军占领，所以危贠面临的生死抉择比其父还要早一些。由于入明

---

① 《明太祖实录》卷 34，洪武元年八月癸酉，第 601 页；（明）俞本撰，李新峰笺证《纪事录》，第 264 页。

② 即使危素有告身携带在身，也应输官查验。

③ （明）姜南：《籍口国史》，《蓉塘诗话》卷 2，《续修四库全书》第 1695 册，上海古籍出版社，2001，第 634 页下。

④ 参见（明）谈迁著，张宗祥校点《国榷》"太祖洪武元年八月庚午"条，第 369 页。

⑤ （明）宋濂：《故翰林侍讲学士中顺大夫知制诰同修国史危公新墓碑铭》，载罗月霞主编《宋濂全集》，第 1465 页。

⑥ （明）郑真：《濠梁录》，《荥阳外史集》卷 98，景印《文渊阁四库全书》第 1234 册，第 621 页下。

⑦ 参见（明）谈迁著，张宗祥校点《国榷》"太祖洪武元年闰七月"条，第 367～368 页。

后他又官"安庆府儒学教授"，那么很显然在明军大兵压境的情势下，危邠选择了投降。至于时任大都路儒学提举危游，他的任所就在大都城内，尽管明军入城后其活动情况不得而知，不过从《危公新墓碑铭》所载的生平来看，他活到了洪武九年，这说明危游也没有殉节。既然一子已降、另一子尚生死未明（或许他实际上和危素在一起），在这样的形势下，危素究竟该如何面对生死抉择？后世会如何评价他所做出的决定？为何宋濂在《危公新墓碑铭》中既没有言及危邠与危游的活动事迹，也没有提到危素与至交黄哻同时赴死一事？在史家编造的保护国史的借口之下，似乎掩藏着危素真实的降明心迹。再来看早在洪武二年（1369）宋濂为黄哻撰写的铭辞，其中有几句颇值得玩味："烈烈黄公，元之小臣。乃能为国，杀身成仁。人所大欲，寿为最贵。孰能舍之，自绝于世？寿固可欲，义不可亏。毫发有愧，虽生曷为？吾死死义，直气贯天。中不死者，何千万年。小夫苟全，一愧一死。不如百龄，其死凡几。"① 除却其抽象含义外，"一愧一死"恰好暗合了危素降明、黄哻赴死的史实。

二　宦海浮沉（1369～1370 年）

明开国之初，百废待兴，急需人才参与朝政管理，除却长期追随朱元璋的士大夫外，前来归附的元朝官员也构成了明初文官群体的一部分。洪武元年（1368）八月二十日，危素与张以宁、曾坚等谒见徐达于军门，徐达待之以儒者礼。② 这与朱元璋对元故臣的包容态度有关，他曾对归附的官员说："自古帝王肇造之初，所用人材率资于前代，如汉、唐、宋、元皆用秦、隋、五代、宋、金旧人。朕始定中原，卿等多前代良材，悉归于朕，既设六部，选任卿等各任其事。"③ 是以二年正月二十四日，"故元翰林学士承旨危素、学士张以宁、王时、编修雷焕、刑部侍郎程徐、太常博士孙吾与胡益、礼部员外郎曾坚、主事黄肃等，自北平至京，诏以新制衣冠赐之。寻以素及时为翰林侍讲学士，以宁为侍读学士，坚为礼部员外郎，徐为刑部侍郎，肃为礼部主事"④。按照明制，"洪武二年置学士承旨

---

① （明）宋濂：《元故翰林待制黄殷士墓碑》，载罗月霞主编《宋濂全集》，第 1896 页。
② 《明太祖实录》卷 34，洪武元年八月戊子，第 621 页。
③ 《明太祖实录》卷 34，洪武元年八月戊寅，第 612～613 页。
④ 《明太祖实录》卷 38，洪武二年正月己未，第 776～777 页。

正三品，改学士从三品，侍讲学士正四品，侍读学士从四品"①，可以看出与曾坚等人不同，危素的职衔遭到了降级，因为在元朝翰林学士承旨为从一品，侍讲学士为从二品。

（一）撰写皇陵碑

洪武二年（1369）二月十日，太祖命左丞相李善长立皇陵碑，该碑文由危素奉诏而作。②《明史·危素传》称："洪武二年授翰林侍讲学士，数访以元兴亡之故，且诏撰皇陵碑文，皆称旨。"③ 其实不然，后来朱元璋感到此碑"皆儒臣粉饰之文，不足以为后世子孙之戒"，于是在洪武十一年四月下令江阴侯吴良督工重刻皇陵碑，碑文是朱元璋在宋濂起草的基础上修改而成的，④ 所以《明史》谓其诏撰碑文"称旨"恐有失当。两方皇陵碑文皆被明儒郎瑛收于《七修类稿》之中，限于篇幅，笔者不拟引录全文，仅择其相关段落加以分析讨论。朱元璋为何嫌危素所作碑文"儒臣有文饰"，而要重制一篇？

就内容而言，危素所撰碑文格式相对传统，前半部分主要介绍了朱元璋少时的窘境以及后来如何发迹，后半部分则以铭文的形式夸赞朱元璋的功绩。其后朱元璋亲自定撰的碑文，全篇以四言骈句为主，其中夹杂许多通俗的白话，如"驸马引儿来接我，外甥见舅如见娘"等语句，从中可以看出朱元璋修改的痕迹。相较之下，危文前半部分内容朴实真切，所反映出的朱元璋发迹的线索也十分清晰；而朱文虽通篇朗朗上口，却囿于格式，许多重要的史实反而没有能够表达出来。不过，朱文省却了赞颂的铭辞，仅以"惟劬劳罔极之恩难报，为此勒石铭于皇堂。世世承运而务德，必仿佛于殷商。泪笔以述难，谕嗣以抚昌。稽首顿首再拜，愿时时而来享"结尾，⑤ 显得自然贴切，避免了对自己功绩的大篇幅的夸赞，符合皇陵碑撰述的旨趣；而危素所撰铭文一方面盛赞朱元璋的英明神武，说他

① 《明史》卷73《职官志》，第1787页。
② 《明太祖实录》卷39，洪武二年二月乙亥，第788页。
③ 《明史》卷285《危素传》，第7315页。
④ 参见《明太祖实录》卷118，洪武十一年四月辛未，第1926页；（明）黄佐《应制诗文》，《翰林记》卷11，景印《文渊阁四库全书》第596册，台湾商务印书馆，1985，第978页下；（明）郎瑛《皇陵碑》，《七修类稿》卷7，《续修四库全书》第1123册，上海古籍出版社，2001，第54页上。
⑤ （明）郎瑛：《皇陵碑》，《七修类稿》卷7，《续修四库全书》第1123册，第54页下。

"皇矣上帝，厥命煌煌"，颇有些"天人合一""君权神授"的味道，确有儒臣歌颂粉饰之嫌疑；另一方面，危素降明不出一年，却反过来十分尖锐地批评元朝"元君既否，紊乱政理。命将出师，反致人纪。贪残污秽，肆彼剽攘。战功败衄，赏罚无章"，丝毫不见其怜悯故国之心，无怪乎朱元璋等人对他的失节行为心生反感。另外还有一细节尚须留意，危素铭云："师震幽燕，君臣北徙。空城尽开，图籍弗毁。"① 此是否可以作为上文所讨论之"危素降明非因护史"的佐证，值得考量。

（二）颂甘露之降

洪武二年（1369）十月十三日，有甘露降于钟山，群臣纷纷向朱元璋称贺，危素进言曰："王者敬养耆老则甘露降，而松柏受之。今甘露降于松柏，乃陛下尊贤养老之所致也，宜告于宗庙，颁示史馆，以永万亿年无疆之休。"②《殿阁词林记》也有同样的记载："时值甘露降，宋濂为颂。上问素此何征也，素曰：'王者爱养耆老，则甘露降而松柏受之；尊贤容众，则竹苇受之。今甘露降于松，是陛下养老所致也。宜以制币册告宗庙，颁于史馆，以永休闻。'"③ 据《明实录》载，当时在场的还有翰林应奉睢稼、起居注官魏观。然而尽管群臣来贺，皆以为天降甘露乃国家祥瑞之兆，朱元璋却怀有一些担忧："卿等援引载籍，言非无征，然朕心存警惕，惟恐不至，乌敢当此，一或忘鉴戒而生骄逸，安知嘉祥不为灾异之兆乎？告诸宗庙、颁之史馆，非所以垂示于天下后世也。"④ 这一细节为宋濂所发觉，他记载道："上情存损挹，皆推而不居。言既已，丞相率其班以退。"⑤《明实录》也说"群臣皆顿首谢"，看来朱元璋能居安思危，不为危素等人的奉承所动，是以宋濂作《天降甘露颂》来称赞朱元璋的言行愈显圣明。不过，雷礼《国朝列卿纪》却说危素因歌颂天降甘露一事不得旨而"寻坐失朝免"，"三年四月起原官，命素及胡铉、睢稼、

---

① 以上引文参见（元）危素《皇陵碑》，《全元文》第48册，凤凰出版社，2004，第452页。

② 《明太祖实录》卷46，洪武二年十月甲戌，第922~923页。

③ （明）廖道南：《弘文馆学士危素》，《殿阁词林记》卷6，《景印文渊阁四库全书》第452册，第226页。

④ 《明太祖实录》卷46，洪武二年十月甲戌，第923页。

⑤ （明）宋濂：《天降甘露颂》，载罗月霞主编《宋濂全集》，第329页。

王大中俱为弘文馆学士，铉告归，素撰皇陵碑以献"①，将后世学者引入歧途，误以为危素"因言失当"而遭到罢官，② 其实是不符合史实的。首先，危素撰皇陵碑是在洪武二年初，而非三年四月以后；其次，宋濂《翰林记应制冬日诗序》载：

> 洪武二年冬十一月二十有一［二］日，上御外朝，遣中贵人召翰林学士臣濂、侍讲学士臣素、侍读学士臣（詹）同、直学士臣（陈）经、待制臣（王）祎、起居注臣（魏）观、臣（吴）琳列坐左右。既而，命太官进馔，赐黄封酒饮之。上屡命尽觞。内官承上旨，监劝甚力。臣濂数以弗胜杯杓固辞，上笑曰："卿但饮，虽醉无伤也。"酒终，上亲御翰墨赋诗一章，复系小序于首，命各以诗进。臣濂最先，臣祎次之，臣观、臣琳、臣经、臣同又次之，上览之大悦。臣素最后，诗以民瘼为言。上曰："素终老成，其有轸忧苍生之意乎！"于是各沾醉而退。明日，臣素以遭逢盛际，光膺圣眷如此，不可无以示后来，乃集其诗为卷，而以题辞为属。③

此事并见明人黄佐《翰林记》卷六《燕饮赓和》之中。《明史·危素传》亦曰："尝偕诸学士赐宴，屡遣内官劝之酒，御制诗一章，以示恩宠，命各以诗进，素诗最后成，帝独览之善之曰：'素老成，有先忧之意。'"④说明危素在奉答天降甘露一事之后，仍受到朱元璋的恩遇，并未因此遭到罢黜。然而，《明史·危素传》谓赐宴"时素已七十余矣"则失实，因为根据前文的考订，此年危素六十七岁。

迟至洪武三年正月，危素仍为翰林侍讲学士，尚未被劾罢官，有《济南府治记》落款"洪武三年正月，翰林侍讲学士临川危素记"为证。⑤ 此文系礼部尚书崔亮请危素撰成，崔与危同为元臣，故有此托。虽

---

① （明）雷礼纂辑《弘文馆学士行实》"危素"条，《国朝列卿纪》卷5，载周骏富辑《明代传记丛刊》第32册，第281~282页。

② 参见尚衍斌《读〈宋濂全集〉札记（六则）》，载达力扎布主编《中国边疆民族研究》第八辑，中央民族大学出版社，2015，第205页。

③ （明）宋濂：《应制冬日诗序》，载罗月月霞主编《宋濂全集》，第475页。

④ 《明史》卷285《危素传》，第7315页。

⑤ （清）王赠芳修纂《（道光）济南府志》卷65《艺文》，清道光二十年刻本，第43页a。

然史籍中没有明确记载危素"坐失朝免"的原因，但《明实录》洪武三年正月至四月，有一则材料可能与危素被罢黜有关：

> 先是，上以天下初定，欲通群下之情，日诏百官悉侍左右，询问民情，咨访得失，或考论古今典礼制度，故虽小官亦得上殿，至有逾越班序者。上乃谓宰臣曰："朝廷之上，礼法为先。殿陛之间，严肃为贵。朕始欲咨访庶事，故令百官入侍左右。至班序失次，非所以肃朝仪也。自今文武百官入朝，除侍从、中书省、大都督府、御史台、指挥使、六部尚书、侍郎等官许上殿，其余文武官五品以下并列班于丹陛左右，违者纠仪官举正之"。①

又，成书于嘉靖年间的《孤树裒谈》引用了《伯夷叔齐野记》中的一段记载："危学士素，以胜国名卿事我太祖皇帝。年既高矣，上重其文学，礼待之。一日上燕坐屏后，素不知也，步履屏外甚为舒徐。上隔屏问为谁，素对曰：'老臣危素。'语复雍缓。上低声笑曰：'我道是文天祥来。'"②尽管此事与百官朝班稍有区别，但也关涉君臣朝仪。危素时为侍讲学士，官品不高，若非皇帝召见，他如何能直趋禁中、靠近皇帝而畅通无阻呢？这说明当时君臣仪礼并不完备，正如朱元璋所说"朕始欲咨访庶事，故令百官入侍左右"，所以危素"故虽小官亦得上殿"。然而危素自持老成，在朱元璋看来其态度却颇为轻佻，是故申敕"殿陛之间，严肃为贵"，禁止无关人员上殿，并且令"违者纠仪官举正之"。危素不当的言行或在"违者"之列，因此他遭到弹劾，"坐失朝免"。自正月罢而四月复原官，也可以说明危素并非犯下重大的过错，否则他何以在短短两个月内官复原职？如此安排，更反映出朱元璋对危素只不过是稍加警惩，而警惩的原因在于其有不当的言行举止。

（三）还葬宋理宗顶骨

洪武三年（1370）四月十五日，朱元璋复以危素为翰林侍讲学士；

---

① 《明太祖实录》卷46，洪武三年正月癸巳，第949页。
② （明）李默：《太祖下》，《孤树裒谈》卷2，明刻本；（明）查应光《靳史》卷26亦引用《野记》之说，文字无差。至于其他晚出的史籍中收录此事，则常颠倒年月顺序，仍有待厘清。

二十二日置弘文馆，命危素、刘基、王时、睢稼兼任学士。① 六月，朱元璋遣使葬宋理宗顶骨于绍兴永穆陵，此事实赖危素的建言。《明实录》载：

> 先是，上与侍讲学士危素论宋元兴替，素因言元世祖至元间胡僧嗣古、妙高欲毁宋会稽诸陵，时夏人杨辇真加为江南总摄，奏请如二僧言。遂发诸陵取其金宝，以诸帝遗骨瘞于杭之故宫，筑浮屠其上以厌之。又截理宗顶骨为西僧饮器，天下闻之莫不心酸。上闻叹息久之，谓素曰："宋南渡诸君无犬［大］失德，与元又非世仇，元既乘其弱并取之，何乃复纵奸人肆酷如是耶？"即命北平守将吴勉访索顶骨所在，果得之西僧庐中。既送至，命有司厝于京城之南。至是，绍兴府以永穆陵图来献，遂敕葬于故陵。②

宋濂《危公新墓碑铭》和《明史·危素传》亦有相似的记载。稍不同者，《危公新墓碑铭》言"瘗之聚宝山"，《明史·危素传》云"谕有司厝于高坐寺西北"，实际上皆指一处。不过，危素的建言并非在洪武三年，而是在洪武二年正月二十三日，也就是危素入明任翰林侍讲学士的前一天，事见宋濂《书穆陵遗骸》，其文曰："大明洪武二年戊申正月戊午，皇帝御札丞相宣国公李善长，遣工部主事谷秉毅，移北平大都督府及守臣吴勉，索饮器于西僧汝纳监藏深惠，诏付应天府守臣夏思忠，以四月癸酉，瘗诸南门高座寺之西北"③，可见朱元璋对此事之重视。所以危素向朱元璋建言之际，尚未入官翰林，而《危公新墓碑铭》与《明史·危素传》皆云此乃危素在翰林时所为，则亟须订正。

（四）危素与"义象"

洪武三年六月十五日，李文忠率明兵克应昌，捷报传至京师，《明实录》记载道："左副将军李文忠捷奏至，时百官奏事奉天门，闻元主殂，遂相率拜贺。上曰：'元主守位三十余年，荒淫自恣，遂至于此。'因谓治书侍御史刘炳曰：'尔本元臣，今日之捷，尔不当贺也。'因命礼部榜

---

① 《明太祖实录》卷51，洪武三年四月癸酉、庚辰，第1007、1008页。
② 《明太祖实录》卷53，洪武三年六月庚辰，第1050～1051页。
③ （明）宋濂：《书穆陵遗骸》，载罗月霞主编《宋濂全集》，第547页。

示：凡北方捷至，尝仕元者不许称贺。"① 这就置危素、刘炳等贰臣于十分尴尬的境地。当是时，李文忠遣人送顺帝孙买的里八剌至南京，以行献俘之礼。虽然朱元璋免去了烦琐的献俘礼节，但六月十八日还是举行了规模盛大的朝拜仪式，由此正式宣告了朱元璋成为天下共主的事实。在这次朝会上还专门准备了象舞表演，然而临场时大象却显得十分不配合，不愿就地下跪，此象遂被人们称为"义象"，一时引起遗民们的竞相吟咏。

与危素关系非常密切的曾坚，此时"会感符玺事作《义象歌》见杀"②，"会感符玺事"或为买的里八剌来朝之事。《尧山堂外纪》记载道："上设宴使象舞，象伏不起杀之。次日，作二木牌，一书'危不如象'，一书'素不如象'，挂于危素左右肩。"③ 此事虽为稗史所载，不足全信，但《草木子》也说危素"独首鼠畈降，上以其失节，屡辱之"④，可以看出他在明朝的处境尤其困窘。时任将乐训导林鸿作有《义象行》，其曰："玉玺归沙漠，龙亦归鼎湖。所以老象心南来，誓死骨为枯。嗟尔食禄人，空负七尺躯。高高白玉堂，赫赫黄金符，伊昔轩冕今泥涂。嗟尔食禄人，不若饭豆刍。象何洁，尔何污。天子垂衣治万世，俾全象德行天诛。"⑤ 所讽刺的对象应该是包括危素在内的贰臣。

三 客死和州（1371～1372年）

（一）谪贬原因

危素兼任弘文馆学士以来，"时从论说经史，质证疑义"，朱元璋念其年迈，遂赐之小车以代步，并许他免行朝谒。洪武三年（1370）十一月，徐达、李文忠等还朝，朱元璋大封功臣，是年冬"监察御史王著等劾公（危素）亡国之臣不宜用，公坐免，诏出居和州"⑥。不过，宋濂

---

① 《明太祖实录》卷53，洪武三年六月壬申，第1040页。
② （清）许应镕：（光绪）《抚州府志》卷59《人物志》，清光绪二年刻本，第21页。
③ （明）蒋一葵：《林鸿》，《尧山堂外纪》卷80，《续修四库全书》第1195册，上海古籍出版社，2001，第21页。
④ （明）叶子奇：《草木子》卷4下，中华书局，2010，第82页。
⑤ （明）林鸿：《义象行》，《鸣盛集》卷3，景印《文渊阁四库全书》第1231册，台湾商务印书馆，1985，第48页。
⑥ （明）宋濂：《故翰林侍讲学士中顺大夫知制诰同修国史危公新墓碑铭》，载罗月霞主编《宋濂全集》，第1460页。

《危公新墓碑铭》又说"公春秋已高，雅志亦不复仕矣"①，与他遭贬的情况相左。这究竟是宋濂或危孜因危素而讳笔，还是事实本来如此？《尧山堂外纪》言"上设宴使象舞……由是素以老疾告，乃谪含山县"，也说危素请辞在先，没有获得同意，反而遭到了流放。

有关危素被贬往和州一事，《明实录》并没有明确提及，不过有一处细节却值得注意："洪武三年十二月己卯，放故元臣老疾者王成等二百七人还乡里。"② 王成即元章丘守将，在至正二十七年（1367）向徐达投降，入明后未曾再仕。此时放还老病归乡的一批人，应为降明却未授官者。危素时年已六十八岁，眼见朝廷有遣放老病故臣之举，便以请辞归，故宋濂谓之"公春秋已高，雅志亦不复仕矣"。但危素忽略了自己的贰臣身份，原本以为能获得和王成等二百余人一样的待遇，却招来谏官的弹劾，表面上批评他身为亡国之臣不宜预列侍从，其实是警告他既已仕明还不知竭力报效，反而退思归隐，这正好成为朱元璋惩治贰臣的契机，于是他把危素贬到和州。否则仅凭"亡国之臣不宜用"的理由处置危素实在过于牵强，要知道他已经在明朝做了两年的翰林侍讲学士，为何此前没有提出，偏偏在这时才弹劾他呢？何况还有一批和危素经历相似的元遗臣入明为官，若说"亡国之臣不宜用"，岂不应把他们也一并处理？但从史料来看，朱元璋此时并没有这么做。所以笔者认为，危素请辞在先，岂料却惹得朱元璋不满，朱元璋遂利用谏臣的弹劾将其放黜和州。另外，危素的至交曾坚"会感符玺事作《义象歌》见杀"，事后危素为其撰写墓志，③ 或许受到了牵连，也可能是他被罢黜的一个重要原因。

（二）守余阙庙问题

至于危素流贬的细节，《明史·危素传》还提及"诏谪居和州，守余阙庙"④。这则材料又见成书于嘉靖年间的《皇明通纪》，其文云："上

---

① （明）宋濂：《故翰林侍讲学士中顺大夫知制诰同修国史危公新墓碑铭》，载罗月霞主编《宋濂全集》，第1464页。

② 《明太祖实录》卷59，洪武三年十二月己卯，第1163页。

③ （清）傅占衡：《湘帆堂集》卷5《书危太朴曾子白文后》，其文曰："偶游僧庵，遇曾蕴鲁谈危太朴事，因告余《陶源曾氏家谱》中有太朴所为曾坚子白墓志。予以'太朴文集湮没、散见者亦罕矣'欣然请观，蕴鲁抱之来，果见危志二篇。其文淳健有法，为元儒笔不谬。"《清代诗文集汇编》第27册，第48页下。

④ 《明史》卷285《危素传》，第7315页。

曰：'素实元朝老臣，何不赴和州看守余阙庙去？'遂有是谪。上初用素，虽以文学备顾问，心实薄其为人。至是，既忤旨，责令守阙庙以愧之。"① 后世文献甚至评曰："高皇命危素守余阙庙，甚于赐金钱也，千古第一愧恨事。"② 于是古今学者皆以为危素被贬往和州，是去看守余阙庙。③ 唯有清儒朱彝尊提出过怀疑："按吾乡贝助教琼有《送危于轙赴安庆教授序》，称洪武三年识公（危素）于京师，未几公卒，则学士未尝衔命守祠，特其子于轙教授安庆，好事者遂传会，有是言也。"④ 全祖望则以为："若《清江集》混书三年识公京师，未几公卒，是盖不欲详言其事，故略举之。"⑤ 今人张文澍据贝《序》所言"未几公卒"补充说道："原文留下两个疑点：一是'未几'有多长，一是'公卒'在哪里，都语焉不详。从《明史纪事本末》等严肃史籍皆有记载的情况来看，朱彝尊的驳论恐怕难以成立。"⑥ 李圣华引用《大清一统志》的材料，指出和州确有余阙庙，"危素守庙恐非空穴来风"⑦，似乎危素守余阙庙一事已成定论，其实朱彝尊的怀疑也经不起推敲，毕竟危素被贬往和州，这是《明实录》有明确记载的史实。不过，朱氏的想法却揭橥了一条重要的线索，那就是余阙祠的所在地，很显然朱认为其地当在安庆。那么明代的余阙祠究竟在哪里？如果是在安庆，难道当时和州也有一座余阙祠吗？为了弄清危素是曾在和州守过余阙祠，还是纯属"好事者"的杜撰，笔者认为有必要对这个问题做进一步的探讨。

---

① （明）陈建著，钱茂伟点校《皇明通纪》卷5，中华书局，2008，第160页。
② （明）文德翼：《偶记》，《求是堂文集》卷17，《四库禁毁书丛刊》第141册，北京出版社，1997，第673页下。
③ 除嘉靖《皇明通纪》以后的传世文献外，近人书仪《元代文人心态》（人民文学出版社，2013，第260页）、吴晓红《危素研究》（中国地方史硕士学位论文，江西师范大学，1996，第31页）、吴愫劼《元明易代之际悲剧人物危素研究》（中国古代史硕士学位论文，西北师范大学，2013，第11页）、武海波《危素交游研究》（中国古代史硕士学位论文，暨南大学，2014，第1页）、魏嘉媛《余阙及其诗文研究》（中国古代文学硕士学位论文，西北师范大学，2013，第25页）等皆认定危素被贬和州，是去守余阙庙。
④ （清）朱彝尊：《跋危氏云林集》，《曝书亭集》卷52，世界书局，1978，第618页。
⑤ （清）全祖望：《跋危学士云林集》，朱铸禹校注《全祖望集汇校集注》，第1383页。
⑥ 张文澍：《论元明之际作家危素》，《厦门教育学院学报》2010年第4期。
⑦ 李圣华：《"元季之虎"危素——兼谈〈儒林外史〉对危素的讽刺》，《文学史话》2012年第6期。

1. 余阙祠的地点

首先可以明确的是，朱元璋的确为余阙建造过祠堂，以旌忠节，事见《明实录》"吴元年十月辛亥"条："上敕礼官曰：'自古忠臣义士舍生取义，身殁而名存，有以垂训于天下后世。若元右丞余阙守安庆，屹然当南北之冲，援绝力穷，举家皆死，节义凛然；又如江州总管李黼身守孤城，力抗强敌，临难死义，与阙同辙。自昔忠臣义士必见襃崇于后代，盖以励风教也。宜令有司建祠肖像，岁时祀之。'"① 但其祠建于何处，是独祠还是各地皆祠祀之，此处并未详说。不过，明孝宗弘治年间，安庆府知府徐杰上奏，请于余阙祠增设元臣韩建神主，其奏曰："郡治东有祠祀元封豳国公谥忠宣余阙，而守臣韩建不与焉……而建精忠大节，与阙亦相颉颃。阙在先朝久列祀典，建独漠然，似非表忠劝德之义。"礼部覆奏云："宜于阙祠内，增设建神主一位祔享，令本府岁时一体致祭。"② 这就说明迟至弘治初年，余阙祠祀还仅限于安庆郡城一处，否则增设韩建神位就不单单"令本府岁时一体致祭"了。另外，《明实录》"明武宗正德元年癸酉"有一条材料也很关键：

> 庐州府知府马金奏：故元淮南左丞赠平章豳国公谥忠宣余阙，合肥青阳里人也。至正之乱，提孤军守安庆，援绝城陷，与妻妾子女俱死焉。一门五节，世所希有。我高皇帝嘉其忠，诏建庙祀于安庆矣。但臣闻古之忠臣，生地死所俱有祠。今其里旧祠弗葺，似为阙典。乞令所司修复，置守者，赐之祠额。其于风化，实非小补。礼部议覆如金奏，葺合肥旧祠，给旁近户二家护视，春秋令县正行祭礼，诏悉从之，颜其祠如谥。③

以上引文透露了两条重要信息：第一，朱元璋所建的余阙祠在安庆，并且当时只修了这一座祠堂；第二，武宗采纳知府马金的建议，增葺合肥余阙祠。至此我们可以得知，迄明武宗朝，祭祀余阙的祠庙不过两处：一在安

---

① 《明太祖实录》卷26，吴元年十月辛亥，第385页。
② 《明孝宗实录》卷44，弘治三年十月辛亥，第890页。
③ 《明武宗实录》卷10，正德元年二月癸亥，第312～313页。

庆，为余阙死所；一在合肥，为余阙出生地。太祖仅在安庆建余阙祠，所以按理说当时和州不可能存在祭祀余阙的祠庙。此外，后人诗文中所歌咏的余阙祠，也都是在安庆，如明人陈梴《安庆谒余忠宣公祠》、刘春《和安庆余忠宣祠韵》、王偁《过皖城谒余忠宣祠》等。

　　事实上的确如此，成书于明英宗天顺五年（1461）的《明一统志》卷十四《安庆府·祠庙》云，"余忠宣祠，在府城东忠节坊。忠宣乃元右丞余阙也，为元室死节，本朝嘉其忠为立祠庙，命有司岁时祭之。知府胡缵宗以推官黄突伦以下二十有三人皆从阙死节，建议咸袝，祀焉"①，而《明一统志》却不见和州有余阙庙的记载，《和州·祠庙》中仅有魏武帝祠、尊贤祠、西楚霸王祠、灌将军庙、旌忠庙和忠烈侯庙，其中旌忠庙、忠烈侯庙分别配享的是宋臣姚兴与周虎。② 由于庐州知府马金建言修余阙祠时，《明一统志》已经修成，所以在该书中找不到合肥立余阙祠的相关记载，所幸这座祠保存到了清代，（雍正）《合肥县志》卷五《祀典》云："余忠宣公祠，在东门外。弘治十八年，知府马金奏请建立，春秋致祭，有祠生。"③ 嘉靖时由易鸾纂修的《和州志》，其中"流寓"条记载："危素，字大朴〔太朴〕，临川人。元参知政事，有文名，入我朝为侍讲学士。晚谪和州，卒于含山寓舍。"④ 而同书的《祀典志》之"含山县"仅见文庙、社稷坛、风云雷雨山川坛、邑厉坛、乡厉坛、城隍庙、旌忠庙、游先生祠和三老堂，与《明一统志》的记载一样，旌忠庙是宋高宗为了纪念守将姚兴而建，与余阙没有任何关系。⑤ 因此可以认定，危素被贬和州绝非奉命去守余阙祠，实际上和州当时并无余阙祠。顺便需要指出的是，《草木子》谓危素"安置滁州而死"⑥，误也。按，滁州与和州皆为京师直隶州，不可混作一谈。还有些文献如清人尤侗《西塘诗集》等

---

① （明）李贤：《明一统志》卷 14《安庆府》"祠庙"条，景印《文渊阁四库全书》第472 册，台湾商务印书馆，1985，第 335 页下。

② （明）李贤：《明一统志》卷 17《和州》"祠庙"条，景印《文渊阁四库全书》第 472 册，第 393 页。

③ （清）赵良墅修，田实发等纂（雍正）《合肥县志》卷 5《祀典》，清雍正八年刻本，第6 页。

④ （明）易鸾纂修（嘉靖）《和州志》卷 12《乡贤志》"流寓"条，明嘉靖七年刻本，第14 页。

⑤ （明）易鸾纂修（嘉靖）《和州志》卷 8《祀典志》，第 1 ~ 9 页。

⑥ （明）叶子奇：《草木子》卷 4 下，第 82 页。

言危素被贬往和州去守余阙墓，按，余阙墓本在安庆，如此说法更是以讹
传讹了。

李圣华先生以清嘉庆《大清一统志》所载和州余阙庙为例，该文献
出处可以上溯至康熙朝修成的《大清一统志》。按，（康熙）《大清一统
志·和州》"祠庙"条曰："余阙庙，在州西北隅。"这是目前所见地理志
中较早记载"和州余阙庙"的材料，其后乾隆、嘉庆朝分别重修《大清
一统志》，则沿袭了这一说法。①（光绪）《直隶和州志》对该庙有更加详
细的说明："余阙庙，旧在城西隅，后迁至渔丘之东。明太祖幸宏文阁，
闻帘外履声橐橐，帝问谁，对曰老臣危素。帝曰：'朕以为文天祥耳，何
不向和州守余阙庙去？'于是谪素和州，今庙废。"②危素本来被贬到和州
含山县，后来卒于含山寓舍，如果他真的是去守余阙庙，那么此庙理应在
含山县内。然而历代《清一统志》和（光绪）《直隶和州志》却说该庙
在和州城西北，此与危素所在之处相去甚远；更重要的是，顺治、康熙、
乾隆三朝《含山县志》的"祀典"部分均没有提到含山县有余阙祠。③
这就说明危素被流放与余阙祠并无关系，和州的余阙庙乃是后人所修。

2. 配享和州尊贤祠

尽管危素遭到言官的弹劾，被朱元璋贬到和州含山县，然而当时他在
士林的名声却是不容小觑的。因此，在危素卒于含山多年以后，和州官府
为了纪念他，将其纳入本地尊贤祠的祭祀之中，《明一统志》卷十七《和
州》之"祠庙"载："尊贤祠，在州学内。旧有张籍何蕃祠，在学之东
庑，宋开禧间建。本朝正统二年建此祠，以祀张籍、何蕃、彭思永、沈
立、沈文通、钱藻、游酢、魏矼、张邵、张孝祥、张孝伯、龚楫、蒋子

---

① 参见（清）蒋廷锡等纂修（康熙）《大清一统志》卷67《和州》"祠庙"："余阙庙，在
州西北隅。"清道光九年木活字本，第12页；（清）和珅等纂修（乾隆）《大清一统志》
卷91《和州》"祠庙"："余阙庙，在州西北隅。"清光绪二十八年石印本，第3页；
（清）穆彰阿等纂修（嘉庆）《重修一统志》卷131《和州直隶州》"祠庙"，《四部丛刊
续编》第7册，上海书店，1985，第12页。

② （清）朱大绅修，高照纂（光绪）《直隶和州志》卷5《舆地志》，清光绪二十七年木活
字本，第10页。

③ 参见（清）朱长泰修、凌家瑞等纂（顺治）《含山县志》卷4《祀典》，清顺治八年刻
本，第1~13页；（清）赵灿修、唐廷伯等纂（康熙）《含山县志》卷15《祠祀》，清
康熙二十三年刻本，第1~19页；（清）梁栋修、唐燀纂（乾隆）《含山县志》卷3《舆
地志》"典祀"，清乾隆十三年刻本，第1~4页。

春、何宗英、危素凡十五人。"① 尽管危素并非含山县人，并且还是个流放人物，可是官府仍为他立祠祭祀，足见危素在当地具有一定影响力。不过，（嘉靖）《和州志》中的记载与之稍有出入，其文曰："乡贤祠在戟门之西，为堂一，祀南宋刘瑜、唐司业张籍、太学生何蕃、宋中丞彭思永、宣义郎□□□□（补：彭卫修撰）沈立、魏矼、少师张邵、学士弘□□□□（补：孝祥参知）政事张孝伯、侍读学士钱藻、烈士蒋子春、何宗英、龚楫、招讨赵时赏。"② 除却姓名不详的两人外，相较之下，（嘉靖）《和州志》比《明一统志》少记了沈文通、游酢和危素。其实，（嘉靖）《和州志》中的游酢被移到"名宦祠"下，沈文通则属于漏载，真正发生祠祀变动的是危素。关于和州乡贤祠所祀人物的情况，（光绪）《直隶和州志》有详细的记载，兹录于下：

> 乡贤祠：刘宋孝子刘瑜，唐国子司业张籍，唐太学生何蕃，宋集贤修撰知江宁府沈立，宋翰林学士沈文通，宋翰林侍讲学士仁和县开国伯钱藻，宋户部侍郎彭思永，宋宣义郎赵州判官彭卫，宋少师敷文阁待制池州历阳县开国子张邵，宋殿中侍御史集英殿修撰魏矼，宋大宗正丞徐兢，宋直秘阁淮南转运判官提刑张祁，宋烈士龚楫，宋烈士蒋子春，宋显谟阁直学士荆南湖北路安抚使张孝祥、宋光禄大夫参知政事历阳郡开国侯赠魏国公张孝伯，宋布衣何宗英，宋京西转运判官陆同，宋江西招讨副使殉节赵时赏，元隐士杜浩。③

以上为明以前所祀神主，明清以来又陆续增配许多人物，但危素仍不在列。至于游酢，（光绪）《直隶和州志》将其录在"名宦祠"之下。④ 那么，危素为何不再出现于和州乡贤祠的祭祀之中？难道是出于其曾"守

---

① （明）李贤：《明一统志》卷17《和州》"祠庙"条，景印《文渊阁四库全书》第472册，第393页。
② （明）易鸾纂修（嘉靖）《和州志》卷8《祀典志》，第3～4页。据（清）朱大绅修，高照纂（光绪）《直隶和州志》卷8《学校志》"学宫"条补，清光绪二十七年木活字本，第43页。
③ （清）朱大绅修，高照纂（光绪）《直隶和州志》卷8《学校志》"学宫"条，第43页。
④ （清）朱大绅修，高照纂（光绪）《直隶和州志》卷8《学校志》"学宫"条，第40页。

余阙庙"的顾虑，此后和州修建余阙庙时便把他除名了吗？

其实并非如此，（顺治）《含山县志》已给出了明确的答案。该书卷四《祀典》载曰："乡贤祠，在戟门右。汉桓荣……宋游酢，元危素。危墓既在此，与游事同，然皆非含人。或曰游知和州、危谪和州，当祀之名宦，不当祀乡贤……按桓、游、危得祀，始于知县胡汉立尊贤祠以祀游，至知县赵恕又以桓、危入之。初未尝谓之'乡贤'，但曰'尊贤'耳。后知县郑度、陈一善两迁其祠，特存游而去桓、危。陈一善又申请当道建名宦、乡贤、功臣、烈女祠，始以三公从祀乡贤。"① 晚出的康熙、乾隆朝《含山县志》仍将危素安排在乡贤祠内，并且该祠只祭祀危素、游酢与桓荣。② 与上文相比较可以发现，起初在和州学宫乡贤祠设危素神位，后来含山县也建有乡贤祠来祭祀他，为了以示区别，故将危素移出州学祠祀，专在含山县受享。

既然迟至乾隆年间危素仍受到含山县民的祭祀，那么如何在和州城里会同时存在一座"羞辱"他的余阙庙呢？如此矛盾的情形实属罕见，这或许反映出修庙之人不谙掌故，轻信稗史，误以为危素守余阙庙确有其事，然而该地却不见此庙，于是便师心自用、无中生有地在和州城修了一座余阙庙。而且从《大清一统志》中不难发现该庙并未被纳入祭祀体系，也就是说，它是一座民间筹建的庙，由于缺乏正规的管理，到光绪年间才会出现"今庙废"的结果。据此可知，和州余阙庙的落成最早不会超过明嘉靖时期，最晚则在清康熙年间，而依照现有的材料来看，该庙有可能是清初人所建。很有意思的是，与成书稍早的《含山县志》相比，康、乾、嘉三朝《清一统志》既不见含山县崇祀危素的描述，也略去了危素墓的记载，③ 这反映出这一时期和州"贬危"氛围略占上风，而这种现象很可能与当地余阙庙的修建有密切的关系。另外，无论是明政府修祠还是士人前往拜谒，皆称"余忠宣公祠"以示敬意，何况明武宗明确规定了在合肥增葺的余阙祠应"颜其祠如谥"，这可以被视为明修余阙祠的范

① （清）朱长泰修、凌家瑞等纂（顺治）《含山县志》卷4《祀典》，第5页。
② 参见（清）赵灿修、唐廷伯等纂（康熙）《含山县志》卷15《祠祀》，第13页；（清）梁栋修、唐煇纂（乾隆）《含山县志》卷6《学校志》"学宫"，第48页。
③ 与顺治、康熙、乾隆朝《含山县志》相比，三朝《清一统志》所载和州丘墓，单独缺少对危素墓的记载。然而，晚出的（光绪）《直隶和州志》中却又述及危素墓的存在。

式；换言之，但凡名称不是"余忠宣公祠"者，则非明朝政府所修。此外，余阙自始至终与和州没有任何联系，很显然在和州建余阙庙是为了迎合"危素守余阙庙"的"故事"来宣扬忠义气节，考虑到其功效性，唯有清初才具备如此安排的契机。

（三）危素的死因

危素谪居和州以后，"阅再岁而卒"，其间他的生活情形囿于史料，暂时无从得知。不过，从文献来看，危素究竟因何而卒，也是众说纷纭。《明实录》谓危素"以疾卒"，宋濂《危公新墓碑铭》及《明史·危素传》仅言卒而未云何因，《皇明通纪》说他"至和，逾年忧惧而死"，《名山藏》称"逾年忧恨死"，《明书》云"愧愤死"，《国榷》曰"逾年恚死"，明人戴重《河村集》记载道："危太朴放居和州，未几自经死，葬含山东门外。"① 既然危素未尝守过余阙庙，因此《皇明通纪》、《名山藏》、《明书》和《国榷》谓其因守庙而"忧惧""愧愤"死的说法则不足信，那么危素之死只剩下两种原因：疾病和自杀。危素乃江西临川人，宋濂提到"其年二月十五日，权厝于含山。某年月日，始还葬金溪白马乡高桥之原"②，前文已考证过这里是危氏的祖坟所在，表面上看似乎危素客死和州后归葬临川，其实他的灵柩并没有回到故里，而是始终埋在含山县。和州人戴重在崇祯二年（1629）记载道：

> 危太朴放居和州，未几自经死，葬含山东门外，后二百年已失所在。会县治河，乃见梦于令，曰："我危素也，明日将坏我宅，惟公

---

① 参见《明太祖实录》卷71，洪武五年正月戊寅，第1324页；《明史》卷285《危素传》，第7315页；（明）宋濂《故翰林侍讲学士中顺大夫知制诰同修国史危公新墓碑铭》，载罗月霞主编《宋濂全集》，第1458、1460页；（明）陈建著，钱茂伟点校《皇明通纪》卷5，第160页；（明）何乔远《名山藏》卷61《臣林记》"危素"条，北京大学出版社，1993，第3405页；（清）傅维麟《明书》卷144《危素传》，周骏富辑《明代传记丛刊》第88册，明文书局，1991，385页；（明）谈迁著，张宗祥校点《国榷》"太祖洪武五年正月"条，第463页；（明）戴重《危太朴墓》，《河村集》卷3，《四库禁毁书丛刊》第11册，北京出版社，1997，第34页。有关危素自杀一说，亦见明人丰坊《书诀》"元人书"载："危素字太朴，临川人，元翰林学士，本朝为侍讲学士，获罪投江死。"《殿阁词林记》言："素仕元，秉文衡，都枢要……竟自经于沟渎。"

② （明）宋濂：《故翰林侍讲学士中顺大夫知制诰同修国史危公新墓碑铭》，载罗月霞主编《宋濂全集》，第1458页。

其仁之。"令识其衣冠，俨然诺焉。明日，果掘及墓，衣骨俱朽，惟棺之前和赤漆如新，旁有志铭，不记姓名。令乃具衣冠改葬之，识其处……按宋景濂作危公新墓碑铭，则云太朴年七十，以洪武五年春正月二十三日卒于和州含山县之寓舍，其年二月十五日权厝于含山，某年月日始还葬于金溪白马原之乡高桥之原。是已还葬其乡，而含山特其权厝地。魂魄所依，精气犹尚，耿耿如是，岂当权厝时有志铭未及徙，而易棺以迁耶？①

令戴重感到好奇的是，危素灵柩既已迁走，而墓志为何却留了下来；并且县令发棺时尚有"衣骨"在其中？实际上，危素并未还葬金溪，据（顺治）《含山县志》"危学士墓"知，"旧志云在新东门外。正统初，提学彭勖为高筑立碑；正德中筑城，墓当城址，役者误掘见棺，既而覆之，碑亦仆泐。天启丁卯年，知县朱长庚因墓当城址，修筑有碍，迁葬西门外法轮庵，后有碑记，生员王时泰识。按《明文衡》宋太史濂撰公新墓碑铭云，某年月还葬金溪白马乡高桥之原。说者因此遂谓公已还葬，或其子虽已请铭而实未还葬也，故宋公于权厝则明著月日，于还葬则但言某年月日"②，这就是戴重为何记载说危素"棺之前和赤漆如新"，因为该墓已动迁过数次。今人吴晓红于1996年年初前往金溪县调查，却未找到危素墓址，原因亦在于此。③

再来看与危素之死相关的几个细节。第一，危素继室赵氏"先十一日卒"④。赵氏虽为继室，然而他们夫妻间的关系却十分亲密和睦。先是危素甫入经筵，元顺帝有宫人之赐，尽管他与赵氏结合不过三载，并且婚后一直未归乡里，但他敢直言拒绝顺帝，说："臣有糟糠之妻，在大江之南，（宫人之赐）无所用之。"足见他对这段感情的坚贞；同时也不难想见，自危素北游求仕以来，金溪家中一切事务皆由赵氏主持。素家经济向

① （明）戴重：《危太朴墓》，《河村集》卷3，《四库禁毁书丛刊》第11册，第34页。
② （清）朱长泰修、凌家瑞等纂（顺治）《含山县志》卷4《丘墓》，第51页。康熙、乾隆朝《含山县志》也有危素墓的记载，不过康熙《县志》于文后多出一行"附识于此，俾考古者哀焉。墓志载艺文"，乾隆《县志》则衍文为"赵志论之当矣"。
③ 吴晓红：《危素研究》，硕士学位论文，江西师范大学，1996，第2～3页。
④ （明）宋濂：《故翰林侍讲学士中顺大夫知制诰同修国史危公新墓碑铭》，载罗月霞主编《宋濂全集》，第1465页。

来拮据，仅凭一妇人勉力支撑，无怪乎危素愧言离弃。此外，赵氏尝"数泣而言"请危素为己父撰墓铭，素欣然允诺，足见他们伉俪情深。第二，危素卒后三年，其子危釴出任安庆儒学教授，一时文人皆以诗、序相赠，直至宋濂撰危公新墓碑铭时（洪武十年，1377）危釴仍官居是职。然而由于明代规定"凡在元出仕者或曾在元登科并仕宦者不许应试"①，所以危釴只可能是受到地方官的引荐才出仕做官。《元音遗响》辑有《送危于巘教授安庆》一首，诗曰："承恩出畿甸，典教任文署。"② 当时和州为应天府直隶州，属于"畿甸"，由此可以看出自危素卒后，危釴一家仍在和州定居，并未回江西临川，即使危釴再次出仕为官，同样选择了离和州较近的安庆。回过头来看宋濂《危公新墓碑铭》和《明史·危素传》中对危素之死的闪烁其词，似乎更加能够确信他并非自然死去，而是因特殊疾病或自杀身亡。是由于担心危素的疾病在他死后迁葬的途中形成瘟疫，所以才就地埋葬，还是危素无法独自面对先亡国、后丧妻的痛苦，所以毅然选择结束自己的生命？关于危素之死的确切真相，仍有待更加详细的材料来论证、说明。

至此，危素的一生宣告结束，他以屈节换来的再次官仕，并没有带给他想象中的生活，相反却招来了新朝皇帝的侮辱、言官的弹劾，以至于短短两年内他就经历了两次谪贬，还因此失去了本可以参修《元史》的大好机会。所以南来之后，危素选择了沉默，他不再与人唱和诗文，③ 以至于现在能够找到的他在这一时期的作品少之又少。尽管危素的意志一度消沉，但入明之后他并非全无作为，如"洪武初，（王廉）用学士危素荐为翰林编修"④；又如冬日御宴上他作诗以言民瘼，皆反映出积极参政的一面。虽然朱元璋一直对仕明的元代降臣怀有戒心和不信任感，甚至以

---

① 萧启庆：《十四科进士辑录》第13科，《元代进士辑考》，第367页。
② （元）刘绍：《送危于巘教授安庆》，（明）胡布辑《元音遗响》卷10，景印《文渊阁四库全书》第1369册，台湾商务印书馆，1985，第735页下。
③ 《识先教授墓铭后》曰："岁在戊戌秋八月，天兵克大都，在朝之士皆遭南行，而危、程二公与俱入觐。程为刑部侍郎，危拜翰林直学士。明年，程公之弟季甫遣其侄彦中入侍，复令以斯铭为请，危公出以示之曰：'此吾在金合山时稿定，南来忧患，未尝为人作字，但录去可也。'"见（明）郑真《荥阳外史集》卷37，景印《文渊阁四库全书》第1234册，第211页。
④ （明）萧良幹、张元忭纂（万历）《绍兴府志》卷39《人物志》，《中国方志丛书》，成文出版社，1983，"华中地方"第520号，第2649页。

"亡国之臣不宜用"的勉强理由将危素贬至和州,但无论是从他死后入祀尊贤祠还是获得的封赠来看,明政府仍十分重视这位两朝故臣。宋濂《危公新墓碑铭》曰:"公娶舒氏,先三十年而卒;再娶赵氏,先十一日卒,俱封楚国夫人。"① 据《明史·职官志》知,"外命妇之号九,公曰某国夫人,侯曰某侯夫人"②,虽然危素本身散阶为中顺大夫,不过正四品,但通过厚赠其妻的方式来抬高他的地位,未尝不失为明廷对危素的一种尊重。至于后世加诸危素的改造与编排,则应当理性地看待,并厘清史实的真伪,才能有益于人们对危素认知的进步。

小　结

本章以时间先后顺序为线索,分别探讨了危素在元、明的政治活动情况,梳理出他对元末明初政治所产生的影响,并分析了他在一些重大事件中所扮演的角色。

实际上,危素在元朝为官二十三载,构成了他政治生活的主要部分,因此第一节的内容相对充实,更加全面地反映出这一时期他的作为。一方面,他的文史修养与成就获得了官府的认可,使他入职经筵,并参加《宋史》的修撰,而后建言改革礼制,在海运阻绝时甚至参与京畿的开荒屯垦以供给京粮,这都反映出他身为一介文士的积极入仕的态度。直至弃官居房山、丞相失烈门前来问策之际,他仍表现出对时政的密切关心。另一方面,作为元末官员群体的一分子,危素也不可避免地陷入复杂的人事纷争当中。选择或被吸纳到某一利益集团里,固然能使他一时平步青云,在短短时间内连升数级,然而当这一集团受到异己打压时,危素自然也会遭受牵连,孛罗帖木儿将他出为岭北左丞便是一例。同时也应注意到,当危素身居清要之职时,他或多或少也会以权谋私,如追封远祖危全讽、安排自己的两个儿子在大都附近做官等。第二节主要讨论了明军攻入京城后危素的去留问题,以及入明之后他所受到的待遇。很显然,危素的这段历

① (明)宋濂:《故翰林侍讲学士中顺大夫知制诰同修国史危公新墓碑铭》,载罗月霞主编《宋濂全集》,第 1465 页。
② 《明史》卷 72《职官志》,第 1737 页。

史尽管时间短促、前后不到三年，并且缺乏充分的材料，却给后人留下了
偌大的研究空间：危素为何要投降明军？入明再仕后，朱元璋为何要屡次
羞辱他，并两次罢他的官？他在明朝究竟有哪些作为？最终他被贬往和
州，果真是去看守余阙庙吗？这些问题构成了第二节的主要内容，本文在
可信的史料上做出了谨慎的推断，相信能对读者有所启发。

　　不难发现，虽然后世评价危素为政"其时太子谋墓君父而不能救，
将帅僭伪外横而不能服，而区区于诉讼之辨以为己长，真所谓养指而失肩
背"①，"没有政绩表现出他特有的才能"②，其实是对他的一种苛责。首
先，危素并非一心求仕，他之所以入职经筵，不过是得到了朝官的举荐，
相比"云林山人穷到骨"的窘境，求食朝俸亦不失为一条出路，因此他
才选择踏上仕途。即使在为官以后，他仍不时表露出归隐山林的意向，
"若余之不才，贪恋微禄于辇谷之下，眷焉乡邑，实迹兹山。于是及其强
健，乞身以去，托迹烟霞水石、孤迥寂寥之地，则隐者之称宜归于仆"③，
可见其功名之心并不十分强烈。其次，危素擅长文史，所以元廷用他修
《宋史》、改礼制，至于政治博弈、用兵调将则是他的弱项，一来缺乏相
关的经验，二来受制于政治集团的操控，故而在几次事件中都暴露出他的
政治反应比较迟钝。最后，后世批评危素弃官居房山，谓其"并不甘心，
所以他没有回归乡里，而是在京城住下来以观时变，等待东山再起"④。
实际上当时的情况是，危素的故里——江西临川陷入兵燹，道途阻断一时
无法返回；而且他的妻子儿女皆在身边，两个儿子又在大都做官，因此他
没有必要立即返乡，所以选择留在大都附近。归根到底，危素只不过是一
介文士，不应在政治上对他有过高的期许；相反，唯有把握住其文人属
性，才能更好地理解他在这个时代的活动。

---

① （明）佚名：《秘阁元龟政要》卷3"至正二十一年十二月戊辰"条，《四库全书存目丛
书》第13册，齐鲁书社，1996，第287页下。
② 幺书仪：《元代文人心态》，第261页。
③ （元）危素：《雪松隐者图序》，《危太朴文集》卷9，《元人文集珍本丛刊》第7册，第
464页。
④ 幺书仪：《元代文人心态》，第257页。

第三章 危素的社会交往

马克思说，人的本质是"一切社会关系的总和"。历史人物也不例外。危素作为元明嬗替之际的重要人物之一，他的交际网络实际上折射出这一时期社会、政治与文化的鲜明特色，那就是既具有族群的多元性，又包含时代的跨越性。从躬耕金溪到入职清要，从云林山水到金陵风华，可以说危素的一生交游广泛，他通过与不同的社交群体产生互动，来获取所需要或回馈所拥有的资源，这便形成了另一条了解危素的重要渠道。他与哪些人有过交往？在交往中他占据主动还是被动？这些交往带给他哪些影响？弄清以上几个问题，即本章的主旨。为了便于分析，我们大致把危素交际圈划分为师辈、官宦、同乡、时贤以及方外之士五个部分，凡所涉及的人物皆以其与危素接触时间的先后进行排列，并划分归属，如曾坚虽是危素的同乡，后又与他同朝为官，但仍认定曾坚的同乡身份，不再列入官宦之交中进行讨论。

第一节　危素与师辈、官宦的交往

一　危素与师辈的交往

危素自幼好学，先后跟随多名先生学习经史，其中一些与他有实际的师徒关系，另一些虽然无师徒之名分，却也以师长的身份给予危素许多帮助，这部分人可以统称为他的师辈。

（一）范梈

范梈（1272～1330），字亨父，又字德机，号文白，临江清江人。他是元中期著名的文人，与虞集、揭傒斯、杨载并称为"元诗四大家"，有《范德机诗集》传世。他曾出仕翰林国史院编修、福建闽海道廉访司知事等职，后辞官归隐，卒于家。虞集《送危太朴序》云："去临川五百里而近有一人焉，清文厉行、立志自信，曰范君德机者，太朴既得而从之。去临川二百里而远又有一人焉，经明道立、为人师表，而曰子吴子者，太朴又得而师之矣。"① 据此可知危素先从范梈学，随后才拜入吴澄门下。根据范梈的履历来看，危素向他问学的时间大致在至治元年（1321）前后，时范改任江西湖东道廉访司照磨，回到江西叙职，吴师道曾说："至治元年，某试礼部，君时为弥封官已，往谒，则已赴江西之宪幕矣。"② 是为佐证。范梈以诗名世，所以危素跟随他学习如何作诗，危素曾言"予年十六七，刻苦学诗"，当在此时。③

范梈教他写诗，并非正襟危坐、耳提面命般的讲授，而是在偕危素赏玩山水之际，随性指点。吴师道《题危太朴所藏诸卷》云："予读范君诗，至'雨止修竹间，流萤夜深至'，洒然异之。闻之太朴曰：'昔与先生秋夜不寐，微步山中，得此句，喜甚。且曰：语太幽，殆类鬼诗，当以他语映带之。'因足成此章。"④ 既可见两人关系之亲密，亦知范梈对危素的有意点拨。尽管时隔不久，范梈又被调任到福建廉访司供职，但他与危素的情谊却未因此而中断，相反更加关心危素的学业，以至于当其见到危素在诗文上有些进步时，就忍不住夸赞一番，如题为《太朴缄至君静清诗读之尉快斯又凋弊之余安得见二杰然者敬叹敬叹一诗寄谢并简君瑞要知于二贤倾倒之至也》者，其诗曰："元丰宗匠是吾师，幽梦江湖每见之。在昔才名真盖代，只今子弟好能诗。六经更待黄麻拟，双剑终因紫气知。

---

① （元）虞集：《送危太朴序》，王颋点校《虞集全集》，第546页。
② （元）吴师道：《题危太朴所藏诸卷》，邱居里、邢新欣点校《吴师道集》卷18，第655页。
③ （元）危素：《刘彦昺诗集序》，《危太朴文续集》卷1，《元人文集珍本丛刊》第7册，第501页。
④ （元）吴师道：《题危太朴所藏诸卷》，邱居里、邢新欣点校《吴师道集》卷18，第655页。

衰疾连秋犹长物，扁舟未到谢相思。"①

　　危素所居云林山，有书房一间，"百家之书列于左右"，范梈尝为其室题铭曰："蝉蜕污浊，龙光牛斗。入此室处，与天者游。"意在告诫他"君子之于学，不可以安乎固陋"，于是这便成为危素"出而从当世之贤豪，以开广其志"的初衷。②虽然危素文集并未存留他与范梈之间的唱和之作，但我们仍能从《范德机诗集》里找到两人往来诗文的痕迹。如《九日和危太朴见贻》云："年年江海上，饮菊对重阳。又复兹辰至，都无少日狂。遥峰栖户碧，败叶拥池黄。只有长生事，于今堕渺茫。"《九日简危太朴》曰："疾风吹细雨，忽忽过阴崖。久喜江山静，新增节序佳。秋声连迥野，冥色起高斋。自得论文侣，中年有好怀。"③皆作于范梈调任福建期间，反映出他们师生之间深厚的感情。后来范梈辞官乡居，危素正值少壮，意欲远游，于是范以诗赠别，诗云：

　　　　危君英妙年，独往志千载。天马出名驹，空行见风采。昨日衔书到空谷，甚欲留之不能得。九月开帆指四明，要逐高秋望瀛海。海水上接天漫漫，世人不知此别难。当君夷山碧屿日，是我对月永夕□。猿狖啼青峦，江树叶飞天。雨霜□江上，吴歈思断肠。窈窕徐家儿与女，却望蓬莱如故乡。君行却向三山望，云雾轩窗六鳌上。东方虽乐，不可以久留，归献仙公白云唱。西过钱塘遇顺风，为拜湖南持斧翁。会稽学士卧云岛，朱弦流水鸣孤桐。道我寄语莫忽忽，送君有情亦如海。海水有尽，别意无终穷。④

①　（元）范梈：《太朴缄至君静清诗，读之尉快。斯又凋弊之余，安得见二杰然者？敬叹敬叹。一诗寄谢并简君瑞，要知于二贤倾倒之至也》，《范德机诗集》卷8，《北京图书馆古籍珍本丛刊》第94册，书目文献出版社，1998，第599页下。

②　（元）危素：《云林图续记》，《危太朴文续集》卷1，《元人文集珍本丛刊》第7册，第490页。

③　（元）范梈：《九日和危太朴见贻》《九日简危太朴》，《范德机诗集》卷5，《北京图书馆古籍珍本丛刊》第94册，第584页。

④　（元）范梈：《望瀛海一首送危太朴之四明兼简廉访邓使君翰林袁侍讲》，《范德机诗集》卷3，《北京图书馆古籍珍本丛刊》第94册，第568页下、569页上。

字里行间不仅洋溢着范梈对危素的称赞，也透露出师生分别时的不舍。惜别之际，范梈还不忘叮嘱危素到四明之后，要去拜谒自己的故交袁桷和邓文原，这亦体现出他对危素的极力提携。正因为受到如此热切的关怀，危素更加珍视这份深厚的情谊。在感到自己将不久于人世后，范梈特地对危素说："世道之卑、士气之陋甚矣，子其勉诸，吾殆将死已。"其卒后只留下两个未及髫龄的儿子，因而他的后事皆由危素操办。危素唯恐先师的事迹被湮没，请吴澄为其撰铭，就连吴澄也感慨："呜呼！亨父诚特立独行人也，而素之高义亦薄俗所稀。"① 足见两人情逾骨肉。

此外，范梈与危素的叔父危功远也有交谊，他曾撰诗云"玉堂学士危与吴"，危即危功远，吴则鄱阳吴全节，② 这说明范梈与危家很早就有来往，此是否亦成为危素拜入范梈门下的契机之一，值得注意。另外，我们尽管未能从袁、邓的文集中找到危素奉命前往拜谒的文字，不过袁桷与危功远关系密切，两人时常有诗文唱和，因此，或许其与危素也有过交往。

（二）吴澄

吴澄（1249～1333），字幼清，晚号伯清，抚州崇仁人。因其尝建茅舍数椽，人尊称草庐先生。他是元代杰出的理学家，与许衡齐名，时人称"南吴北许"。吴澄历任翰林应奉文字、江西儒学副提举、国子司业、翰林学士等职，著有《吴文正集》《易纂言》《礼记纂言》《春秋纂言》等。前文已提到，危素先拜范梈为师，后来拜入吴澄门下学习。危素谈及他与吴澄如何结下学缘时说："素儿弱冠，以亲命执经座下。"③ 因此，大致可以确定的是，危素投入吴门的时间在至治二年（1322）前后，其时吴澄正赋闲在家。

他起初追随吴澄学习的时间并不长，短短一年后吴便启程赴任翰林学士，直到泰定二年（1325）十二月才返回乡里，④ 这一期间危素则跟从邻

① （元）吴澄：《故承务郎湖南岭北道肃政廉访司经历范亨父墓志铭》，《吴文正公集》卷42，《元人文集珍本丛刊》第4册，第23页。
② （元）危素：《先天观诗序》，《危太朴文集》卷9，《元人文集珍本丛刊》第7册，第469页。
③ （元）危素：《临川吴文正公年谱序》，《危太朴文续集》卷1，《元人文集珍本丛刊》第7册，第496页。
④ 参见袁冀《元吴草庐评述》，文史哲出版社，1978，第80～82页。

近的诸位先贤游学，以继续学业。相比范梈与危素的关系，吴澄对待危素则显得没有那么亲密，这一点在吴澄文集里有表现。他未尝与危素有过诗文酬唱，仅在几处文字里提到危素，称其"金溪危素"或"危素"，而不称其字"太朴"，似乎略显生疏。由于吴澄与危素年龄相差甚大，同时也因为危素入门较晚，跟从吴澄学习的时间不长，所以他自然无法与同为吴澄门人的虞集、元明善等地位相提并论。吴澄自泰定三年归乡后一直蛰居家中，未尝出门远游，是以危素再次得到了向吴澄请教学问的机会。吴澄受危素请托所撰《金溪刘君妻吴氏墓志铭》《故承务郎湖南岭北道肃政廉访司经历范亨父墓志铭》，即写成于此时。

根据危素的陈述，他曾跟从吴澄学《礼》："昔事吴文正公学《礼》，得先生《礼记集说》，泊新安陈栎氏所著《礼记解》以问吴公，吴公复书曰：'二陈君可谓善读书者，其说《礼》无可疵矣。'"①"素昔从翰林学士吴先生学《礼》，得所校《大戴礼》，先生曰：'犹幸此书，《夏小正》存焉。然尝患其经、传相混，而注释未详。'"②礼是构成程朱学说的重要内容，危素的学习经历，实际上体现了他对吴澄理学思想的继承，这也是危素官居太常博士、礼部郎中时建言改革礼制的思想来源。

不仅如此，还有许多方面透露出危素对吴澄学说的秉承与发扬，例如吴澄曾建言改革教法，其中提到"凡治经者，要兼通小学书及四书"③，于是危素"其为国子监丞也，捐束修，锓《小学》书及《夏小正经传考》于梓，以惠学者"④。《夏小正经传考》，《夏小正》曾被吴澄诟病文字艰涩，所以危素才有心刻印此书。吴澄尝向张珪推荐总纂辽、金、元三史："又有辽金宋史，先朝累有圣旨纂修，旷日引年，未睹成效。使前代之得失无闻，圣朝之著述不见，恐贻后悔，君子耻之。然非博洽明通，孰得成

---

① （元）危素：《元故都昌陈先生墓志铭》，《危太朴文续集》卷5，《元人文集珍本丛刊》第7册，第546页。

② （元）危素：《夏小正经传考序》，《危太朴文集》卷7，《元人文集珍本丛刊》第7册，第442页。

③ 参见（元）虞集《故翰林学士资善大夫知制诰同修国史临川先生吴公行状》，王颋点校《虞集全集》，第863~864页。亦见（元）危素《临川吴文正公年谱》"至大四年"条，《北京图书馆藏珍本年谱丛刊》第36册，北京图书馆出版社，1999，第342页。

④ （明）宋濂：《故翰林侍讲学士中顺大夫知制诰同修国史危公新墓碑铭》，载罗月霞主编《宋濂全集》，第1461页。

功。本官虽曰年近八十，其实耳聪目明，心清力赡。今不使身任其事，后必追悔无及。近蒙朝廷差官优赐存问，礼意诚厚，然须使当承旨之任总裁，方可成就。所合举以自代，允协舆论。"① 然而这一建议在当时未能获得采纳。危素继承师志，他初入京师便上书右丞贺惟一言修三朝史事，② 果然在次年（至正三年，1343）朝廷便命脱脱为总纂官，开馆修三朝史。可以说在修史方面，危素完成了老师吴澄的夙愿。

危素对吴澄的继承，不仅体现在学术思想方面，甚至他的一言一行都受到了吴澄的影响。如延祐六年（1319）十一月，吴澄寓居濂溪书院，率南北学者百余人祭拜周敦颐墓，此为文林一时之盛况。虽然当时危素并未入吴澄门下，不过事后得老师亲炙，是以作有《过周元公濂溪故宅》诗，序曰："延祐中，先师留此数月。"诗云："圣远已千载，继述良独难。维公出南纪，大道蕲榛菅。济世仰莘挚，斋心师巷颜。知几实至要，浩浩仁义端。故宅俨在斯，素月照溪湍。濯濯菡萏枝，英英秋露溥。恭闻华盖叟，讲学留溪湾。坠绪久无托，令我心慱慱。"③ 他曾如此评价其师吴澄：

> 先生之学弘深缜密，本末具举，使不至擢科从仕，亦足以显其先世。矧参观内外，奉公守法，风节凛然，锡类疏丰，荣及幽壤，犹有待也。读先生绍述其先德并及其所存，详而覆，宜可信矣。④

或许正是因为吴澄非科举出身"亦足以显其先世"，影响危素对科举的看法，所以他在《临川吴文正公年谱序》里批判道："嘉定以来，国是既章，而东南之学者靡然从之，其设科取士亦必以是为宗，其流之弊往往驰

① （元）危素：《临川吴文正公年谱》"泰定三年"条，《北京图书馆藏珍本年谱丛刊》第36册，第356~357页。
② （元）危素：《上贺相公论史书》，《危太朴文续集》卷8，《元人文集珍本丛刊》第7册，第584页。
③ （元）危素：《过周元公濂溪故宅》，《危太朴云林集》卷1，《元人文集珍本丛刊》第7册，第387页。
④ （元）危素：《题吴氏家述后》，《全元文》第48册，第276~277页。

逐于空言，而汩乱于实学，以致国随以亡而莫之悟。"① 叶子奇却不以为然，他说："元末有危素太朴，江西人。游京师，专以倡鸣科举无人才为说，以耸动观听，人多信之……鸣呼，科目虽非古，果不足以得人耶？岂尽如或人之言也。"②

尽管危素出于吴澄门下，其学问与论著却未能与乃师相颉颃，吴澄以理学闻名，危素却以文史知世，这不仅与两人的志趣有关，而且反映出危素跟从吴澄学习时间不长，是以受到其理学训练的机会不多。直到危素遭贬岭北、步入穷途之际，他才以门人身份着手编撰吴澄年谱，年谱《序》末云："素几弱冠，以亲命执经座下，侵寻衰暮，无能发明师训。夙夜畏惕，莫知所云。年谱之成，君子有以悲其志矣。"③ 流露出他对命运多舛的无奈喟叹，再联想到其师浓墨重彩的一生，就越发加重了危素的悲观情绪。

（三）孙辙

孙辙（1262~1334），字履常，号澹轩，抚州临川人。他一生隐遁不仕。"今翰林待制柳公贯提举江西儒学事，礼先生为郡学学师，辞焉。江西行省平章政事全公岳柱、肃政廉访副使暗都剌公、佥事张公荣皆欲致先生，不就。奉使宣抚齐公履谦以遗逸特举先生一人，不报。"④ 尝于家中开馆授徒，危素即前往学习；又与吴定翁、揭傒斯等人相善，有文集二十卷。吴澄曾评价道："孙君履常，有学有行，抚之巨擘，予心所敬畏者也……予虽不能，而自幼好读先汉、盛唐、盛宋诸文人之辞，因履常所作，而幸韩、欧之绪可不坠。"⑤

至治三年（1323），吴澄赴京拜官，危素转而投向同郡孙辙求学，

---

① （元）危素：《临川吴文正公年谱序》，《危太朴文续集》卷1，《元人文集珍本丛刊》第7册，第496页。
② （明）叶子奇：《草木子》卷4下，第82页。
③ （元）危素：《临川吴文正公年谱序》，《危太朴文续集》卷1，《元人文集珍本丛刊》第7册，第496页。
④ （元）危素：《临川隐士孙先生述》，《危太朴文续集》卷7，《元人文集珍本丛刊》第7册，第571页。
⑤ （元）吴澄：《孙履常文集序》，《吴文正公集》卷13，《元人文集珍本丛刊》第3册，第249页上。

"素未弱冠，拜先生床下，而先生知素实深，而训戒之言，犹在耳也"①。孙辙学问功底繁杂，危素称"嗟若先生，惟古是师。赅综百家，皓皓其学。潜心圣经，爰得真乐。智圆行方，外和内刚。动静居处，率履其常"②。他与孙辙有着深厚的师生情谊，两人互有诗文往来，危素曾作《玩鞠华有怀孙履常吴仲谷二先生》"抚时忆贞士，兴怀为咨嗟。采芳欲寄之，念此山川遐"③，及《奉答孙履常先生见寄》"深忆金陵孙处士，远蒙相寄数行书"④，皆为酬唱之作。危素青年时曾赴四明远游，孙辙却劝止弗行，意在警策危素当以务实治学为要。"昔将远游，书来戒止。遗翰盈箱，文辞婉委。弗量芜陋，亦僭有言。诇诇所拒，乃尔欣然。"⑤"遗翰盈箱"一语亦见两人书信往复之频繁。

元统元年（1333），危素家中遭遇官司，他客居郡城，恰好与孙辙为邻，是以两人交往越发亲密："旅寓在邻，无日不至。春分祭祀，枉顾照顾。举尊相属，训谏勤渠。"然时隔仅一年孙辙就弃世归西，为此危素撰有行述与祭文以缅怀恩师，祭文称："别甫逾时，凶问忽达。老成云亡，伫立悲怛。"⑥

（四）祝蕃

祝蕃（1286~1346），字蕃远，信州贵溪人。历任绍兴路高节书院山长、饶州路南溪书院山长、建康路儒学学正、湖广行省掾史、浔州路经历。师从陈苑，是为陆学传人，与李存、舒衍、吴尊光合称"江东四先生"，而四人中首推祝蕃。⑦关于危素非祝蕃门人，前文已有所辨正，此不再赘述。不过祝蕃作为师辈，的确启发危素良多。"先生毅然以斯文自

① （元）危素：《临川隐士孙先生述》，《危太朴文续集》卷7，《元人文集珍本丛刊》第7册，第571页。
② （元）危素：《祭孙先生履常甫文》，《危太朴文续集》卷10，《元人文集珍本丛刊》第7册，第591页。
③ （元）危素：《玩鞠华有怀孙履常吴仲谷二先生》，《危太朴云林集》卷1，《元人文集珍本丛刊》第7册，第384页。
④ （元）危素：《奉答孙履常先生见寄》，《危太朴云林集》卷1，《元人文集珍本丛刊》第7册，第382~383页。
⑤ （元）危素：《祭孙先生履常甫文》，《危太朴文续集》卷10，《元人文集珍本丛刊》第7册，第591页。
⑥ （元）危素：《祭孙先生履常甫文》，《危太朴文续集》卷10，《元人文集珍本丛刊》第7册，第591页。
⑦ （清）黄宗羲撰，魏得良等点校《宋元学案》卷93《静明门人》，第653~654页。

任，其爱人之心不啻如饥渴之求饮食，尝曰：'薄四海之外，人人与闻尧舜之道，是吾愿也。'然改过服善，若决江湖，虽愚夫愚妇，告之以善，即心悦诚受。与学者游，必时询己过。及其当官干实，屹立不回，忧国爱民之志，形于眉睫。"① 这些品性都对危素后来的发展产生了重要的影响。

危素曾"与今德庆路总管府知事杨君季子，访故浔州路总管府经历祝蕃远先生于太原僧舍"，这或许是他与祝蕃的第一次见面，不久又"与祝先生夜宿田家，白云满谷，独闻水声而已"②，可见两人交情发展之迅速，这与祝蕃好礼下士的个性有关，《宋元学案》谓："凡江西之士有志者，先生即引而登之。"③ 是为佐证。危素虽非祝氏的记名弟子，祝蕃却待之甚善："学于祝蕃远之门，称高座，其请业而退也，蕃远必目送之，谓侍者曰：'他日能传吾道而行之者，其斯人也夫。'"④《宋元学案》"蕃远门人"仅录危素一人，属误记，危素与他应是亦师亦友的关系。其实祝蕃有自己的门人弟子，只不过史料阙如，没能留下他们的姓名罢了。危素曾披露这一细节："又明年某月某甲子葬于某乡某原，其门人某等以书抵京师，属素述其始终，请铭当时之君子。"⑤ 而且根据此条材料，也可看出危素与其门人的区别。

祝蕃之师陈苑，字立大，时称静明先生，危素亦从其问学。"素天历、至顺间数拜先生于家，所以启迪训诱，无所不用其情。詹其风采，如孤峰绝壁，莫可得而近也。"⑥ 后受陈苑子嗣之托，撰有《静明书塾记》。至于危素究竟是先与祝蕃还是与其师陈苑结识，囿于材料暂时难以得知，不过可以明确的是，危素与陆学传人保持着十分亲密的关系。

① （元）危素：《上饶祝先生行录》，《危太朴文续集》卷7，《元人文集珍本丛刊》第7册，第574页。
② （元）危素：《云林图记》，《危太朴文集》卷3，《元人文集珍本丛刊》第7册，第416页。
③ （清）黄宗羲撰，魏得良等点校《宋元学案》卷93《静明门人》，第653页。
④ （清）黄宗羲撰，魏得良等点校《宋元学案》卷93《静明门人》，第653页。
⑤ （元）危素：《上饶祝先生行录》，《危太朴文续集》卷7，《元人文集珍本丛刊》第7册，第573页。
⑥ （元）危素：《静明书塾记》，《危太朴文集》卷3，《元人文集珍本丛刊》第7册，第412页。

（五）李存

李存（1281～1354），字明远，又字仲公，饶州安仁人，世称"俟庵先生"。幼时兼修诸名家之学，后拜入陈苑门下，"焚其所著书内外十一篇"，一心钻研陆学，与同门祝蕃、吴尊、舒衍并称"江东四先生"，亦称"西江四先生"，有《俟庵集》三十卷传世。

危素是通过祝蕃才结识李存的，他在写给李存的《墓志铭》中说："素少以文一编见先生云锦山，书其后曰：'子言言如古人，苟求之前乎开辟而未尝古也，后乎开辟而未尝今也。'"① 此事在李存《俟庵集》里有更加详细的记载：

> 危太朴携其诗文自临川来过余，余敬之爱之。间又出祝君蕃远所与帖，其言有曰："驱轻齿肥券内事也。"意若勉其盛年进进于德，毋或有美于世俗之华、口体之末者。而太朴亦自谓："吾志岂在于是。"余曰："太朴之志虽不在是，如祝君所云独不在于欲，以言语文字上下出入古之人耶？"太朴俯且笑，不答。余曰："使言言如古人既美矣，更心心如古人又尽善也。"虽然谓太朴心心不如古人，则亦诬太朴甚矣。但患太朴不求其所以如者尔，苟能一日求之，则其言也非人而忽天。非人而忽天，则前乎开辟而未尝古也，后乎开辟而未尝今也。太朴信之斯，勉之。泰定三年五月二十一日作。②

尽管李存与危素初次相见，但毫不矫揉造作地给出了中肯的意见，可知其为人之真诚。危素前来拜谒，作《投简李仲公甫》请李存指教，③ 李存也答以《次危太朴韵》诗一首，聊表称许之意："客从临川来，气若横太阿。示我古诗文，篇篇秋露荷。"④ 正因如此，危素但凡遇到困惑，皆向李存一一请教，而李存也十分耐心地予以解答。两人虽无师徒名分，却有

---

① （元）危素：《元故番易李先生墓志铭》，《全元文》第 48 册，第 531 页。
② （元）李存：《题危太朴诗集后》，《鄱阳仲公李先生文集》卷 26，《北京图书馆古籍珍本丛刊》第 92 册，第 656 页下。
③ （元）危素：《投简李仲公甫》，《危太朴云林集》卷 2，《元人文集珍本丛刊》第 7 册，第 389 页。
④ （元）李存：《次危太朴韵》，《鄱阳仲公李先生文集》卷 1，《北京图书馆古籍珍本丛刊》第 92 册，第 548 页下。

着超越师徒的深厚情谊。

危素尝问于李存："思曰睿，心官，则思何思也？"李存答道："思，其本无俟于思者尔。"这是一个关乎意识主客观性的唯心主义问题，危素认为意识第一性存在先决条件，这似乎受到朱熹"理在气先"学说的影响；而李存则坚信意识不依赖他物而存在，具有自发性，这便是对陆九渊"心学"的概括。危素并没有全盘接受李存的解释，故而他隐晦地说道："素不敏，始稍窥所得而归事焉。"①后来，危素请李存为其祖危龙友的书房"约轩"作跋，李存借题发挥，大谈"我即天地万物"的思想且云："太朴既能不坠其先人之训，而又肯与吾游，求我之志浩乎其莫之能御。夫如是，则其于处约也何有？"②这或许是李存强加于危素的主观印象，倒有调侃他未能恪守祖志之嫌。事实上，从现存文集来看，危素从未流露过对"心学"的接受与赞许，相反似乎有意避开理学统绪之分，是以其向来"不自言其学之所"③。

危素虽然在学术上与李存的意见有些相左，但这并不影响两人生活中保持着亲密的交往，危素"及远游，数贻书教戒，不敢忘也"④。比如危素甫至京师，客居说学斋，遂向李存求铭，李氏作《说学斋铭》相赠且言："昔危子之行也，征言者一再，卒无以为赠，甚自愧。今不欲复辜其意，敬缀数语以寄勉之。"⑤后来危素分监上都国子学且执教宣文阁，"教戚里大臣子弟"，然而他的这两次教学经历并不愉快，不到一年就转迁他职了，前文已述及。李存得知危素的难处后，赶忙致信开导他：

> 王伯衡归，得所惠书敬审。荣授天恩，分教成均，不胜赞嘉。隆古以来，成人有德，莫此为重。在我者，可不尽心与之？为婴儿徒借径出身，固非士君子之所为。施之夏楚，动用声色，以取乖戾，亦恐

---

① （元）危素：《元故番易李先生墓志铭》，《全元文》第48册，第531页。
② （元）李存：《跋约轩说后》，《鄱阳仲公李先生文集》卷26，《北京图书馆古籍珍本丛刊》第92册，第655页上。
③ （明）胡翰：《送祝生归广信序》，《胡仲子集》卷5，景印《文渊阁四库全书》第1229册，第60页上。
④ （元）危素：《元故番易李先生墓志铭》，《全元文》第48册，第531页。
⑤ （元）李存：《说学斋铭》，《鄱阳仲公李先生文集》卷21，《北京图书馆古籍珍本丛刊》第92册，第628页上。

非宜。但当端竭尽此诚，勤勤恳恳，告之以忠孝，使自敬其身，毋自暴自弃。纵彼不信不听，而吾之此诚，不改不移。人心皆灵，夫岂无万一感悟其间，徒汲汲于口耳之末，何益于朝廷哉？劝勉得几个人才，亦不虚受一命。

　　尊兄今既登仕板，又难同布衣之时，一日肩头上重一日。又要和光同尘，人要不失己、不负平日所学，岂不是难千万？凡百朴实，莫改草莱寒酸、粗衣粝饭，莫妄攀附，莫强追陪，徒自取烦恼增道负。纵得一美，除养廉俸禄亦有限，其间致曲有多少忧危处，非做家私还债负之具也，此是古今儒者断断不易之义。尊兄高明，何待愚言，然离索既久，不敢不告也。

　　又闻续弦已定，想只求清白韦布之家，庶妇子不骄奢，相安千万，毫发不可越分。恃爱已非一日，故敢如此直言，想不责怒。谬文数首录去，求教后便幸批示可否。①

这封书信中，李存首先劝危素放宽心胸，不要因为学生品性不良而影响情绪，做好自己的本职工作即可；其次告诫危素虽已跻身仕途，仍应以勤俭持身，切勿与人攀比追陪、官场斗气；最后表达了对危素一家和睦相安的祝福，而且也为今人考察危素何时续弦提供了一条佐证。书信里同时附上李存的近作，交给危素阅览。待危素转官国史编修后，李存又去信嘱咐：

　　吾曹虽在穷山绝谷间，深知仕宦之难也。苟要慕古如平日所闻，未免取迕致祸；苟但随人徇俗，则失己负所学。故必有时中之道耳，所以书未免切怛渎听也。新春冰泮，官况必佳。区区伤手，至今未能复常，殆废不用矣，舍此无足为知己道者。祝浔州一向杳然无音，所传不一。老拙有诗数首，就此抄呈近作数篇同到，鉴其可否。②

李存一年之中给危素写了两封信，未等回复又寄出一封，足见他对危素生

① （元）李存：《答危太朴》，《鄱阳仲公李先生文集》卷29，《北京图书馆古籍珍本丛刊》第92册，第674页上。
② （元）李存：《与危太朴》，《鄱阳仲公李先生文集》卷29，《北京图书馆古籍珍本丛刊》第92册，第673页下、674页上。

活的关切。虽然信的内容仍以告诫危素为官须谨慎为主，但字里行间却透露出两人深厚的情谊。一方面，即使李存没有做过官，他也把自己对人生的体悟传达给危素；另一方面，李存告诉危素除了自己手伤未能恢复外，其余一切安好，请他不必担心。同时，信中还提到祝蕃"一向杳然无音，所传不一"，说明危素曾来信询问过祝蕃的行踪，亦见危素待人有情有义。其实李存《俟庵集》还有多篇写给危素的书信，如《与太朴前帖》《复太朴危检讨》《又复危太朴书》《又与危太朴》等，这些都反映了他与危素的交游情况，限于篇幅，此不一一讨论。

（六）虞集

虞集（1272~1348），字伯生，号道园，本蜀郡人，侨居临川崇仁。虞集有家学，且为吴澄门生，历官大都路儒学教授、国子助教、集贤修撰、翰林待制、奎章阁侍书学士，曾领修《经世大典》。顺帝即位后，虞集遂以病告还，至正八年（1348）卒于家。虞集留有《道园学古录》《道园遗稿》等著作，因负文名，与揭傒斯、杨载、范梈并称"元诗四大家"。

虞集与危素有着颇深的渊源，他不仅与危素同为吴澄弟子，而且"其交游尤厚者，曰范梈"①。更重要的是，虞集曾娶金溪危氏女子为妻。"金溪危府君之夫人欧阳氏也，为庐陵名族……夫人有子男一人，即昇。女四人，长适奎章阁侍读学士虞集，次适洪某、艾某、傅某。"② 金溪危氏向来支脉单薄，虞集所娶危氏女必当危素族亲，并且虞集还与危素的叔父危功远关系密切，他在《道士危亦乐并序》里说道："往年，亦乐之从父曰虚室君，与予最相善。虚室归江南，予尝送之曰：落花如海思归夜，剪烛裁诗又送君。"③ 后又作《挽危公［功］远道士》一诗。④

虞集文集中保留了多首他写给危素的诗，如《清明山房诗为危太朴作》："据会观往来，生死何足患？妙哉太朴子，难为世上言。"⑤《次韵危太朴［良友对何仙舟］读书山中见怀》："美人百里内，邈若隔山河。

---

① 《元史》卷181《虞集传》，第4182页。
② （元）黄潜：《危母欧阳氏墓志铭》，王颋点校《黄潜全集》，第580页。
③ （元）虞集：《送道士危亦乐并序》，王颋点校《虞集全集》，第169页。
④ （元）虞集：《挽危公远道士》，王颋点校《虞集全集》，第172页。
⑤ （元）虞集：《清明山房诗为危太朴作》，王颋点校《虞集全集》，第18页。

兴怀贻好音，缊藉三春花。报言慎芳岁，卷石崇巍峨。"① 此二首是对危素勤学好思的赞许与鼓励。后来方壶子为危素作《云林图》，虞集也赠诗《云林图》一首："云林之高峰，可望日出海。君子居其间，旦夕餐沆瀣。三年毛骨换，九载神色改。翩然升云去，鸾凤翳五彩。山中有神药，服食多所采。寄语学仙子，伫立以相待。"② 平日里虞集常赠诗危素，告诉自己的近况，如《自题为危太朴作》："大地微尘海一沤，取之无用弃无由。日高睡觉还闻鸟，雨足归来但牧牛。冠带衣裳明日月，陶匏木石老春秋。何人写此闲中意？独立晴空咏未休。"③ 危素有友葛子熙，因家贫欲往吴越贩碑，于是他托危素请虞集为其赋诗，虞集欣然允诺，且言"因题此诗赠子熙，兼寄众仲提学，亦欲故人知吾得太朴也"，可见两人交情极深。诗四首云：

> 子熙养母极艰辛，驰走东西又几春。我欲相留田舍近，白云不足疗清贫。
>
> 汉唐妙刻出长安，谁赠茅容具晓餐。应有醉翁方集古，千金不惜买琅玕。
>
> 浙都提学三年别，我向山中每梦之。定是尽抛书卷却，绿杨红杏乐清时。
>
> 流泉窈窕窗中画，梼杌萧条袖里书。太白山深空积雪，蓬莱海阔自晴虚。④

豫章杨显民，也是危素的好友，曾通过危素向虞集求教诗文得失，事见虞集《杨叔能诗序》。

但凡危素前来求文，虞集皆有回应，如撰写墓志铭、序文等。同时，这些往来的文字，也透露出许多重要的信息，如《贞节集序》言："危君

---

① （元）虞集：《次韵危太朴［良友对何仙舟］读书山中见怀》，王颋点校《虞集全集》，第18页。
② （元）虞集：《云林图》，王颋点校《虞集全集》，第38页。
③ （元）虞集：《自题为危太朴作》，王颋点校《虞集全集》，第145页。
④ （元）虞集：《葛子熙欲往吴、越售长安诸碑，以危太朴书来求诗。书尾余空尚多，佳纸极宜于书，不忍劙绝之，因题此诗赠子熙，兼寄众仲提学，亦欲故人知吾得太朴也四首》，王颋点校《虞集全集》，第259~260页。

其里人，计其当与夫人之子相上下，是以得叙其详焉。士君子之言，贵乎有当也如此，而太朴介绥以来，使予识之，岂非以其尝待罪国史，书事故其职也……然而余之去官久矣，不敢辄刻诸简，太朴方修郡志，取而刻之，不亦可乎。"① 这反映出危素尚未出仕以前，就十分关心史志的保存。又如虞集所作《孝女赞并序》，也是由危素向他提供材料而写成的，李存《又复危太朴书》亦言及危素求其作《孝女传》事，看来危素着实对地方史志和树立风教非常用心。

虞集曾如此评价危素："传言：善养民者，必曰如保赤子。心诚求之，不中不远矣。若思顺保赤子于疾疢而数中焉，不以诚求之，而能若是乎？孙先生郡之师表，既亟称之。危太朴勤敏忠厚，好学之士也，又往从学焉。则思顺世学，岂他人所可及哉？"② 后来危素远游金陵，虞集赠有《送危太朴序》；危素对虞集也是情谊绵长，除了珍藏虞集生前的手书外，还保留虞集的画像，时常瞻仰缅怀。③

（七）柳贯

柳贯（1270~1342），字道传，婺州浦江人。师从金履祥，仕至江西等处儒学提举、翰林待制、国史院编修官。柳贯门人戴良、宋濂搜集遗稿，编成《柳待制文集》传世，柳贯与虞集、黄溍、揭傒斯合称"儒林四杰"。柳贯任江西儒学提举时，危素以诸生身份前往拜谒，"凡训诱奖励者久而弥笃"④，由此得以结交。

危素前来请教文法，柳贯亦不避嫌，中肯地提出自己的意见，两人互相切磋，往往旬日而终。执别之际，柳贯流露出对危素文采的嘉许："吾闻古作者，严严垂典式。履正有夷途，胡行犹适埴。韩公起扶衰，文字欲

---

① （元）虞集：《贞节集序》，王颋点校《虞集全集》，第602页。
② （元）虞集：《跋黄思顺医说后》，王颋点校《虞集全集》，第440页。
③ 参见（元）陈旅《跋危太朴所藏曾、王、虞三公诗文》："右曾文定公拟□台记、王文公诗、奎章阁学士虞公所制文定祠记，三者又皆虞公手书。虞公蜀人，今家临川，文学与曾、王两公相望，而此卷实具有之。呜呼！美矣。太朴宜与曾氏子孙求贞石，使吴中石工并刻之，临川有荣观焉。"（王颋点校《虞集全集》，第1261页）（元）苏天爵《虞文靖公真赞并序》："故蜀国文靖虞公，以硕学雄才际遇文皇帝，师表海内。伯衡每诵其文，未尝不想见其人。兹幸从危翰林素得公遗像而拜焉，既命公摹写，遂为之赞。"（王颋点校《虞集全集》，第1307页）
④ （元）危素：《柳待制文集序》，《危太朴文集》卷9，《元人文集珍本丛刊》第7册，第463页。

适职。取新非厌常，通变由知易。衰迟岂复进，侲子坚吾壁。"① 分隔日久，柳贯还作诗寄赠危素，谈自己对作文的体悟："玉树瑶华不数人，更从竹箭得苍筠。文章酝藉心无累，山水娱嬉笔有神。唤起瞽蒙陈啴缓，洗空盆盎出清醇。两雄岂敢当韩孟，但喜龙云入梦亲。"② 自柳贯受代东归以后，危素曾向其索稿留念，此事见诸《自题钟陵稿后》："临川学者危太朴谓余有一日之长，赢粮菲屦，忽肯来觊，留连旬余，请出余卷而诵之，乃独有会于心，手抄以实归橐，言将置之云林山房，以与厌常嗜古者共之。"③ 可见危素对柳贯文学的倾心。

柳贯与范椁相善，得知危素乃范之弟子，便嘱托其代为传诗，如《送太朴往临江谒德机应奉因而代简》："夫子高居百丈山，四方学者望承颜。今君独往初闻道，昔我连栖屡扣关。白璧成双开缫藉，黄金论镒铸刀环。端来定价咸阳市，不换龙文与虎斑。"④ 危素深念其师范椁与柳贯的情谊，因而在范与世长辞之际，危素即刻将讣闻带给了柳贯，于是柳作《太朴自临川致书深悼德机之死于是复土一周星矣》一诗："江右缄书昨寄将，范家坟草又新霜。即今已远人间世，微尔谁宜地下郎。只有清诗传警策，更无真字发飘扬。天乎幸使山儿慧，穮蓘犹堪卜岁穰。"⑤ 感慨故人之逝。

柳贯与危素常有书信往来，其中内容多涉及谈学论道，主要是柳贯对危素文学上的点拨，如《答临川危太朴手书》曰：

> 比数十年，学者大抵有自利之心，而志日益卑，道日益远。夫其自利之心，根着于中，则未得谓得、未至谓至，自高者耻于问，自多者耻于求。而若剽掠纤碎、缘饰浅末，已足以雄夸于制作之林，而为猎取名爵之资矣，无惑乎颓败委靡而莫之振起也。独吾友捐弃俗学，

---

① （元）柳贯：《危太朴自金溪来访留馆兼旬因归有赠》，柳遵杰点校《柳贯诗文集》，浙江古籍出版社，2004，第 9 页。

② （元）柳贯：《寄太朴》，柳遵杰点校《柳贯诗文集》，第 106 页。

③ （元）柳贯：《自题钟陵稿后》，柳遵杰点校《柳贯诗文集》，第 377 页。

④ （元）柳贯：《送太朴往临江谒德机应奉因而代简》，柳遵杰点校《柳贯诗文集》，第 103 页。

⑤ （元）柳贯：《太朴自临川致书深悼德机之死于是复土一周星矣》，柳遵杰点校《柳贯诗文集》，第 107 页。

一意古初，谓不肖颇尝涉迹，于是乃肯过相推予，将以质其所疑，证其所闻，而为求端用力之地。此在不肖，固当竭其单智、鼓其盛气，以进吾友于光明博大之域。而环顾其中，不无瓶罄罍耻之患，甚自恧焉。盖学以致夫道，群圣人载道之言具于经可见已。古之人所以底至于道者，亦曰尊闻行知，而不敢以吾一己之私，系累于其间耳。

区区愚虑，比见钟陵时已略陈之，今信道如吾友，笃志如吾友，愿一求之群圣人之经，以端其本，而参之以孟、荀、杨、韩之书以博其趣，又翼之以周、程、张、邵、朱、陆诸儒先之论以要其归，涵养益密、识察益精，则发之文章自然极夫义理之真，形之歌咏自然适夫性情之正矣。切不可模仿今人，以日沦于洿下而莫之救也。顾不肖日勉之而未至，辄复进之吾友，吾友以为如何？①

可以说，这篇文字里既包含了柳贯语重心长的教诲与提携，也寄托了他对危素的殷切希望。在柳贯心目中，危素的将来不可限量。关于这一点，他在《金溪羽人查广居墓表》中亦有所表露："初与君同为诗者危素太朴，后与君上下颉颃者王渐玄翰、揭车子舟，余最善是四人，以为江右后来之秀。"② 危素也对柳贯评价极高："先生少历游前代遗老之门，该综百氏，根极壸奥，故其文雄浑严整。长于议论，而无一语蹈陈袭故，盖杰然于当时也。"③ 两人惺惺相惜，可谓情谊深长。待柳贯逝去后，其丧事也是由危素等人一起操办的，《故翰林待制承务郎兼国史院编修官柳先生行状》曰："省台枢府而下，皆来归赙，馆阁之士至于洒泣。集贤大学士吴公直方、国子博士吴公师道与经筵检讨危公素，共经纪丧事。御史中丞张公起岩在成均为同僚友，至是哭之尤哀。"④

二 危素与官宦的交往

自至正二年（1342）入仕以来，危素在元、明任官达二十五年之久，

---

① （元）柳贯：《答临川危太朴手书》，柳遵杰点校《柳贯诗文集》，第278、279页。
② （元）柳贯：《金溪羽人查广居墓表》，柳遵杰点校《柳贯诗文集》，第262页。
③ （元）危素：《柳待制文集序》，《危太朴文集》卷9，《元人文集珍本丛刊》第7册，第463页。
④ （明）宋濂：《故翰林待制承务郎兼国史院编修官柳先生行状》，载罗月霞主编《宋濂全集》，第120页。

与许多知名文人儒政都有往来，其中许多僚友还对危素的升迁有所帮助。他们或者慕名前来结识，或者与危素有着间接的关系，工作上互相扶持，生活中又常常联袂出游，如此则形成了危素在官场的朋友圈子。实际上，在这个圈子里有许多重要的少数民族人物，他们不但与危素私交甚密，而且还极力提携危素。遗憾的是，这些人大多没有留下文集，而危素本人的诗文中又鲜有提及，因而暂时无法对他们展开深入的讨论。

（一）揭傒斯

揭傒斯（1274～1344），字曼硕，号贞文，龙兴富州人。少好学，有文名，经程钜夫、李孟等名臣的引荐，由布衣擢为翰林国史院编修，仕至应奉翰林文字同知制诰等官，曾参修《经世大典》，并总裁三史的编纂。揭傒斯的诗文，由其门人燮理溥化整理成《揭文安公集》传世，揭傒斯与虞集、柳贯、黄溍合称"儒林四杰"。

危素甫入京师，便受到揭傒斯的款待。危素无处落脚，翰林承旨朵尔直班筑室以居，"学士清江揭公扁之曰'说学斋'"①。当时朝廷初开经筵，首推揭傒斯兼经筵官，"微辞奥义，率属公订定，然后以进"②，危素以经筵检讨入仕，则揭傒斯是其直属长官。而且危素与揭车子舟相善，两人曾连舍而居，揭车子舟乃揭傒斯从孙，③ 固揭傒斯对危素照顾有加。

危素尝从揭傒斯扈从北巡，途中偶有诗文唱和。《李节妇诗序》曰："素以职业在经幄，从翰林侍讲学士揭公扈从滦阳。客有以李君卿妻孟贞节为言者，揭公为之赋诗，而一时诸君子相继有作，素亦赋焉。"④ 其诗虽已不可见，不过揭傒斯的文学水平却给危素留下极深的印象。"当此之时，国家承平，以文物相尚，名人巨公，毕集辇下。虽一诗之出，必各极其所长，期于必传而后已。故范公与太史浦城杨公仲弘、豫章揭文

---

① （元）李存：《说学斋铭》，《鄱阳仲公李先生文集》卷21，《北京图书馆古籍珍本丛刊》第 92 册，第 628 页上。

② （元）黄溍：《翰林侍讲学士中奉大夫知制诰同修国史同知经筵事追封豫章郡公谥文安揭公神道碑》，王颋点校《黄溍全集》，第 684 页。

③ 参见（元）危素《书清阿阁临兰亭序后》，《危太朴文续集》卷9，《元人文集珍本丛刊》第 7 册，第 587 页；《富州蠲金纪事》，《危太朴文续集》卷10，《元人文集珍本丛刊》第 7 册，第 594 页。

④ （元）危素：《李节妇诗序》，《危太朴文集》卷7，《元人文集珍本丛刊》第 7 册，第 445 页。

安公之诗，皆作于布衣之时，其后虽为显人，今读其诗，亦非率尔而为者。"①

危素以揭傒斯故吏自居。揭傒斯辞世以后，危时常想念，遂作《祭揭侍讲文》以申哀恸，其文亦道出两人之交谊："素生邻郡，未亲风标。知己最早，扬言百僚。宦学京师，遂忝僚属。接以谦冲，视犹骨肉。两扈大驾，关山迢迢。居庸蓐食，赤城联镳。乃议修史，意见不同。谠言交进，公听为公。历告宰臣，纪述甚夥。编摩轶遗，匪素莫可。奉使南迈，执别玉堂。惊闻凶讣，适抵鄱阳。爰候归棺，章江之上。复命事严，临风悲怆。幽明邃隔，岁历二期。缄辞絮酒，万里告哀。"② 揭傒斯不仅待危素十分亲切，而且在工作上也极力扶持他，比如修三史时揭傒斯便上奏，请求朝廷遣危素前去各地搜集史书，这对危素的仕进有很大的帮助。

（二）黄溍

黄溍（1277～1357），字晋卿，一字文潜，号日损斋，婺州义乌人。延祐二年（1315）中进士，授台州路宁海县丞，后入为应奉翰林文字、同知制诰兼国史院编修，除翰林直学士、知制诰同修国史、同知经筵事。黄溍在元代文学史上享有重要的地位，著有《金华黄先生文集》《日损斋笔记》等，门人显者有宋濂、王祎。

危素所撰黄溍《神道碑》概言两人之交游情形："素宦学京师，辱公为知己。公入直翰林，素为供奉，同日命下。及迁宣文阁授经郎，从公于经筵。有诏修后妃、功臣传，素复为供奉，从公于史馆，居则同巷。"③ 从中可以看出两人有许多交集，而且朝夕相处，关系自然十分密切。危素时常求文于黄溍，黄溍也有求必应，非常慷慨答允他的请求，为其写成《赠太常博士危府君墓志铭》《奉训大夫瑞州路总管府判官致仕黄公墓志铭》等文，在察觉危素曾祖危炎震墓铭中的讹误后，遂撰《跋危公墓志铭》订正之。

---

① （元）危素：《先天观诗序》，《危太朴文集》卷10，《元人文集珍本丛刊》第7册，第469页。

② （元）危素：《祭揭侍讲文》，《危太朴文续集》卷10，《元人文集珍本丛刊》第7册，第591页。

③ （元）危素：《大元故翰林侍讲学士中奉大夫知制诰同修国史同知经筵事赠中奉大夫江西等处行中书省参知政事护军追封江夏郡公谥文献黄公神道碑》，《危太朴文续集》卷2，《元人文集珍本丛刊》第7册，第512页。

危素钦佩黄溍的文才，他曾拜读黄溍《日损斋初稿》并作跋，文中赞道："素至京师，尽得其文而读之，爱其雅畅深密，而讨论精核，盖及于古矣。"① 黄溍也很欣赏危素，称其"博学而有文，间出游京师，一日隐然名动公卿间，莫不交口荐誉之"，且与之"有平生之雅"，② 以至于"尝举酒相属曰：'我死，子其铭吾墓。'"③ 足见两人交情之深。

（三）贺惟一

贺惟一（1301~1363），字允中，赐蒙古名太平，京兆鄠县人。初袭父职，为虎贲亲军都指挥使，历仕工部尚书、上都留守同知、左丞相，尝预修宋、辽、金三史，为总裁官。有元一代，汉人出任丞相者仅二人，其一即贺惟一。

至正二年（1342），朝廷任贺惟一为中书右丞，着手主持"至正更化"。贺惟一爱惜人才，"平生好访问人才，不问南北，必记录于册，至是多进用之"④，时危素初任经筵检讨，于是借机向贺惟一上书言修史事："阁下生于阀阅之门，而以才识卓异、德望渊重进位凝丞，海内属望……阁下诚一言及于此，当无有拒而不纳者。素鄙贱士也，尝望阁下之门墙，阁下忘其势分之尊，待以礼意之厚，故不避僭逾，辄以史事私告于执事者。"⑤ 信中不仅流露出对贺惟一的钦敬之情，亦希冀贺惟一能践行修史一事。果不其然，"辽、金、宋三史久未克修，至是太平力赞其事，为总裁官，修成之"⑥。由此可见，贺惟一并未嫌弃危素出身低陋，反而虚心地采纳了他的建议。

贺惟一待危素礼遇优渥，而且在位期间极力提携危素，这一点可以通过对比两人的履历变动体现出来。至正七年（1347），贺惟一由平章政事升为左丞相，主持修后妃、功臣列传，于是把危素调回翰林院参与修传，

① （元）危素：《日损斋初稿跋》，《全元文》第 48 册，第 273 页。
② （元）黄溍：《赠太常博士危府君墓志铭》，王颋点校《黄溍全集》，第 467 页。
③ （元）危素：《大元故翰林侍讲学士中奉大夫知制诰同修国史同知经筵事赠中奉大夫江西等处行中书省参知政事护军追封江夏郡公谥文献黄公神道碑》，《危太朴文续集》卷 2，《元人文集珍本丛刊》第 7 册，第 512 页。
④ 《元史》卷 140《太平传》，第 3369 页。
⑤ （元）危素：《上贺相公论史书》，《危太朴文续集》卷 2，《元人文集珍本丛刊》第 7 册，第 584~585 页。
⑥ 《元史》卷 140《太平传》，第 3368 页。

且其出力尤多。至正十七年到二十年，贺惟一复为左丞相，时危素居礼部尚书。"时乱将亟，公忧之，每陈得失无隐。丞相贺惟一曰：'君向寡言，今又何多也？'公曰：'时危恩重，情岂能默默。吾不敢畏丞相，但畏后世史官耳。'"① 时隔一年，危素便受命为参议中书省事，参与到朝政的决策当中。不过尽管贺惟一很看重危素，但两人一直保持君子之交，所以当皇太子党着手打压贺惟一势力时，危素才能幸免于祸，否则便会落得成遵、赵中屈死狱中的下场。

（四）欧阳玄

欧阳玄（1283～1357），字原功，号圭斋，祖籍庐陵，生于浏阳州，乃欧阳修后人。少年好学，经史百家靡不究研，延祐二年（1315）赐进士出身，授岳州路平江州同知。历官国子监丞、翰林待制、侍讲学士、学士承旨，兼国子祭酒，尝修四朝实录、《经世大典》，又总裁三史编修，论、赞、表、奏皆出其手，有《圭斋文集》传于世。

危素与欧阳玄相识于史馆，两人史观多有相合之处，且欧阳玄为三史总裁官，他认为："修史之要……是犹作室，在于聚材择匠，聚材则先当购书，择匠则必遴选史官。"② 于是朝廷用其言遣使购书，危素即在购书使者之列。欧阳玄没有子嗣，过继来的侄子也先他而去，是以他对年轻的才俊很有感情。危素曾言："素宦学京师，尝从公于史馆，晚辱与进尤至，谓可以承斯文之遗绪。"③ 可见他对危素满怀期待。欧阳玄以文学见长，危素则兼通书法，两人多有合作，由欧阳玄撰文、危素书丹而成的碑铭屡见于文献，如《元妙观碑》、蒲城《义民王理墓碑》、江陵《九老仙都宫碑》等。在危素心目中，欧阳玄"文章道德，卓然名世，引拔善类，赞化卫道，黼黻治具，与有功焉，于是中外莫不敬服"④，是一位值得尊敬的前辈。欧阳玄死后，危素担心他的事迹就此湮灭，于是广搜材料，旁

---

① （明）宋濂：《故翰林侍讲学士中顺大夫知制诰同修国史危公新墓碑铭》，载罗月霞主编《宋濂全集》，第 1462 页。

② （元）危素：《大元故翰林学士承旨光禄大夫知制诰兼修国史圭斋先生欧阳公行状》，《危太朴文续集》卷 7，《元人文集珍本丛刊》第 7 册，第 564 页。

③ （元）危素：《大元故翰林学士承旨光禄大夫知制诰兼修国史圭斋先生欧阳公行状》，《危太朴文续集》卷 7，《元人文集珍本丛刊》第 7 册，第 565 页。

④ （元）危素：《大元故翰林学士承旨光禄大夫知制诰兼修国史圭斋先生欧阳公行状》，《危太朴文续集》卷 7，《元人文集珍本丛刊》第 7 册，第 565 页。

征博引，撰成《行状》一篇，以供后世史官采撷，《元史·欧阳玄传》即在该《行状》基础上编成。

（五）苏天爵

苏天爵（1294～1352），字伯修，世称"滋溪先生"，真定人。其父苏志道为官有惠政，是以天爵入国子学，释褐授从仕郎、大都路蓟州判官。后升为翰林国史院典籍官、应奉翰林文字，擢江南行台监察御史，迁翰林待制、大都路都总管、江浙行省参知政事。苏天爵乃吴澄门人，"为学博而知要，长于纪载……为文长于序事，平易温厚，成一家言，而诗尤得古法"[1]，著有《国朝名臣事略》《元文类》《滋溪文稿》《松厅章疏》《春风亭笔记》等。

苏天爵与危素在官场上交集不多，至正二年（1342），苏天爵拜湖广行省参知政事，由此离开了京师；而此时危素随同张起岩甫至大都，用大臣荐方入仕途。迟至至正四年，朝廷召苏天爵为集贤侍讲学士兼国子祭酒，这时他们才有机会在大都会面。苏天爵曾为危素出示的《孝女赞》作跋，且称"危君又能表诸文辞，俾好功献利者闻之，庶有警焉"[2]，在一定程度上肯定了危素的记史之功。

危素初至京师，便前往拜谒苏天爵，其作《与苏参议书》道出了两人的交谊：

> 素曩者得阁下之文而读之，缜栗而温润，委曲而渊深，而又旁稽乎百家之言，上求乎历代之故，信乎其一代之能言者也。故始来京师，首诣阁下之门。阁下忘其高明，接以谦抑，此其志有在此不在彼也。阁下之官累迁而位日显，素鄙且贱，不敢数烦阍人，况敢以文字自见，诚惧夫以趋走者同鄙薄也。今者阁下命书其文以献，阁下之意则盛矣。素于文虽未尝能自立言，然与世酬酢者，尚存其二三，谨缮写为一卷通于下，执事进而教其不及，是所望于阁下也。[3]

---

[1] 《元史》卷183《苏天爵传》，第4226页。

[2] （元）苏天爵：《跋金溪葛孝女赞》，陈高华、孟繁清点校《滋溪文稿》，中华书局，2007，第481页。

[3] （元）危素：《与苏参议书》，《危太朴文续集》卷8，《元人文集珍本丛刊》第7册，第583页。

苏与危素有同门之谊，自然殷勤待之，还嘱咐危素呈上自己的文章，明显有提拔之意。尽管后来两人官职有别，长期未曾会面，不过他们却曾共同约定："吾二人辱虞公之知，盍各求其遗文，他日合为全书，庶几不至散佚，可以谊吾党之责。"① 反映出两人结交深契于心。

（六）余阙

余阙（1303～1358），字廷心，又字天心，世称"青阳先生"，唐兀氏，生于庐州。元统元年（1333）进士，官至淮南行省左丞。至正十八年（1358）因抗敌不力，兵败自杀，追谥忠宣。余阙曾参加三史编修，著有《青阳集》。

危素与余阙始识于史馆，待三史修成后，至正六年（1346），危素分教上都，时余阙迁至监察御史，作有《送危应奉分院上京》以赠别，其诗云："峡路传清警，金舆夹彩旄。还如向姑射，讵比幸甘泉。苑树纷成幄，关榆始委钱。从臣偏宠近，载笔幔城边。"② 及危素受代还京，余阙又奉命南行，虽然两地分别，但二人亦有书信往来。余阙曾感谢危素代为关照己友赴京远游，且叙及当年情谊，文曰："史馆两得从游，岂胜荣幸！区区南行，又辱盛钱，尤其感烈也。乡暑，伏想文菀优游雅候，动履多福，良慰良慰。友人赵子章北上观光，谨此附谢。子章有学而能诗佳士也，得公眄睐，当价增之倍矣。"③ 所谓"史馆两得从游"，指他们曾先后共事参修三史、后妃功臣列传。

至正十五年（1355），危素以廉访使的身份前往淮南考察，"当是时，淮东西皆陷，独安庆岿然存"④，这是余阙率兵顽强抵抗的功劳，所以危素"上淮西宣慰使余阙捍贼功状，请升其官秩"⑤，后来余阙果然获得"论功，拜江淮行省参知政事，仍守安庆"⑥。不过危素也颇为老友担心，其时安庆孤悬，余阙随时都有可能面临牺牲；而朝廷忙于内乱，自顾不

① （元）危素：《道园遗稿序》，《危太朴文续集》卷1，《元人文集珍本丛刊》第7册，第497页。

② （元）余阙：《送危应奉分院上京》，《青阳先生文集》卷1，《四部丛刊续编》景明本，第10页a。

③ （元）余阙：《与危太朴内翰书》，《青阳先生文集》卷5，《四部丛刊续编》景明本，第7页b。

④ （明）宋濂：《余左丞传》，载罗月霞主编《宋濂全集》，第247页。

⑤ （明）宋濂：《故翰林侍讲学士中顺大夫知制诰同修国史危公新墓碑铭》，载罗月霞主编《宋濂全集》，第1462页。

⑥ 《元史》卷143《余阙传》，第3427页。

暇，因而他借机劝余阙弃守安庆入翰林，然而"阙以国步危蹙辞不往"①，最终成全忠节。危素与余阙情深谊笃，虽然入明时一存一殁，且待遇不一，但后之好事者以素"守余阙庙"耸动观听，则不足凭信。

（七）张翥

张翥（1287～1368），字仲举，晋宁人。师从李存、仇远，至正初用大臣荐召为国子助教，后历任翰林直学士、侍读学士，兼国子祭酒，且参修三史。张翥"长于诗，其近体、长短句尤工。文不如诗，而每以文自负"②。所作诗文甚多，不过朝代鼎革以来仅存三卷，合为《蜕庵集》，又撰有《忠义录》，专记兵兴之后死节死事之人。

危素在入仕前就与张翥有过接触。危素曾远游金陵，恰逢张翥亦在其间，宋濂《净慈禅师竹庵渭公白塔碑铭》言："初科第一人张公起岩来为中丞，尤号最厚，翰林承旨张公翥、中书左丞危公素，时尚布衣，亦往来乎其中。"③ 不仅如此，两人还借由李存的关系而互有往来，但凡李存偶有新作，便请二人过目示正。他曾对危素说："不肖数篇谬文，甚欲求去取于仲举。""况吾太朴所见，或有少称盛意稍合舆论者，幸示其目，庶凭以去取仲举。相会之际，幸致此意。又况仲举在吾邑时多有倡和，今皆无稿，或有所收者，并幸抄示晤对。"又对张翥言："区区平日数篇谬文，以无写手，不能尽录。太朴处有数篇，今再附去续藁，相会千万商榷，或有可以存示后人者留数篇，不然尽以覆瓿可也。"④ 希望两人能对自己的文章提出真知灼见，无形中也加深了他们的交往。

闲暇之际，危素与张翥共同出游，且互赠诗文，如《九月八日陪危太朴偕梁九思游南城三学寺万寿寺》诗云："南城多佛刹，结构自辽金。旁舍遗民在，残碑好事寻。雨苔尘壁暗，风叶石床深。一饭蒲团了，萧萧钟磬音。"又："休日得连骑，高秋天气新。楼台惟见寺，井里半成尘。

----

① 《元史》卷143《余阙传》，第3429页。
② 《元史》卷186《张翥传》，第4285页。
③ （明）宋濂：《净慈禅师竹庵渭公白塔碑铭》，载罗月霞主编《宋濂全集》，第1435页。
④ 参见（元）李存《复太朴危检讨》，《鄱阳仲公李先生文集》卷28，《北京图书馆古籍珍本丛刊》第92册，第670页；《通张仲举》，《鄱阳仲公李先生文集》卷29，《北京图书馆古籍珍本丛刊》第92册，第674页。

坏庙鬼无主，荒丘狐化人。千龄共须尽，回首一伤神。"① 《北山禅房次危
太朴韵》曰："一箪小寄青莲宇，尺土巍临白玉京。名药晒庭分草木，好
诗书壁杂真行。劫尘息后心源净，僧腊高来颔雪生，我住巷南师巷北，相
过谈到暮钟声。"② 北山，即大梓僧人。

二人共事太常以后，"时翰林承旨张公翥为博士，礼文有阙者同补正
之，人称为'双璧'"③，乃贤遂作诗云："南宫夜直拥青绫，二妙容台喜
共登。瑚琏久知清庙器，阶衔联署玉壶冰。后来博士如公少，今日先生自
此升。见说圜丘将大飨，百年礼乐正当兴。"④ 两人既有斯文之好，又皆
颇具文名，同擢太常博士，于是传为一段儒林佳话。

（八）张以宁

张以宁（1301～1370），字志道，号翠屏山人，古田人。泰定四年
（1327）中进士，授黄岩判官，至正中复征至国子助教，累迁翰林侍讲学
士、知制诰兼修国史。张以宁"有俊才，博学强记，擅名于时，人呼
'小张学士'"⑤，著有《翠屏稿》《淮南稿》《南归纪行》《安南纪行集》等。

张以宁与危素曾共事翰林，后危素升为参知政事，依然与张以宁保持
良好的关系。他曾委托以宁作《苦学斋记》。所谓"苦学斋"者，脱胎于
"说学斋"也，其文曰："今中书参知政事临川危先生之始游于京师也，
寓迎阳之里，名斋居之室曰'说学'，而学士揭文安公记之。时岁行至元
之戊寅，今廿又五年矣，更以苦学为之名，且命晋安张以宁为之记……先
生持既成之学，出而仕盛治之朝，遇知于君相，致位于丞弼，举四海一世
之人物而陶铸之，盖有大于'有朋自远方来'之乐，而无愧于教育英材
之乐也久矣。始之命名，人固谓先生之已谦；今之易其名，人又谓先生之
愈谦。然区区之见，窃独以谓先生之谦固也，而先生非苟为谦而已也……
今先生仕优而益学，固儒者之所幸见而喜称，而况学颜之学，希颜亦颜，

---

① （元）张翥：《九月八日陪危太朴偕梁九思游南城三学寺万寿寺》，《蜕庵集》卷2，景印
《文渊阁四库全书》第1215册，台湾商务印书馆，1986，第31页上。

② （元）张翥：《北山禅房次危太朴韵》，《蜕庵集》卷3，景印《文渊阁四库全书》第
1215册，第48页下。

③ （明）宋濂：《故翰林侍讲学士中顺大夫知制诰同修国史危公新墓碑铭》，载罗月霞主编
《宋濂全集》，第1461页。

④ （元）乃贤：《张仲举危太朴二翰林同擢太常博士》，叶爱欣校注《乃贤集》，第252页。

⑤ 《明史》卷285《张以宁传》，第7316页。

盖古圣贤所期于人人者。而以宁于先生也，庸以是言进。噫，谓予为言而
诶夫人之执政者，于予求之知也，而谓知先生也乎？既复于先生，请以是
记。"① 该文作于至正二十三年（1363）前后，危素改斋名一事颇为重要，
因为据此可以断定其《说学斋稿》所收文章的时间下限。此事独见于张
以宁的记载，可知两人相知甚深。不过文中称危素名斋曰"说学"在
"至元之戊寅"（后至元四年，1338），误也，其时危素尚未宦游京师，遑
论命名之事。

　　危、张二人的交情，还体现在他们一同归附明军，并各受官职。洪武
元年（1368）八月二十日，危素与张以宁、曾坚等谒见徐达于军门，徐
达待之以儒者礼，② 二年正月二十四日，"故元翰林学士承旨危素，学士
张以宁、王时，编修雷焕，刑部侍郎程徐，太常博士孙吾与、胡益，礼部
员外郎曾坚，主事黄肃等，自北平至京，诏以新制衣冠赐之。寻以素及时
为翰林侍讲学士，以宁为侍读学士，坚为礼部员外郎，徐为刑部侍郎，肃
为礼部主事"③。危素与张以宁年龄相仿，此时皆已近乎古稀，而作为故
国旧友，两人间的情感恐怕更真切一些。

第二节　危素与同乡、时贤以及方外之士的交往

一　危素与同乡的交往

　　近代社会以前，农业为主的生产方式决定了人们以定居生活为主，这
样一来，乡党之间便结成了仅次于血缘的密切关系与浓郁情感。萧启庆先
生曾指出，北宋以来士人地方化的趋势明显，由此加强了士人的乡土认
同，有些地方甚至产生出独特的文化特色。④ 而危素的故里抚州临川，自
唐宋以来就人才辈出，如王安石、曾巩等不一而足，"才子之乡"可谓名

① （元）张以宁：《苦学斋记》，《翠屏集》卷4，景印《文渊阁四库全书》第1226册，台
　　湾商务印书馆，1986，第635~636页。
② 《明太祖实录》卷34，洪武元年八月戊子，第621页。
③ 《明太祖实录》卷38，洪武二年正月己未，第776~777页。
④ 参见萧启庆《九州四海风雅同：元代多族士人圈的形成与发展》，"中央研究院"、联经
　　出版公司，2012，第38页。

副其实。不过本文所涉及危素同乡的概念,并非仅言临川一地,而是指代抚州以及邻近的地区。

(一) 曾坚

曾坚(?~1370),字子白,临川金溪人。坚曾祖子良、祖正吉皆为进士出身,其父严卿授业乡里,著有《南明斋稿》,因而曾坚颇得家学。后又跟从吴澄学习,中至正十四年(1354)进士,授国子助教,累官翰林修撰、国子监丞、监察御史、翰林直学士。著有《曾学士文集》,已佚。其子曾仰中至正二十三年进士。

危素尝言及他与曾坚的交往,曾母至正四年(1344)亡故之际,他"尝拜夫人之先君子坚,学行甚高,与素友且三十年"①,由此知其与曾坚结交在十岁左右。不仅如此,危素还说"余家于曾氏笃契好者,阅四世矣"②,言及曾渊子与危炎震之交,足见危、曾两家之世谊。及年稍长,危素"与同郡葛君将、曾君坚、黄君晖、葛君元哲更相策警,穷日夜不休"③,后来他与曾坚皆拜入吴澄门下。泰定年间,危素还曾在金溪森桂坊曾家读书,与于致大为邻,且相交甚欢,致大即曾坚之岳丈。④

危素与曾坚的关系十分密切,他把自己唯一的女儿嫁给曾坚长子俍,可惜曾俍英年早逝,只留下两个幼子便撒手人寰了。⑤ 危素痛失爱徒邓石,请曾坚为其撰写行述;坚母病故,曾坚也托危素写墓碣铭,⑥ 两人的交情,于此又可见一斑。至正二十三年(1353),曾坚子仰参加科考,时危素任参知政事,史称:"仰字昂夫,能读父书,亦举进士,授云州判

---

① (元)危素:《曾夫人何氏墓碣铭》,《危太朴文续集》卷4,《元人文集珍本丛刊》第7册,第536页。

② (元)危素:《曾秀才墓志铭》,《危太朴文续集》卷5,《元人文集珍本丛刊》第7册,第546页。

③ (明)宋濂:《故翰林侍讲学士中顺大夫知制诰同修国史危公新墓碑铭》,载罗月霞主编《宋濂全集》,第1460页。

④ (元)危素:《故金潭先生于君墓铭》,《危太朴文续集》卷6,《元人文集珍本丛刊》第7册,第554页。于致大母曾氏,乃曾坚姑母,因而实际上曾坚娶的是自己的表妹。

⑤ (元)危素:《曾夫人何氏墓碣铭》,《危太朴文续集》卷4,《元人文集珍本丛刊》第7册,第536页。

⑥ 参见(元)危素《邓汝贞墓铭》,《危太朴文续集》卷6,《元人文集珍本丛刊》第7册,第554页;《曾夫人何氏墓碣铭》,《危太朴文续集》卷4,《元人文集珍本丛刊》第7册,第535页。

官，危素所取士也。"① 足以说明他们两家之契好。

元亡以后，危素与曾坚一起向明军纳节，并分别得授官衔。不过曾坚以疾病为由拒绝出仕，且因感符玺事作《义象歌》而被处死。得知故友的死讯，危素悲痛不已，于是为其撰两通墓志以示哀悼，事见清人傅占衡的记载："偶游僧庵，遇曾蕴鲁谈危太朴事，因告余《陶源曾氏家谱》中有太朴所为曾坚子白墓志。予以'太朴又集湮没，散见者亦罕矣'欣然请观，蕴鲁抱之来，果见危志二篇。其文淳健有法，为元儒笔不谬。"②不久之后，危素就遭到谪贬，最终客死他乡。

（二）黄㬎

黄㬎（？～1368），字殷士，又作黄㫯，临川金溪人。年少时与危素、曾坚等相互策励，勤学奋进，曾从吴澄、虞集、揭傒斯求学，后又与同舍王企往鄱阳谒见祝蕃，遂得陆氏之学。王企死后，黄㬎遂请危素撰《王仲善墓志铭》，文中言及三人的交往："友人黄㬎殷士书其亡友之事来京师，以告素曰：'斯人之大父以文学行于乡，人皆谓忠厚之报，宜在其子孙。不惟不及用，且不得年以死，此吾党之士为之悼叹。于是平生知旧无远迩合令治葬，其门人曾熙买石刻铭，子宜为文，使之不朽。'元统间，素肄业何仙舟读书山中，君尝过而留止，信宿议论，有契于心。孰谓别去未十五年，而君竟逝。"③

实际上，危素与黄㬎有很深的渊源。危素大父与黄㬎的祖上皆出水南黄氏，乃谏议大夫黄光后人，因而他们在一定程度上算族亲。黄㬎曾告诉危素黄氏族谱散佚，并请他为金溪黄氏撰写墓记："今兵燹之余，文字无一存者，所书世次与夫死生年日，复有遗忘者矣。宗族逃散，念之痛心。平昔闻诸先人，得先世一二遗善，子能为之墓记，得以慰我后之人。子其勿让。"危素欣然允诺且言："而㬎结交，岁行两纪。观其所述，庶几孝

① （清）王有年纂（康熙）《金溪县志》卷5《文苑·曾坚传》，清康熙二十一年刻本，第2页b、3页a。
② （清）傅占衡：《书危太朴曾子白文后》，《湘帆堂集》卷5，《清代诗文集汇编》第27册，第48页下。
③ （元）危素：《王仲善墓志铭》，《危太朴文续集》卷6，《元人文集珍本丛刊》第7册，第551页。

子慈孙之情哉。"① 道出了两人的交情。入仕以前，他们经常在一起切磋学问："元统间素客郡城，故金溪县主簿徐君奇伯之孙原，假以此书。归与友人黄唪读之，其字脱缪颇为更定，又次其先后，其不可知者阙焉。"②

至正十一年（1351），黄唪来游京师，代曾熙托危素为之撰《南丰曾氏祠堂记》。其后危素遂将黄唪引荐于朝，宋濂《危公新墓碑铭》曰："平生好荐贤，先后所引若翰林学士刘君献、待制黄君唪等七十余人。"③由此黄唪得入仕途，历任国子助教、国子博士、翰林待制兼国史院编修官。京师城破之际，黄唪慷慨就义。后世传言其与危素订有共死之约，足见两人情深意厚。

（三）葛将

葛将，字子熙，临川金溪人。尝与危素游学于吴澄门下，因善书法，选为《宋史》抄写，后出任县学教谕。葛子熙"三岁而孤，鞠于舅氏，长而为养甚至，独恨贫耳"④，曾往吴越贩卖长安诸碑，为此危素请虞集作诗相送，李存也写有《美葛子熙》提及他生活之不易。"临川葛生朴且文，负担有力能辛勤。家贫妻死母又老，短窗挟策长云云。忽思句读送日月，曷若江湖劳骨筋。高碑大碣处处有，篆楷草行兼八分。昼长院静手自打，襟带染煤常若熏。旁搜远取到川陕，况乃闽浙江之渍。"⑤

危素则撰《别有赋送葛子熙》相赠，言语间流露出对故友离去的不舍，以及世道不为己用的悲愤，其文曰："怀夫子之固穷兮，虽制义而自安。顾甘旨之或缺兮，宁孝子之所欢。念一门之孤茕兮，而衣食之莫具。泪奔走于泥涂兮，岁冉冉焉迟暮。辍彭蠡之孤棹兮，爰东憩乎钱唐。抚句践之故墟兮，吊台观之榛荒。扬高帆以度海兮，仍群仙于云岛。凌扶桑而

---

① （元）危素：《金溪黄氏墓记》，《危太朴文集》卷5，《元人文集珍本丛刊》第7册，第431页。

② （元）危素：《游先生文集目录后记》，《危太朴文集》卷2，《元人文集珍本丛刊》第7册，第403页。

③ （明）宋濂：《故翰林侍讲学士中顺大夫知制诰同修国史危公新墓碑铭》，载罗月霞主编《宋濂全集》，第1464页。

④ （元）虞集：《葛子熙欲往吴越售长安诸碑以危太朴书来求诗书尾余空尚多佳纸极宜于书不忍剿绝之因题此诗赠子熙兼寄众仲提学亦欲故人知吾得太朴也四首》，王颋点校《虞集全集》，第259~260页。

⑤ （元）李存：《美葛子熙》，《鄱阳仲公李先生文集》卷1，《北京图书馆古籍珍本丛刊》第92册，第551页上。

遐瞩兮，浴赤曦之皓皓。盼梅梁而太息兮，企圣贤于诸冯。何三千岁之寥寥兮，大运若是其污隆。"①

危素表叔刘名山的讣闻，由葛子熙从金溪带到了京师，危素为文祭奠且言"友人葛将，亦公故旧"②。此次葛子熙来京，恰逢三史修毕，朝廷征召善书法者抄写史书，由是子熙应其役，其间危素便将他介绍给京中贤达认识。事成后，葛子熙受官武昌学录，临行前危素作《送葛子熙序》送别，其文亦论及两人之交谊：

> 余幼寡昧，而学弗能成其业，盖以为忧愁，思求四方之良交以助之。有葛将子熙，近在里闬，获与之交，而子熙不以余为不肖而辱以为友焉。子熙少孤贫甚，育于舅氏，与子［予］问学于当世大儒先生之门。吾二人者，自负戴于道路，更相为仆，犯霜雪、触炎毒。子熙手抄口诵，恒至达旦不寐，自谓其乐莫能逾之者。暇则寻幽访古，至于深山绝壑，时时发为文辞，以托其所怀。已而更涉世故，忧患困苦，未尝一日不同也。予来游京师，子熙以母老莫能偕行。久之亲丧而服除，乃来视余。于是子熙旅寓三四年，日取经史而诵之，故其学益深弘，其文益粹密。所为文耻以求知于人，人亦莫能知之者，然子熙亦自幸其知之者少也。会皇上命修［终］辽、金、宋史，宰相选善书者二十有一人，缮写《宋史》以进。子熙曰："古之辞尊居卑，辞富居贫，吾其为佣书史乎？"因在选中，廷议以为郡学录、县教谕，仍檄行中书省用之，子熙遂去余而南还矣。余久在羁旅，以朴愚不能媚于世，亦思与子熙复求当日游从之乐，诛茅空山，弦歌先王之风雅。顾自累于贫，未能舍其升斗之禄，为之悒然自失者久之。呜呼，余与子熙盖相期于千载之上者，非一日矣，则子熙宜有以处余也哉。③

---

① （元）危素：《别友赋送葛子熙》，《危太朴文集》卷1，《元人文集珍本丛刊》第7册，第399页。

② （元）危素：《祭表叔刘名山文》，《危太朴文续集》卷10，《元人文集珍本丛刊》第7册，第591页。

③ （元）危素：《送葛子熙序》，《危太朴文集》卷8，《元人文集珍本丛刊》第7册，第451页。"命修［终］辽、金、宋史"一处据清乾隆刻本改，按，修三史在至正三年，而文中说葛子熙已"旅寓三四年"，这与危素宦学京师的时间相左，故笔者以为"修"当为"终"字之讹。

由此可知，危素与葛子熙有许多共同经历，感情十分要好，故两人有归隐之约。子熙此番南行，危素还曾写信托沿途友人善加照顾，[①] 可见其待友之用心良多也。

（四）杨镒、杨铸

杨镒，字显民，其弟杨铸，字季子，皆江西豫章人。杨显民与黄晖、曾坚、葛元哲等相善，隐而不仕，在家开馆授徒。余阙曾赞其人曰："其人力学而操行，通古今之务，江南之士渐其泽，而有名作甚众，其弟子之登科目、仕州县者亦能以政成。其家固贫，而年又将老，乃日萧然吟咏以自乐，无少怨怒不平之气，其殆古有道之士耶。"[②] 显民著有《水北山房集》，危素亦为其作序。杨季子则官至德庆路总管知事、太常礼仪院判官，尝入史观校勘宋、辽、金三史，留有诗集三卷。杨氏兄弟二人所居之处曰"水北山房"，吴师道曾赋诗曰："杨君水北山房住，想见萧然远世纷。茅屋秋风陨黄叶，燕泥春雨浣玄文。争传图画京师看，未羡声名幕府闻。我欲相从好兄弟，钓槎吟石肯平分？"[③]

杨显民与危素曾比邻而居，关系十分要好，陈旅《崇碧轩诗》云："豫章山中多豫章，大松长竹相扶将。屋东微见红日动，檐曲偏令翠雨凉。洗空丝瀑落溪艇，暖客锦苔铺石床。何时到子轩下坐，太朴显民同瓦觞。危太朴、杨显民皆继明之所尝游，其居又相近也。"[④] 危素尝向虞集引荐杨显民，并出示显民族叔杨叔能诗集请虞集作序，事在虞集《杨书能诗序》。杨显民、危素两人时相过往，执别之际，危素写有《留别杨显民先生》二首，道出了不舍之情：

> 我［民］从仁里来，信宿复西去。驱车何问关，日色已曛莫。林幽阒无人，月暗屡疑虎。村虚转逍递，童仆且惊顾。柴门夜篝火，今夕共君住。况匪味道言，萧条复谁语。

---

① （元）郑玉：《送葛子熙之武昌学录序》，《师山集》卷3，景印《文渊阁四库全书》第1217册，台湾商务印书馆，1986，第25页上。

② （元）余阙：《杨君显民诗集序》，《青阳先生文集》卷4，《四部丛刊续编》景明本，第8页a。

③ （元）吴师道：《杨氏水北山房》，邱居里、邢新欣点校《吴师道集》卷8，第216页。

④ （元）陈旅：《崇碧轩诗有序》，《安雅堂集》卷3，景印《文渊阁四库全书》第1213册，台湾商务印书馆，1986，第42页上。

杨子好道者，其人千载心。而我抑何幸，获聆金玉音。愿为女萝草，托根青松阴。今晨忽为别，怊怅已难任。仰看天宇高，俯见江海深。安得随长风，化作双飞禽。①

危素与杨季子则既有乡党之谊，又有同僚之好，他们一起拜访过祝蕃的太原僧舍。② 元人陈基曾谈到他与杨季子、危素诸人的交谊："（郑）同夫为豫章人，尝登清江范公、蜀郡虞公、丰城揭公之门，而余故人危君太朴、揭君伯坊、杨君季子、邹君鲁望、张君宣仲，皆其友也。"③ 其诗作《寄危太朴杨季子兼呈惟中学士》也反映出他们之间的交游情况，诗云："阁中危老近何如，阙下杨生一字无。未省何时度滦水，可能八月到燕都。笔削已闻归太史，讨论犹喜及鸿儒。由来汉室文章盛，只数班师制作殊。"④

二　危素与时贤的交游

《论语·子张》曰："学而优则仕。"然而往往还有一部分文人贤士，他们或寄情山水、隐德不仕，或时运不济、报国无门，危素的交游圈里也不乏这一类人。他们与危素关系密切，但元朝时既未入仕，又非危素的师辈、同乡，因而将其统归到"时贤"里进行讨论。

（一）宋濂

宋濂（1310~1381），字景濂，号潜溪，别号龙门子、白牛生等，金华潜溪人，后迁至浦江。曾受业于吴莱、柳贯、黄溍，在元不仕，元末朱元璋礼遇之，聘为太子讲经。洪武二年（1369）奉命主持《元史》的编修，累官至翰林学士承旨、知制诰，后来因其孙宋慎与胡惟庸案有牵连，而被流放到茂州，卒于途中。其著有《宋学士文集》《浦阳人物记》等，

---

① （元）危素：《留别杨显民先生》，《危太朴云林集》卷2，《元人文集珍本丛刊》第7册，第387页。
② （元）危素：《云林图记》，《危太朴文集》卷2，《元人文集珍本丛刊》第7册，第416页。
③ （元）陈基：《送郑同夫归豫章分题诗序》，《夷白斋稿》卷14，《四部丛刊三编》景明本，第1页b。
④ （元）陈基：《寄危太朴杨季子兼呈惟中学士》，（元）顾瑛辑，杨镰等整理《草堂雅集》，中华书局，2010，第112页。

与高启、刘基合称"明初诗文三大家",又与刘基、叶琛、章溢并称"浙东四先生"。

危素与宋濂早在柳贯生前,就已认识,待柳辞世以后,作为门人的宋濂整理其师的文稿,并请危素撰写序文。① 此时危素在翰林国史院参与功臣、后妃传的编修,他以史臣的身份向朝廷引荐宋濂,于是朝廷擢宋濂为将仕郎、翰林国史院编修官,② 不料宋濂却以"亲老不敢远违"的理由,婉言谢绝了危素的好意。但这并未影响两人的交游,宋濂在文章中多次称危素为"吾友危先生太朴",可见两人关系之亲密。后来宋濂的业师黄溍物故,也是由他草定行状,来请危素撰写神道碑。不过有一事值得注意,危素在黄溍《神道碑》里仍称宋濂为"翰林国史院编修官",此时乃至正十八年(1358),距宋濂辞不就官已近十年,那么为何危素还有如此称呼呢?此事令人不解,有心者当细察之。

宋濂对危素十分敬重,曾作《题危云林训子诗后》称赞道:"先生之诗固无愧于昌黎……虽然先生所作,于修己治人之道,反复备至,是有关名教甚大,不特可施于训子而已。"③ 危素兼通书法,宋濂还曾作《题危太朴隶书歌后》,叹服他为学之博且精,其文曰:"学必博而后所见精,非惟诸经奥旨皆当研摩,至于隶书之学,汉魏以来,其运笔结绳多不同,苟不历考其变,何以充其知识而祛流俗之陋哉?吾友危先生太朴作《隶书歌》一篇,赠四明汪君大雅,备括诸碑之所自,且历疏之,亹亹千余言不休。呜呼!世以空虚之学,浮谈强辨,如蜂起泉涌者,视此曷知愧哉?大雅方以隶学知名于时,复能惓惓于先生之诗,装潢袭藏惟谨,则其尚德之心为不可及已。"④

危素死后,其子伋又来求宋濂作铭,于是宋欣然答允,并叙及两人生前的交情:"濂守宫[官]少暇,久未克论撰。十年春正月,蒙恩致政东归,私念公相知特深,在前朝时欲尉荐入史馆。及令待罪禁林,实与公

① (元)危素:《柳待制文集序》,《危太朴文集》卷9,《元人文集珍本丛刊》第7册,第463页。
② (明)宋濂:《故翰林侍讲学士中顺大夫知制诰同修国史危公新墓碑铭》,载罗月霞主编《宋濂全集》,第1458页。
③ (明)宋濂:《题危云林训子诗后》,载罗月霞主编《宋濂全集》,第883页。
④ (明)宋濂:《题危太朴隶书歌后》,载罗月霞主编《宋濂全集》,第1328页。

为同僚，相得甚欢。于是评骘群行，而勒文于碑。"① 并且给予危素很高的评价："惟公以渊深之学，精纯之文，尝都显要之地位，海内仰之如祥云景星，亦可谓有得于天矣。而逢时乱亡，不获大展以死，岂不可哀乎？虽然，观其所自著者，固足以不朽矣！"② 危素逝世多年以后，当宋濂再次见到他生前的画像时，仍唏嘘不已："文继虞欧之盛，位居廊庙之尊。天下誉之而不为喜，众人毁之而若无闻。此公所以为大雅之君子，传百世而长存者乎！"③

（二）王祎

王祎（1321～1373），字子充，号华川，金华义乌人。师从柳贯、黄溍，在元不仕，元末得朱元璋礼遇，掌起居注；入明后与宋濂同为《元史》总裁官，书成，升为翰林待制、同知制诰兼国史院编修官，洪武六年（1373）奉使招降故元梁王，遂遇害，追谥"文节""忠文"等号。王祎与宋濂皆有文名，著《华川前集》《后集》《玉堂集著》《续东莱大事记》等，后人整理为《王忠文公集》。早在危素步入仕途之前，王祎就已与他相识。危素供事经筵，名其斋曰"说学斋"，除了请李存撰铭外，他还托王祎为其作《说学斋记》，其文曰："说学斋者，临川危太朴先生读书之室也。先生间谓祎，盍为我为之记？呜呼，学非易言也，学而至于说尤不易言，而祎顾敢僭言之乎？辞不获命，则以所尝闻于儒先君子者为之说……先生德行信于人，文章名于世、见于外者如此，则学而自得于说可知矣。祎不佞，辄诵所闻如右，而质诸先生，先生苟以为然，则祎也将图以自淑其躬云。"④ 关于两人的交往，王祎曾说道："初金溪以文章名家者，同时三人焉，危君大［太］朴、曾君子白及元会也。危君以布衣入经筵，位至翰林学士承旨，曾君起家进士，仕为翰林直学士，皆显荣当世……余不识元会，而尝内交危、曾二君，以故得元

---

① （明）宋濂：《故翰林侍讲学士中顺大夫知制诰同修国史危公新墓碑铭》，载罗月霞主编《宋濂全集》，第1458页。
② （明）宋濂：《故翰林侍讲学士中顺大夫知制诰同修国史危公新墓碑铭》，载罗月霞主编《宋濂全集》，第1465页。
③ （明）宋濂：《危云林像赞》，载罗月霞主编《宋濂全集》，第1702页。
④ （明）王祎：《说学斋记》，《王忠文公集》卷9，景印《文渊阁四库全书》第1226册，第197～198页上。

会之详。"①

危素入翰林国史院修后妃、功臣列传，时王祎客居京师，事毕，遂请王祎代国史院进后妃、功臣列传表。② 王祎文集中有多篇制、诰、诏、表，皆为代翰林院作，看得出他与翰林学士们的关系尚好，是以危素等人曾向朝廷举荐王祎，事见郑济《故翰林待制华川先生王公行状》："至正戊子，元政衰敝，公愀然闵之，乃揽天下事势，为书七八千言上之。时宰嫌其切直，格不以闻。新安程公以文知公为文献门人，读其文，叹曰：'青青于蓝，冰寒于水，其子充之谓欤？'临川危公素、太原郝公远者，图大梁段公天佑一十有二人，列荐于朝。"③ 结果却未获得朝廷的同意，于是王祎慨然退隐于青岩山。他们之间的这段交情，也被改编到后世的小说里面，如"幸而翰林学士危素是个通文理之人，知王祎甚有见识，遂立荐王祎为官。争奈别儿怯不花这个蠢材只是不肯，王祎遂隐于青岩山，著书自乐"④。

危素逝世以后，王祎还曾回忆起二人的交游情形："往年客京师，危公太朴尝示余《云林记》，其道三十六峰名状甚悉，余读而爱之，恨不身至其处。太朴因言：'其居在白马峰下，门与山对，当云雾收敛时，群峰前献如列簋可历数。他日傥乞身归老，子幸访我相羊泉石间。'一一指以相告，庶知吾文为不诬也。呜呼，危公不可见矣！今乃为孟桓记斯居，其亦有慨于余心也哉。"⑤

（三）乃贤

乃贤（1309～1368），字易之，汉姓马，西域葛逻禄氏，号河朔外史、紫云山人，随家族先居南阳郏县，后迁至浙江四明。曾受业于郑觉民、高岳，学成后两次宦游大都，至正二十二年（1362）召为翰林国史

① （明）王祎：《朱元会文集序》，《王忠文公集》卷5，景印《文渊阁四库全书》第1226册，第106页上。

② （明）王祎：《代国史院进后妃功臣列传表》，《王忠文公集》卷12，景印《文渊阁四库全书》第1226册，第258页。

③ （明）郑济：《故翰林待制华川先生王公行状》，《明文衡》卷62，吉林人民出版社，1998，第611页。

④ （明）周楫纂《忠孝萃一门》，陈美林校点《西湖二集》卷31，江苏古籍出版社，1994，第531页。

⑤ （明）王祎：《云林小隐记》，《王忠文公集》卷8，景印《文渊阁四库全书》第1226册，第172页下、173页上。

院编修官，二十八年出参桑哥失里军，病卒于蓟州。有《金台集》《河朔访古记》等作品行于世。

至正三年（1343），危素尝以求购史书出使江南，途中与乃贤结识，乃贤作《和危太朴检讨叶敬常太史东湖纪游》即在此时，而危素也为乃贤的《金台前稿》写下了序言，其诗曰："柳外旌旗拂曙光，使星迢递下江乡。岸花送客乌篷远，山雨催诗翠阁凉。老衲自分茶灶火，小僮深炷石龛香。故人别去瀛洲远，千里披图思尽长。"① 岑安卿、胡助也分别作《次叶敬常编修危太朴检讨东湖嘉泽庙倡和》《和叶敬常危太朴同游四明东湖》诗以志事。

至正五年，乃贤由家乡郏县北游，时在庆元征集文献的危素即"为文送易之北来"②。乃贤抵达京师后，在金台坊与危素比邻而居，于是成为危素家的常客，这也是危素为乃贤编《金台集》的缘由。次年，危素分教上都国子学，乃贤遂作《送危助教分监上京》相送，诗云："驱马涉大河，坚冰若平地。雪霰在须发，颜色渐憔悴。迢遘出恒赵，迤逦入燕蓟。幸托君子交，情亲不予弃。裹衾屡就宿，下榻辱延致。谆谆味道言，情匪骨肉异。振铎趋雍宫，胄子凤尊畏。适从甘泉幸，晨理赤城辔。我独增烦忧，中夜不能寐。崎岖数千里，欲尽平生意。忽如参与商，令人发长喟。都门候回辕，淅淅秋风至。"③ 既写出两人交谊之深厚，也表达了不舍友人离去的情怀。一次，乃贤因有《山水图》求倪仲恺题诗未果而烦闷不已，危素劝道："昔人皆以酒解醒，子能作歌求诗亦此意也。"于是乃贤便作诗一首"以趣之"。④ 后危素与张翥同迁太常博士，乃贤遂赋诗相贺，且盛赞两人之学："南宫夜直拥青绫，二妙容台喜共登。瑚琏久知清庙器，阶衔联署玉壶冰。后来博士如公少，今日先生自此升。见说圜丘将大飨，百年礼乐正当兴。"⑤

至正十一年，危素同乃贤与诸友人前往大都南城游玩，乃贤记载道：

① （元）乃贤：《危太朴检讨叶敬常太史东湖纪游》，叶爱欣校注《乃贤集》，第 25 页。
② （元）危素：《乃易之金台后稿序》，《危太朴文集》卷 10，《元人文集珍本丛刊》第 7 册，第 471 页。
③ （元）乃贤：《送危助教分监上京》，叶爱欣校注《乃贤集》，第 25 页。
④ （元）乃贤：《予有山水图留倪仲恺太史斋中久未得题品一日危太朴应奉谓余曰昔人皆以酒解醒子能作歌求诗亦此意也遂成古诗一章以趣之》，叶爱欣校注《乃贤集》，第 39 页。
⑤ （元）乃贤：《张仲举危太朴二翰林同擢太常博士》，叶爱欣校注《乃贤集》，第 252 页。

"秋八月既望，太史宇文公、太常危公，偕燕人梁处士九思、临川黄君殷士、四明道士王虚斋、新进士朱梦炎，与余凡七人，联辔出游燕城。览故宫之遗迹，凡其城中塔庙、楼观、台榭、园亭，莫不裴徊瞻眺。拭其残碑断柱，为之一读，指其废兴而论之。予七人者，以为人生出处聚散不可常也，解后一日之乐有足惜者，岂独感慨陈迹而已哉？各赋诗十有六首以纪其事，庶来者有所征焉。"① 宇文公即宇文公谅，黄殷士即黄暐，此六人皆与危素有过交游，七人联辔出游，可见彼此之间情投意合。乃贤尝扈从上京之行，回大都途中作《还京道中》一诗，危素即和之曰："海上幽人锦绣肠，独临滦水惜年芳。千金不卖长门赋，闲写新诗寄玉堂。"②

乃贤但有求文，危素无不应允，如危素为乃贤师郑觉民作墓铭，又为其友徐伯敬作墓志等。而危素送别故友有所创作，乃贤亦附以诗文相和，如危素有《送葛子熙序》《送方推官赴嘉兴序》，以及徐道士《墓铭》，乃贤作《送葛子熙之湖广校官》《送方以愚编修之嘉兴推官》《挽清溪徐道士》。乃贤离京以后，还将危素的文章作为礼物赠给友人，③ 足见他对两人情谊的珍视。

危素对乃贤青睐有加，这一点在《巢湖述怀诗跋》中就有体现，该诗本为乃贤归故乡途中写给好友张子益的，危文云："易之诗中所历之景予皆尝过之，所未至者巢湖耳。易之有此清雄峻拔之句，余无一语者，人各有能有不能也。"④ 乃贤尝作《颍州老翁歌》，危素称其曰："易之此诗，格调则宗韩吏部，情性则同元道州。世必有能知之者。"⑤ 危素曾先后为乃贤《金台前稿》《金台后稿》《河朔访古记》等书作序，其中《后稿序》言：

> 易之《金台前稿》余既序之矣，及再至京师，又得后稿一

---

① （元）乃贤：《南城咏古十六首》，叶爱欣校注《乃贤集》，第181页。
② （元）乃贤：《还京道中》，叶爱欣校注《乃贤集》，第175页。
③ （元）张仲深：《危太史撰张节妇传》，叶爱欣校注《乃贤集》"附录"，第373页。
④ （元）危素：《乃易之巢湖述怀寄四明张子益诗跋》，《危太朴文续集》卷9，《元人文集珍本丛刊》第7册，第589页。
⑤ （元）乃贤：《颍州老翁歌》，叶爱欣校注《乃贤集》，第143页。

卷……易之伯氏既登进士第，易之乃泊然无意于仕进，退藏句章山水之间。其所为诗，清丽而粹密，学士大夫多传诵之。然则葛逻禄氏之能诗者，自易之始，此足以见我朝文化之洽，无远弗至，虽成周之盛未之有也。昔予客鄞，为文送易之北来，以为祖宗取天下丰功大业，宜制乐歌荐诸郊庙，易之之才足以为之。圣君贤相制礼作乐，岂终舍吾易之者哉？①

由此可知，危素看重乃贤的才能，欲向朝廷引荐为官，可惜未报而终。危素对待乃贤称得上尽心尽力，不仅其《金台集》是由危素手编而成，② 而且危素还把编成的《金台集》示诸友人，请他们作序，李好文就曾说道："危子大［太］朴示余以《金台集》诗，古、律凡若干首，读之未尽卷，不觉释然自意。"③ 就连乃贤的丧事，也是由时任大都路同知蓟州事的危素之子危氼操办的。④

（四）郑玉

郑玉（1298～1358），字子美，徽州歙县人。郑玉精于春秋之学，不意仕进，开师山书院授徒，人称"师山先生"。至正十七年（1357），红巾军入徽州，将起郑玉为官，玉告之以必死状，不日果自缢而亡，著有《周易纂注》《师山集》。

郑玉曾托请危素为其子撰写墓铭，危素在《墓铭》中叙及二人之交情："郑君子美既隐居新安之山中，丧其子祖泽，以书至京师，俾志其葬，其词甚哀。呜呼！子美善为古文，可以使其子之不朽。顾乃不远数千里，以铭为属，所以望于余者至矣。"⑤ 危素友人葛子熙将南行赴官，途中过郑玉之处，郑玉热情款待，且记载道："临川葛君子熙，将之武昌录

① （元）危素：《乃易之金台后稿序》，《危太朴文集》卷10，《元人文集珍本丛刊》第7册，第470页。

② 参见（清）永瑢等《金台集二卷提要》，云"是集为危素所编"，《四库全书总目》卷167，中华书局，2008，第1340页。

③ （元）李好文：《金台集叙》，叶爱欣校注《乃贤集》"附录"，第347页。

④ （明）郑真：《濠梁录》，《荥阳外史集》卷98，景印《文渊阁四库全书》第1234册，第621页下。

⑤ （元）危素：《郑童子墓铭》，《危太朴文续集》卷6，《元人文集珍本丛刊》第7册，第554页。

学事。挟太史危君太朴之书，过予黄山之下，留连累日，将别，征言以为赠。"① 侧面反映出危素与郑玉关系之交好。郑玉以身殉节后，周原诚撰有《郑子美先生哀辞》，其中也提到郑玉和危素相知情深："凡朝士之最知先生者，淮南省平章政事余阙、吏部侍郎危素、监察御史郑潜。"②

（五）胡助

胡助（1278～1355），字履信，一字古愚，号纯白老人，婺州东阳人。胡助历仕建康路儒学学录、温州路儒学教授、翰林国史院编修官，曾参与宋、辽、金三史的修撰，与柳贯、虞集等名士为至交，著有《纯白斋类稿》。

从胡助的履历来看，虽然他曾任翰林国史院编修官，与危素为僚友，但实际上他在官场上和危素的交集并不多。至正三年开馆修史以后，危素奉使南行购书，一时江南之士纷纷与之结交，如乃贤赋诗《和危太朴检讨叶敬常太史东湖纪游》相赠，此时胡助也写下了《和叶敬常危太朴同游四明东湖》，诗云："连璧鳌头蔚有光，东湖胜概甲吾乡。青山带雨秋偏早，积水生阴夏自凉。太史方绅藏秘阁，老侬深炷古祠香。承宣安得如前辈，泽及斯民百世长。"③ 不难发现，胡助是与危素一起往江南搜求史书的。危素曾请胡助为自己的《云林图》题诗，胡助于是答允，作《题危太朴云林隐居图》一诗相赠，且美誉素曰："草堂读书处，中有人如玉。"④

危素和胡助的交谊，张以宁曾记载："今执政危公之应奉翰林也，称先生以为学问之渊懿，文词之雅正，履行之清白。惜其才不登显荣，而叹其知义命之所安也。世称之以为知言，而瑜著之记之首也。"⑤ 瑜乃胡助之子，其将危素之序置诸篇首，足见胡、危二人之交深契于心。

① （元）郑玉：《送葛子熙之武昌学录序》，《师山集》卷3，景印《文渊阁四库全书》第1217 册，第 25 页上。
② （元）周原诚：《郑子美先生哀辞》，收于《虞集全集》之《外集》，第1213 页。
③ （元）胡助：《和危太朴检讨叶敬常太史东湖纪游》，《纯白斋类稿》卷10，景印《文渊阁四库全书》第1214 册，台湾商务印书馆，1986，第611 页上。
④ （元）胡助：《题危太朴云林隐居图》，《纯白斋类稿》卷3，景印《文渊阁四库全书》第1214 册，第568 页上。
⑤ （元）张以宁：《胡太常岁月日记序》，《翠屏集》卷3，景印《文渊阁四库全书》第1226 册，第596 页下。

（六）陈高

陈高（1315～1367），字子上，号不系舟渔者，温州平阳人。中至正十四年（1354）进士，曾官庆元路录事，未二年辞官归家。后来方国珍与元廷相继招之，皆不得，至正二十七年卒于怀庆。及第后拜张翥为座师，有《不系舟渔集》传世。

陈高是曾坚的同年，中第之后他闻悉危素之文名，颇想与之结交，然而不久后陈高遂以亲老故改任地方学录，从此与京中故友相别。陈高十分钦佩危素的为人与学问，其乡人缪应龙受危素之招而往京，于是他告诫缪生道："予惟昔人于同年、僚友、举主、门生世笃通家之好，虽远而不忘，俗与世迁，此道之废为日久矣。今危公独能敦尚古道，念先世之交谊，而思拔擢其子孙。传曰：'故旧不遗，则民不偷。'使天下之人闻公斯举，而感发兴起，风俗其有不厚者乎……生至京师拜危公之后，观其功业之盛，文章之懿，言论风旨之详密，而就学焉……则生之受知于危公也为不忝，而公之举生也为无愧矣，生尚勉之哉。"[1]

至正二十四年，陈高给座师张翥写信，向他与危素征求文字，其书曰："阁下倘取其意而略其迂，赐以诗若文，以张大其说，俾得以称其名焉，幸甚幸甚！参政危公不敢以书请，愿假阁下之重，并求一文。昔圬者王承福托韩子之传，而名垂于世。今若得二先生之述作，夫岂不可与圬者比数乎？"[2] 于是张翥便作《不系舟渔者陈子尚自号》一诗，危素则为陈高写下了《不系舟渔者序》，[3] 以示斯文之谊。

（七）郑觉民、郑真

郑觉民，字以道，自号求我斋，其次子郑真，字千之，别号荥阳外史，鄞县人。觉民博学笃行，年五十始授龙游教谕，改处州教授，乃贤尝从其学，著有《求我斋集》。郑真有家学，与兄驹、弟凤俱有文名，洪武四年（1371）中浙江乡试第一，授临淮县教谕，尝辑《四明文献录》，著

① （元）陈高：《送缪应龙入京序》，《不系舟渔集》卷11，《元人文集珍本丛刊》第8册，新文丰出版公司，1985，第385页。

② （元）陈高：《与张仲举祭酒书》，《不系舟渔集》卷15，《元人文集珍本丛刊》第8册，第424页。

③ 参见（元）危素《不系舟渔者序》，《危太朴文续集》卷6，《元人文集珍本丛刊》第7册，第554页。

有《荥阳外史集》。

觉民与危素的交游，可从其子写给危素的书信中窥得一斑，其文曰："先人于至正二十四年三月廿六日即世，病革，将属纩，语某等曰：'吾平生不足齿录于人，独云林先见知我，死幸吾友王叔载述行状，求先生铭我墓。先生尝怜吾生，必哀吾死。幸而获请，吾死不朽矣。'言讫而逝。"觉民引危素为平生知己，临终前希望危素铭其墓，可知两人交情之深。郑真等人不敢怠慢，修书恳请危素完成其父遗志，"伏望弥亮之暇，大书特书，增光丘垄，则先君子临终之托，不为空言。九原之下，感恩佩德，而不肖诸孤当铭心刻骨，没齿不忘矣"①。然而这篇墓铭却几经周转，最终才到达郑氏后人手里，郑真记载道：

> 右临川云林先生左丞危公著先教授府君墓铭一通，中讹数字，盖公集中录本也。先君文行，公所素知。身后之托，见于易箦之际。乡先生程公仲能、舒公汝霖致书于公，皆以为言。其后，公复书程公曰："郑先生铭文谨当具稿。"复书舒公曰："已撰定寄去，幸有以教之。"时兵革繁兴，中路阻绝，竟杳沈弗之得。岁在戊戌秋八月，天兵克大都，在朝之士皆遣南行，而危、程二公与俱入觐，程为刑部侍郎，危拜翰林直学士。明年程公之弟季甫遣其侄彦中入侍，复令以斯铭为请，危公出以示之曰："此吾在金阊山时稿定，南来忧患，未尝为人作字，但录去可也。"未几程得罪病死，彦中奉丧东归，遂以致之。危公出处大节，天下具有公论。而先君平生大概，固有待于铭文而传者，况临终之言，在吾人子所当致力者乎。今既得之，其于存没之感为何如哉？因缀辑家乘之末，且识其所自，后之人其敬守之哉。②

正是因为父亲郑觉民的临终嘱托，以及该墓铭的来之不易，所以郑真告诫后人，要恪守郑、危两家之间的情谊。

---

① （明）郑真：《通危相君书》，《荥阳外史集》卷33，景印《文渊阁四库全书》第1234册，第172页上。

② （明）郑真：《识先教授墓铭后》，《荥阳外史集》卷37，景印《文渊阁四库全书》第1234册，第211页。

郑真有《代贡危参政书》，疑为代父所作，大意是进言浙东道副都元帅某才能过人，请危素多加留意，其词曰："某等蛰处海隅，蒙庇泽而被余光者有年矣，赵修撰代祀南来，蒙列名门下，感佩不忘于心……某明人也，知公为深，故敢闻于阁下，固非谬言臆说以自取戾也。"① 洪武十七年（1384），郑真得官赴任，途中遇到乃贤子马鼎，两人皆是故交之后，于是郑真把随身携带的危素、张翥字画赠予马鼎，② 料想危、郑、马三人泉下有知，见此场面必定感触良多。

（八）吴师道

吴师道（1283～1344），字正传，婺州兰溪人。曾师事许谦、于石，至治元年（1321）进士，授高邮县丞，调宁国路录事，后迁至国子助教、博士，以礼部郎中致仕，著有《吴礼部集》《易杂说》《书杂说》《诗书杂说》等。

危素初至京师时，师道方为国子博士，危素自至正二年（1342）入仕，恰逢师道辞官还家，因而二人未见得有同僚之好。不过危素却与师道有过交游，他曾自述："素获从国子博士吴先生游。先生之学，弘深缜密，本末具举，使不至擢科从仕，亦足以显其先世。矧历观内外，奉公守法，风节凛然，锡类疏封，荣及幽壤，犹有待也。读先生绍述其先德，并及其所存，详而覆，宜可信矣。"③ 且文末题以"临川诸生危素"，说明两人交往时，危素尚为布衣。

危素尝以文字请教吴师道，如他曾将有关"金溪孝女"的诗文呈送师道过目，且请为记，师道遂作《金溪孝女庙记》，其文云："乡之士危素犹惜其事之未白于世，请其友番阳李存记之，又求奎章阁学士虞公集赞之，名卿显人又诗歌之，由是孝女之名，不独抚之人闻之矣……明年，丞以书言之素，素以告予，谓不可以无识也……而危君之搜发幽潜，扞卫乡井，是亦仁人君子之用心者，得不乐为之称道哉？然典祀既崇，封锡未

---

① （明）郑真：《代贡危参政书》，《荥阳外史集》卷33，景印《文渊阁四库全书》第1234册，第172页上。
② （明）郑真：《上任录》，《荥阳外史集》卷100，景印《文渊阁四库全书》第1234册，第645页上。
③ （元）吴师道：《诸公题志后》，邱居里、邢新欣点校《吴师道集》卷20，第745页。

加。危君方与朝之显者游，继今得之，当又有纪矣。"① 后来危素编张养浩《云庄家集》，亦托师道为之序，师道则曰："临川危素复掇其关于治教大体者为此编，秘书属予以序。顾以朝多名公，辞谢不敢，则委其集数月，而请不置。"② 遂答应了危素的请求，而诚如吴师道所言，危素累月以属序相请，足见他对师道的情谊之深重。

吴师道待危素也不薄，危素以平生所藏名家诗文示师道，师道一一题跋，集为《题危太朴所藏诸卷》，且赞素曰："太朴方以文学名动京师，选入延阁，继今发扬推演，出其所谓有原者，真不负其师之训哉！"③ 师道不仅与危素常有诗文唱和，如《和临川危太朴见寄》《方方壶道士为危太朴画云林图二首》，而且还十分关心危素的生活，他辞官归家后得知危素升迁至宣文阁授经郎，便以诗四首相贺，闻素名斋"思容"，则作《思容斋铭》以赠，其言："嗟尔危子，无怠勉旃。"④ 鼓励危素继续发扬学问，修身以治世。

（九）玉山雅集诸君子

元人顾瑛主持的玉山雅集，成为一时文士墨客的盛会。他们在雅集时互赠诗文，彼此引荐，于是雅集成为沟通文人情感的重要场所。危素就很关注雅集的情况，当他置身岭北之际，还托人向江南的顾瑛索取《玉山雅集》，此事见诸顾瑛的《口占二绝》诗序："承书傅雪坡参政为危右［左］丞索《玉山雅集》并所需越笺，倦于作书，口占二绝以答来意云。"⑤ 雅集中不乏危素的故交好友，他们作诗以赠素，被顾瑛编入《玉山草堂雅集》当中，但限于材料，这部分诗作并不丰富，无法尽得每位作者与危素的交往情况，因而本文将他们统称作"雅集诸君子"，以观其与危素交游之大概。

陈基（1314～1370），字敬初，临海人，尝官经筵检讨，著有《夷白斋稿》。其作《寄危太朴杨季子兼呈惟中学士》反映出他与危素的交游情况，诗曰："阁中危老近何如，阙下杨生一字无。未省何时度滦水，可能

---

① （元）吴师道：《金溪孝女庙记》，邱居里、邢新欣点校《吴师道集》卷13，第449页。
② （元）吴师道：《张文忠公云庄家集序》，邱居里、邢新欣点校《吴师道集》卷15，第533页。
③ （元）吴师道：《题危太朴所藏诸卷》，邱居里、邢新欣点校《吴师道集》卷15，第656页。
④ （元）吴师道：《思容斋铭》，邱居里、邢新欣点校《吴师道集》卷11，第346页。
⑤ 参见杨镰《顾瑛与玉山雅集》，《草堂雅集》"序言"，第7页。

八月到燕都。笔削已闻归太史，讨论犹喜及鸿儒。由来汉室文章盛，只数班师制作殊。"① 又有《送危太朴四首兼简金华黄先生兰溪吴博士》，② 黄先生即黄溍，吴博士即吴师道也。陈基在《送郑同夫归豫章分题诗序》里，亦曾提到他与危素实乃故交："同夫为豫章人，尝登清江范公、蜀郡虞公、丰城揭公之门，而余故人危君太朴、揭君伯坊、杨君季子、邹君鲁望、张君宣仲，皆其友也。"③

丁复，字仲容，号桧亭，天台人，后寓居金陵，著有《桧亭集》。危素南下搜书，路过钱塘，丁复婿饶介之以《桧亭集》向危素求序，危素在序中称其与丁复的关系"以忘辱君为年交"，且言："君之文，雄而趣高，可以制作诰命，宣天子仁惠元元之意于四方万里……嗟乎此其才足以适天下之用，而不遇于时者，君子有以悲其志矣。"④ 既极誉丁复之才华，又为丁复的怀才不遇而感慨不已。丁复遂以危素的《云林图》为题，作诗相赠，其诗云："天台万八千丈，云林三十六峰。几载山中独忆，今朝江上相逢。"⑤ 多年以后，丁复仍不时回忆起他与危素的交谊，于是写下《怀危太朴》，其诗曰："十五年前危处士，秦淮江上忽相逢。眼中一一惊奇见，如上昆仑群玉峰。"⑥

郯韶，字九成，号云台散史、苕溪渔者，吴兴人。尝辟为吏，辞不就，淡然以诗酒自乐，诗赋有唐人遗风。曾作《送丁彦祥入京兼呈危太朴应奉》一诗，叙及与危素的情谊："画角城头乌乱啼，客行秋日思凄凄。黄河一水青天上，葱岭诸山大漠西。饮马窟深沙草浅，射雕风急暮云低。经时不见危供奉，想侯都门踏雪泥。"⑦

---

① （元）陈基：《寄危太朴杨季子兼呈惟中学士》，（元）顾瑛辑，杨镰等整理《草堂雅集》，第112页。
② （元）陈基：《送危太朴四首兼简金华黄先生兰溪吴博士》，（元）顾瑛辑，杨镰等整理《草堂雅集》，第116页。
③ （元）陈基：《送郑同夫归豫章分题诗序》，《夷白斋稿》卷14，《四部丛刊三编》景明本，第1页b。
④ （元）危素：《桧亭集序》，《危太朴文续集》卷1，《元人文集珍本丛刊》第7册，第500页。
⑤ （元）丁复：《题危太朴云林图》，《桧亭集》卷9，景印《文渊阁四库全书》第1208册，台湾商务印书馆，1986，第388页下。
⑥ （元）丁复：《怀危太朴》，（元）顾瑛辑，杨镰等整理《草堂雅集》，第321页。
⑦ （元）郯韶：《送丁彦祥入京兼呈危太朴应奉》，（元）顾瑛辑，杨镰等整理《草堂雅集》，第949页。

三 危素与方外之士的交游

元代文化兼收并蓄，呈现儒、释、道三家各显所长的发展特点。危素出身于道教风行的江西临川，且其叔父危功远是当时有名的道士，因而他自幼受道家的影响，身边常有道士友人。而对于佛教信奉者，危素也不排斥，他曾说道："吾尝从浮屠、老子之徒以求其人，亦时与之过。"① 道出其与方外之交。

（一）方从义

方从义，字无隅，号方壶子、金门羽客、不芒道人，信州贵溪人。师从金蓬头（即金月岩）学仙，乃龙虎山上清宫正一派道士。早年危素在龙虎山下读书，曾结识方壶子的师父金蓬头："仙者金蓬头结草菴观旁，独居廿有六年，素屡宿菴中，闻松风涧水之音清清泠泠，有高举远引之志。"② 金蓬头邃归道山以后，方壶子便出游京师，在京中与危素相见，素称其为"方外之尤"。然而逗留几日，方壶子便思乡南归，且劝友人危素不要贪恋爵禄："方壶子谓余本山人，恋禄于朝，去其田里甚久，故持以相示，使不忘乎樵牧之事，亦反招隐之道也。方壶子将结庵于金先生故隐之东偏，约余为投老之计，其亦古之交谊然耶？欧阳子思颖之诗曰：'及身强健可为乐，莫待衰老须扶携'，则予之非才，乞身而返，其初服有日矣，方壶子其候我于仙岩之上游哉。"③ 由此可窥两人交往之一斑。

方壶子尝为危素作《云林图》，素喜不自胜，自作《云林图记》言及此事："道士方壶子亦爱余山居幽僻，数为之图。"④ 且屡次求一时之文人士大夫为其赋诗词，如虞集《云林图》、吴师道《方方壶道士为危太朴画云林图二首》、柯九思《方方壶云林图》、成廷珪《兵部危太朴郎中家于

---

① （元）危素：《溪香文集序》，《危太朴文集》卷7，《元人文集珍本丛刊》第7册，第448页。

② （元）危素：《先天观诗序》，《危太朴文集》卷10，《元人文集珍本丛刊》第7册，第469页。

③ （元）危素：《山庵图序》，《危太朴文集》卷6，《元人文集珍本丛刊》第7册，第441页。

④ （元）危素：《云林图记》，《危太朴文集》卷3，《元人文集珍本丛刊》第7册，第416页。

临川云林山上请方方壶作云林图太朴索诗赋此》等，皆见证了危、方之间的情谊。方壶子凡有所求，危素无不应允，如危素曾应方壶子托为道士桂义方作《桂先生碑》。对于方壶子的印象，危素如是说道："方壶生学道于龙虎，心迹超迈，不污尘垢，时时写山水，有奇趣。若武夷、匡庐、恒、岱、华、不注诸山，数为余图之，而仙岩者，又尝所坐卧其间者也。然其人游方之外，莫可测度，兴之所至，不问姓名亦漫与之，否则虽一笔不轻与也。"有紫阳王达善得方壶子所画《仙岩图》，请危素志之，于是危素在序文中感慨道："而自惜其汩没世事，而不知返也。"① 当年他与方壶子相约终老林泉，最终还是化为泡影了。

（二）吕虚夷

吕虚夷，字与之，四明奉化人，创大瀛海道院，自号大瀛海逸人。其与张雨、袁桷、吴澄等人友善，著有《老子讲义》《瀛海纪言》。赵玉萍误将吕虚夷认作吕志，② 虽然二人皆为道士，但年龄、地位相去甚远，并非一人。

危素与吕虚夷在入仕以前相识，他曾说道："素弱冠始识先生信之龙虎山，若神交者。后四年，偕徒步往见吴公于抚之华盖山，时吾郡处士孙君履常、吴君仲谷，相与登临啸咏，意欢如也。"③ 自此以后，危素时常赋诗寄予吕虚夷，如《秋日怀大瀛海吕尊师》言"犹记别时重有约，秋深日日望君来""楚水吴山一千里，可无消息报平安"，④ 表露出他对吕尊师的思念；《送吕尊师墨》云"尚有囊中残墨在，今年分赠吕先生"，兴到之处即以墨赠，足见情谊之殷切；《答吕尊师香水珠》则是危素答谢吕虚夷馈赠珠宝而作，危素在诗中故意嫌怪自己戴上香水珠后、正襟揖拜贵人的样貌，相比之下，他更愿"何当从君游，高攀谢城郭"，⑤ 反映出两

① （元）危素：《仙岩图序》，《危太朴文集》卷8，《元人文集珍本丛刊》第7册，第453页。
② 参见赵玉萍《危素〈云林集〉注释与研究》，硕士学位论文，陕西师范大学，2015。
③ （元）危素：《玄儒吕先生道行记》，《危太朴文集》卷3，《元人文集珍本丛刊》第7册，第409页。
④ （元）危素：《秋日怀大瀛海吕尊师》，《危太朴云林集》卷1，《元人文集珍本丛刊》第7册，第380页。
⑤ （元）危素：《答吕尊师香水珠》，《危太朴云林集》卷2，《元人文集珍本丛刊》第7册，第388页。

人交情之深。有一次危素梦到自己的父亲，醒来后遂以梦中所得诗韵寄予吕虚夷。① 其他还有《吕尊师画三茅观梅藤为图号曰二老走笔赋之》《寄与大瀛海道院》等，皆是危素和吕虚夷的唱和之作。

危素曾托吕虚夷为其搜寻舒璘文集，虚夷果然为他找到了舒氏后人。"大瀛海逸人吕虚夷，公里人，素尝属之求公文集。既数年，乃以书介公之六世孙庄、七世族孙祥金，奉遗稿至京师以授素。"② 陆九渊弟子沈焕的文集，也是危素通过吕虚夷才求得的。③ 吕虚夷尝筑四明山仙宫祠，虞集题之曰"四明别馆"，危素遂作《四明别馆记》以志其事，其文曰：

> 天历二年，道士吕君虚夷由句曲山还四明，朝列大夫临江路同知总管府事赵由松，具书致其治郡城之废观，吕君起应之，发橐中资……吕君四明人字与之，端谨而文慕陶隐居、司马练师之风，始着道士服于天台桐柏山，尝作大瀛海道院于海岛，著《老子讲义》若干卷。与余最故，乃不让而记之，并系之以诗。其诗曰：纯阳真人列仙翁，佩剑游嬉都市中。常来武林谒君公，笑而不语乘刚风。白鹤飞去沧海东，井泥路断栋宇空。大瀛海客颜如童，还归故邦树灵宫。祝厘报上鸣鼓钟，伏藏蛟鳄驱丰隆。仰闻至道贵虚盅，阴滓尽阳精湿融。欻然变化犹神龙，后天而老茫无穷。真人玩世如冥鸿，下土阳焰何濛濛。方蓬云气通云梦，千二百岁常相从。④

待吕虚夷归道山以后，危素又因乃贤及道士郑元祐所托，写下了《玄儒吕先生道行记》，⑤ 以缅怀故人。

---

① （元）危素：《七月十一日……用此韵送吕尊师》，《危太朴云林集》卷1，《元人文集珍本丛刊》第7册，第384页。

② （元）危素：《舒文靖公文集序》，《危太朴文集》卷8，《元人文集珍本丛刊》第7册，第452页。

③ 参见（元）危素《沈秀才墓志铭》，《危太朴文续集》卷5，《元人文集珍本丛刊》第7册，第547页。

④ （元）王元恭修、王厚孙纂（至正）《四明续志》卷10《福顺观》，清咸丰四年刻本，第13~14页。

⑤ 参见（元）危素《玄儒吕先生道行记》，《危太朴文集》卷3，《元人文集珍本丛刊》第7册，第409页。

（三）张雨

张雨（1283～1350），字伯雨，号句曲外史，茅山派道士，钱塘人，著有《贞居集》。其诗《危太朴以史事南来搜书风雨宿南涧明日追寄》云："布衣走下云林颠，检阅经书天子筵。去家昔逾半万里，别我今经十九年。辎轩使者采图籍，龙门太史行山川。涧阿一宿慰风雨，起视留墨心茫然。"① 危素南行搜求史书在至正四年（1344），张雨言其与危素睽违逾十九年，说明两人早在泰定二年（1325）前后就已相识，这正好暗合危素年少时壮游四明的经历。

（四）释宗衍

宗衍，字道原，中吴人，擅长作诗，著有《碧山堂集》。至正初年，居于石湖楞伽寺附近，一时名士文人皆从其游，且为"危翰林太朴、先辈觉隐诚公所推许"。曾住持嘉兴德藏寺，年仅四十三而亡。清人顾嗣立所编《元诗选》记载道："初太朴与道原相知而未尝相见，及洪武革命，太朴归江南，而道原之殁久矣，特为之序其首云。"② 可见危素与宗衍神交之深。

（五）释正则

释正则，本曹氏，鄱阳人，号溪香上人，著有《溪香文集》。宋末曾从谢君直游，后出家从华果寺铁牛禅师学佛。或问正则为何落发为僧，正则答以头有疮、无法存发；又问既然出家，为何临文仍书俗姓，正则答曰姓犹性，不可去矣。危素少年时即与之相识，他回忆道："余少识师于广信山中，一见以故人相期，因考求谢公之所以学，师曰：'要不外乎易，子其勉之。'"后来得知正则西游以后，叹道："呜呼！方外之奇士若师者，吾不得而见矣。"③ 遂为其《溪香文集》作序。另外，危素曾作《寄溪香上人》，诗云："山僧吾所敬，不见又经春。说法青龙出，忘机白鹤驯。楚云追别梦，江月照吟身。遥忆相逢处，深林长绿筠。"说明两人之间还尝有诗文的往来。

---

① （元）张雨：《危太朴以史事南来搜书风雨宿南涧明日追寄》，（元）顾瑛辑，杨镰等整理《草堂雅集》，第617～618页。
② （清）顾嗣立编《元诗选二集》壬集《石湖禅师宗衍》，中华书局，1997，第1403页。
③ （元）危素：《溪香文集序》，《危太朴文集》卷7，《元人文集珍本丛刊》第7册，第448页。

以上为危素交游的大致情况。需稍作补充的是，自危素学成之后，曾迫于生计而充童子师，当地的富户慕名前来延请他到府上授业，因而这些曾受教于危素的学生，尽管为数不多，但都与危素结成了师徒关系，其中不乏佼佼者。如邓石（1311～1352），字汝贞，抚州金溪人。少从危素游学，其母危氏乃危素族祖姑，所以他与危素的关系十分密切。"泰定间，汝贞尝从予读书山中"，待危素入仕以后，邓石与其友桂兢、帅子姓"居考盘别业，潜玩经史，其志欲以节义自立"①。邓石尝闲游京师，危素与之引荐，泰不华、李孝光、吴当等一时名贤皆对其青睐有加。后各地起义爆发，兵乱殃及金溪，于是邓石还家招募乡勇，结社自卫。邓石本忠义社后人，尝谓众人曰："我将家子也，先祖归仕国朝，禄逮三命，吾尚可后乎？顾必死是贼，诸君第为我作好传尔。"② 与敌交战不利，中伏遂遇害。危素得知后感到十分惋惜，遂嘱好友曾坚为其作行述，自己则撰写墓志铭以示哀悼。邓石学问广博，兼通医术，这点与危素十分相似，他因此曾被推荐到太医院就职。危素称其"孝友忠信，不务外饰……面折人过，发论惊人，好为方博"，且对邓石非受王命而能恪尽忠义表示极高的赞赏。

实际上，与危素托交深契者远不止上文中所胪列的诸君子，只不过囿于史料，还有一些人与危素交往的记载十分简短，无法展开详细的讨论，如师辈者宋褧、嶸嶸、吴仲谷、邓省吾，官宦者述律杰、章伯颜、宇文公谅、安鲁丁、杨舟、王弘钧、方道叡、徐时之，同乡者饶泰来、舒文质、吴养浩、查泰宇、萧性渊、董英仲、董景宁、倪守中、朱伯贤、桂氏祖孙三世，时贤者泰不华、观驴、杨维桢、贝琼、袁士元、王毅、储惟贤、萧文孙、归彦温、谢焕、潘子华、饶旭，方外之士郑元祐、郭宗纯、朱贞一、李九成、查广居、僧明晋、僧梵琦等，也皆与危素有过交游。

---

① （元）危素：《邓汝贞墓铭》，《危太朴文续集》卷6，《元人文集珍本丛刊》第7册，第553页。
② （元）危素：《邓汝贞墓铭》，《危太朴文续集》卷6，《元人文集珍本丛刊》第7册，第553页。。

小　结

本章以不同的群体，将危素的交游划分为五个部分，即师辈、官宦、同乡、时贤与方外之士，通过观察他们与危素的交往情况，进而讨论这些交谊究竟对危素产生了哪些影响。

首先是危素与师辈的交往，文中所举七人皆乃一时之巨公名贤，在危素尚未与之结交之前，他们就已誉满天下，除柳贯外，其余六人都是长年居于抚州之境，因而危素才有机会向他们请教问学。七人中吴澄、祝蕃、李存以理学见长，虞集、范梈、柳贯则以文学名世，可以说通过与他们的交往，危素的学业从此有了很大进步，以至于在他出仕以前就已经"名震江左"。而且这些师辈，无论是曾仕于朝，还是隐居山林，他们无不关心危素的发展，尽可能地提携、帮助危素，并将自己丰富的人际关系介绍给他。这样一来，在元末的文人圈内，出身名门且学有所长的危素，自然易于受到其他士子的敬重与推崇。

其次是危素与官宦的交往，这部分交游还可以追溯到他做官以前与江西地方官之间的往来。一方面，在与官宦的接触中，危素得以更近距离地了解时政，刺激他萌发出许多改制扶弊的想法；另一方面，通过共事同游、诗文唱和，也拉近了他与僚友间的距离，毕竟危素身为南人，且未经科考之途而受官，想要在朝廷站稳脚跟并入职清要，存在客观上的难度，而危素又不甘心归老山林，因而加强与朝官们的关系，对他而言显得尤为重要。

同乡与时贤，则是危素交游中的重要群体。它既反映了危素择友的层次与标准，也体现出他对元末明朝文坛、政界所产生的影响力。不难发现，危素的这部分交游主要由江右士人与浙东士人构成，实际上这一现象恰好暗合了近世以来江南两大地域文化的发展趋势。

最后危素与方外之士的交往，凸显他自身思想多元性的特点，这既与危素的出身有关，亦是元朝推行宽容文化政策的结果。附带一提的是，在危素的好友中也不乏蒙古人、色目人，如乃贤、泰不华、古速鲁观驴、安鲁丁等。总的来看，危素的交游十分广泛。这既陶冶了危素的性情，亦益于他人生的进步。

　　关于危素的交游，虽然前人已有专篇讨论，但就其研究成果来看，尚存在许多文献误读、误判之处，以致张冠李戴、鲁鱼亥豕者屡有出现。① 如危素与杨季子拜访祝蕃时，感慨"前人见后人顶，后人见前人履"②，乃就其地势而言，非是抒发思念祝蕃之情，何况当时祝蕃尚存于世；危素与李存时有书往来，所谓"书"者，即书信也，并非指互赠书籍；柳贯给危素的信里提到"去夏别时，见其疮发头面间，似是浮阳上攻，病在脾肾。尝勉其急服补泻之剂，后不知遂服与否"③，说的不是危素，而是其友人查广居，后来查死后柳贯为其撰写《墓表》；"潘于君同年生也，安敢以不敏辞君"④，是危素以许晋孙的行状来求黄潘为铭，所以黄潘所言乃是他与许的关系，且所谓"同年生"者，不是指生于同年，而是就两人同为延祐二年（1315）进士所言。至于文中探讨顾瑛与危素的交游，误把《草堂雅集》当作顾瑛私人作品，殊不知该书乃顾瑛友朋同人的作品集，实际上反映的是雅集诸君与危素的交往情况，而非顾瑛与危素的交情。诸如此类的问题，不一而足。有鉴于此，深入探讨危素的交游仍显得十分必要。

---

① 参见武海波《危素交游研究——以师辈、同僚、方外友人为考察对象》，硕士学位论文，暨南大学，第 22～56 页。
② （元）危素：《云林图记》，《危太朴文集》卷 3，《元人文集珍本丛刊》第 7 册，第 416 页。
③ （元）柳贯：《答临川危太朴手书》，柳遵杰点校《柳贯诗文集》，第 278 页。
④ （元）黄潘：《茶陵州判官许君墓志铭》，王颋点校《黄潘全集》，第 478 页。

第四章　危素在文史及书学方面的成就

危素不仅以文学闻世，而且在史学、书法等方面都有所建树。他早年师从元代著名的理学家吴澄，并与祝蕃、李存等学者私交甚密，因此，从理学的承绪上讲，危素既为朱学传人，又受到陆学的影响，在理学门户之见颇盛的元代，他身兼两家之学，或许为调节个中矛盾起到过作用。然而遗憾的是，危素并未有理学专著传世，我们无法窥得其思想概貌。危素在学术上的贡献，主要还是在史学与文学上。本章根据危素在上述领域所取得的成就，从史学、文学与艺术等方面，来对他做进一步的认识。

第一节　危素的史学成就

至正三年（1343），朝廷开馆修宋、辽、金三史，危素得预其中；八年，他又参加后妃、功臣列传的编修。元明鼎革之际，宋濂称其因"护史不死"；入明后卒，其谥号带"同修国史"，可以说危素的一生与史学有着密切的关系。那么，他的史学思想如何，在修史的过程中曾参与过哪些工作，又做出过怎样的史学贡献？本节将就这几个问题，依次讨论之。

一　危素的史学思想

危素的史学思想，经历了一个发展的过程。在未出仕以前，其史学思想主要反映在他对地方志传的保护与书写方面。金溪之地因冶炼得名，宋朝时有葛姓二女因其父不堪徭役之苦，自投炉中而死，危素惜该事不传已久，遂托诸文人名士为之记，俾后世知金溪孝女之行实，如他托虞集作《孝女赞并序》，述及此事之大概：

> 金溪县因金溪场之名也，唐时有银矿发其地，作场以冶之，曰金溪场。宝历乙巳，银绝而冶废。宋开宝初，始置县云。冶废时，土不产银久矣。有司不敢失其贡，迫诸民而取之。有葛佑者，官强之莅冶事，银既无所从出，倾其家不足充数。吏驱佑家，取土石杂烹之，卒无所得。缚佑榜掠，不胜其苦。佑无子，独有二女且长，不忍见其父，皆自投冶中焚死。监吏黄慷上其事，抚州刺史奏除之。里人哀二女，又感其去害也，神而祠之。皇元至元中，郡守张国纪用献利者言，起金银冶属县，至今民病之。独金溪以二女事闻得不作。大德庚子，县尹吴瑾作新祠于沙阜之地。延祐戊午，县尹李有又新作之，民间岁时祠之。有诏：祠在祀典者，则县长吏行事焉。元统甲戌四月朔，邑士危素请太史虞集赞曰：宝藏之兴，岂为厉阶？叔世尽利，民生罹乖。茕茕二女，哀其所天。力不能救，投身毒烟。身尽义著，苛政亦熄。民以永宁，无愧血食。①

后又去书求李存为之言，李存在复信中写道："欲言孝女传，在来春纳去。但化金一节，更宜考及葛佑为何处人，二女之名谓何，得赐详示。"② 危素到大都以后，以之前的孝女记、赞、序求吴师道为文，师道曰："乡之士危素犹惜其事之未白于世，请其友番阳李存记之，又求奎章阁学士虞公集赞之，名卿显人又诗歌之，由是孝女之名，不独抚之人闻之矣……明年，丞以书言之素，素以告予，谓不可以无识也……而危君之撷发幽潜，扞卫乡井，是亦仁人君子之用心者，得不乐为之称道哉？然典祀既崇，封锡未加。危君方与朝之显者游，继今得之，当又有纪矣。"③ 此事为杨翮

---

① （元）虞集：《孝女赞并序》，王颋点校《虞集全集》，第 323～324 页。
② （元）李存：《又复危太朴书》，《鄱阳仲公李先生文集》卷 29，《北京图书馆古籍珍本丛刊》第 92 册，第 673 页上。
③ （元）吴师道：《金溪孝女庙记》，邱居里、邢新欣点校《吴师道集》卷 13，第 449 页。

得知，以"国子博士吴君师道既文之石，而祀神之诗阙焉"①，遂作《金溪县孝女庙乐歌》。后来危素又得杨维桢、苏天爵为此事赋诗题跋，天爵在跋文里说道："然则孝女之祠于乡宜矣，危君又能表诸文辞，俾好功献利者闻之，庶有警焉。"② 由此肯定了危素的作史之功。危素对这一史事的关注，以及他搜集的相关材料，被清人柯劭忞整理成《葛孝女传》，收入《新元史》当中。

危素努力保存地方史志的想法，亦萌发于其入仕以前。虞集在《贞节集序》尝言："危君其里人，计其当与夫人之子相上下，是以得叙其详焉。士君子之言，贵乎有当也如此，而太朴介绥以来，使予识之，岂非以其尝待罪国史，书事故其职也……然而余之去官久矣，不敢辄刻诸简，太朴方修郡志，取而刻之，不亦可乎。"③ 是为例证之一。这种思想随着危素的年齿见长，而越发显得成熟，当他官至岭北时，见当地没有志书，于是便发愿编修《和林志》："余好考求宇内山川风俗物产，独北方无载籍，至其地者往往不能言，虽言之不能悉也。往年古田主簿鄱阳萧澄尝为和宁学官，出其所撰《和林赋》；又有李生者，亦鄱阳人，为兵马司吏，其人儒者，颇记录其概。余将撰次为《和林志》。"④ 然而由于受到外部条件的限制，此事遂被搁置。

危素的史学思想，集中体现在他的《上贺相公论史书》一文中。首先该文表露出危素对修史的重视。时值元顺帝亲自主政，他有心革除弊政，实行更化，在丞相脱脱的协助下，这一时期的政治、文化等方面出现了一系列的变革。在良好的政治环境与学术氛围下，危素向右丞贺惟一提出了开馆修史的想法：

素闻传曰：秉中为史。盖书其实事，而昭示来世，过不可也，不及不可也。善善而不流于阿，恶恶而不伤于刻，若是者其庶几乎？古

---

① （元）杨翮：《金溪县孝女庙乐歌》，《佩玉斋类稿》卷10，景印《文渊阁四库全书》第1220册，台湾商务印书馆，1986，第123页下。
② （元）苏天爵：《跋金溪葛孝女赞》，陈高华、孟繁清点校《滋溪文稿》，第481页。
③ （元）虞集：《贞节集序》，王颋点校《虞集全集》，第602页。
④ （元）危素：《艾薏英赤纳思山百韵诗序》，《危太朴文集》卷10，《元人文集珍本丛刊》第7册，第477页。

之君子何贵乎史哉？以其君创业于初，守成于中，失国于终，故后世之为君者，考其所以兴，监其所以亡，其仁明可法，其昏乱可戒，其臣之忠良、正直、奸险、佞邪，故使后世之为臣者，思以去彼就此焉。至父子、兄弟、夫妇、朋友之间，卓然有可称道者，史尝书之矣。若象纬之著，明水土之分画，历数之因革，礼乐之废举，食货之转输，名物之详略，无不载焉。将以备一代之事，后之经济天下者，有所征之矣。唐之失河北而契丹盛，其号曰辽；宋之失中原而女真强，其号曰金。及宋之南渡，立国于江表者，犹历数君。三国上下数百年间，其事泯然不见于简策，岂非圣朝之阙典欤？天眷神元，启土朔漠，发号若雷霆，驱兵若风雨。骉金于蔡城，捣宋于厓山，举四海而席卷之，开辟以来，未之有也。昔人有言：可以亡人之国，而不可以亡人之史。盖记载其一国之政事者其事小，垂鉴于万世之人者其功大故也，则三朝之史不可以不修也审矣。世祖皇帝当混一天下之初，朝廷之制度未定，草野之创夷未瘳，三朝之史，累有明诏，虽设史官，而未遑成书。自大德末年以来，国家多故，于兹事有倡之者而无和者，于今又四十年。事迹灭磨，传记散轶，宿老凋零，无从而质问故实，荒忽尤困于稽寻，非可惜哉！①

危素在文中强调了史学垂训的功能，并且痛惜自开国以来，屡有修史之诏而卒无所成，若再拖延，恐怕后世修史就越发困难了，因而他力促当局尽快开馆修书，不然"失今不为，则识者将有以议其后矣！"这一想法，很可能受到其师吴澄的影响。② 至正初年，危素见修史的条件已趋成熟，"素以职事从讲官之后，闻于承旨康里公曰，间同今御史中丞阿鲁公侍上前，论及三史事，上亦恻然久之。其后御史台、国史院交请于中书，未见报可。伏惟阁下生于阀阅之门，而以才识卓异，德望渊重，进位凝丞，海内属望，宜于斯事留意久矣。今宰相好善尚贤，而左右前后无非吉人君

---

① （元）危素：《上贺相公论史书》，《危太朴文续集》卷8，《元人文集珍本丛刊》第7册，第584页。
② （元）危素：《临川吴文正公年谱》"泰定三年"条，《北京图书馆藏珍本年谱丛刊》第36册，第356~357页。

子。阁下诚一言及于此，当无有拒而不纳者"①，于是便向贺惟一陈说修
史之利及其迫切性。事后看来，丞相脱脱于次年即领诏开馆修史，很可能
与危素的建议有一定关系。②

其次，《上贺相公论史书》还反映了危素对修史"正统论"的思考与
回应。江湄先生曾说："从史学传统的角度看，'正统'正是一种重要的
史书'义例'。确立'正统'与'非正统'的区别，就是要确立史书的
编修体例，同时又表达着一定的历史认识。"③ 由此可见危素有关"正统
论"的史观不可谓不重要。然而就目前研究情况来看，前人对三史"正
统论"的关注，多集中于修端的《辨辽宋金正统》和杨维桢的《正统
辨》，而略及危素之说的，可见邱树森先生《脱脱和辽金宋三史》一文。④
根据李治安先生的研究，修端的正统论虽然率先提出在正统问题上要平等
对待辽、宋、金，然而却也表现出蔑视南宋的倾向。至于杨维桢的《正
统辨》，则写在三史修成以后，与危素之说相距较近，故可以比照两人的
"正统之辨"。

杨维桢的《正统辨》由《辍耕录》而得以留存，他首先指出："臣维
桢敢痛排浮议，力建公言，挈大宋之编年，包辽金之纪载……三史卒无成
书者，岂不以三史正统之议未决乎？夫其议未决者，又岂不以宋渡于南之
后，拘于辽、金之抗于北乎。"⑤ 其次便以道统思想来阐发"宋为正统、
辽金乃荒夷"的观念，欧阳玄评之曰："百年后，公论定与此矣。"⑥ 不过
在今天看来，该学说未免显得有些片面。危素《上贺相公论史书》作于
修史之前，其文云："素游京师最晚，颇闻议者曰：传天下者，必有正

---

① （元）危素：《上贺相公论史书》，《危太朴文续集》卷8，《元人文集珍本丛刊》第7
册，第584页。

② 《元史·嵬嵬传》称"一日进读司马光《资治通鉴》，因言国家当及斯时修辽、金、宋
三史，岁久恐致阙逸。后置局纂修。实由嵬嵬发其端"（第3415页），而嵬嵬与危素在
书法上有师徒之分，此事尤当注意。

③ 江湄：《元代"正统"之辨与史学思潮》，《中国史研究》1996年第3期。

④ 参见王晓清《宋元史学的正统之辨》，《中州学刊》1994年第6期；李治安《修端〈辨
辽宋金正统〉的撰写年代及正统观考述》，《内陆亚洲历史文化研究——韩儒林先生纪念
文集》，南京大学出版社，1996，第243~250页；邱树森《脱脱和辽金宋三史》，《元史
及北方民族史研究集刊》第7期，第10~21页。

⑤ （元）陶宗仪：《正统辨》，《南村辍耕录》卷3，中华书局，1959，第33~34页。

⑥ 《明史》卷285《杨维桢传》，第7308页。

统。今主宋者曰宋正统也，主金者曰金正统也，史官卢公挚、太常徐公世隆、集贤王公约，以及张枢、修端之说，纷然而不一。或谓本朝不承金，则太祖、太宗非正统矣，此皆胶于常论者也。本朝立国于宋金未亡之先，非承宋金而有国者也；若是，则宋之与金，国统之正否，自有定论矣。"①与杨维桢不同，危素巧妙地避开了从理学上回答这个问题，他认为正统之争皆是"胶于常论"，时人执着于各自的道统，便是三史久未开修的主要原因。因此，危素说："非有远见高识，乌足以论天下事。"②他主张摒弃正统之争，而以历史的发展线索为出发点，尽快完成三史的修撰，至于究竟谁才是正统，就留俟后人去讨论。危素的这一思想，恐怕正是脱脱"三国各与正统，各系其年号"之说的来源，③脱脱曾表示："此秀才事，我弗知。"④之所以他如此决断，应该是听取了别人的建议。而三史"各与正统"的原则，周少川先生曾给予很高的评价："这一原则表达了平等对待各民族历史的进步史观，并由此保证了对辽、金、宋时期各民族历史进程的记载。"⑤所以无论就当时还是现在而言，危素所提出的修史观念，都具有重要的意义。

最后，危素在《上贺相公论史书》里，以一问一答的形式，针对修史过程中可能会出现的问题，提出了自己的见解：

> 议者又曰：本朝之取金宋，其战争攻取之际，当有所讳而不敢书。夫司马晋之时尝修三国志矣，唐太宗尝修隋书矣，宋之时尝修五代史矣，其间固有战争攻取之事，据实而直书，史官之职，尚何讳之有？议者又曰：耆硕之士尽矣，孰可任其事哉？古人有言，人才自足以周一世之用，未闻借才于异代也，患国家不为，为之则不患无其人。设谓今无其人，则待何时然后有当史笔者出邪？诚能破其拘挛，公其举选，则作者云合矣。议者又曰：今有司之于钱谷，细若蓬芒必

① （元）危素：《上贺相公论史书》，《危太朴文续集》卷8，《元人文集珍本丛刊》第7册，第584页。
② （元）危素：《上贺相公论史书》，《危太朴文续集》卷8，《元人文集珍本丛刊》第7册，第584页。
③ 任崇岳：《庚申外史笺证》，第44页。
④ 任崇岳：《庚申外史笺证》，第43页。
⑤ 周少川：《元代史学思想研究》，社会科学文献出版社，2001，第14页。

钧而取，其肯捐弃而为此邪？我国家以四海为富，赐予近侍、崇奉异教，往往累千万而不爱，而岂靳于此哉？①

人才与经费的确是修史面对的两大难题，《庚申外史》记载，虽然当时脱脱赞成修史，但"钱粮经数不足，颇以为忧"②，尽管最终并未如危素所言，挪用部分赏赐开销来解决经费问题，然而却反映出危素对修史一事是经过深思熟虑的。

危素的史学思想，还表现在他对史学持有积极的怀疑态度与求真精神方面。比如他在《君臣政要序》里说道："臣尝读唐史，开元元年晋陵尉杨相如上疏，玄宗览而善之。今考此书，相如为陆浑尉，进书在开元十三年，疑史失之也。书载召为左拾遗，其制词犹在，盖史略之也。由此观之，史其可尽信乎。"③"史贵存疑"，对于载籍中出现的史实讹误，危素也以谨慎的态度加以辨正。如阳夏人谢景平著有《神农冕服记》，危素认为神农时尚未形成冕服制度，故而从史实与礼制两个方面对该书进行了驳斥。并且"谢氏宋东都巨公，素晚出所当尊师者。然义所未安，不得默默而已"④，危素不盲目追崇前辈先贤，以求真实为原旨，体现出自身良好的史学素养。

当然，危素也很重视史学的垂示功能。除了前文列举的《上贺相公论史书》外，他在《横州新城诗序》里也表达了这样的想法，其文曰："君之为城，乃得故砖于千年之久，殆非偶然者？岂其效忠之诚，虑民之切，天有以助之欤？则事之非常，尤史家所当记也。"⑤

二　危素的史学贡献

至正三年（1343）开馆修宋、辽、金三史，总裁官欧阳玄提出："修

---

① （元）危素：《上贺相公论史书》，《危太朴文续集》卷8，《元人文集珍本丛刊》第7册，第584页。
② 任崇岳：《庚申外史笺证》，第41页。
③ （元）危素：《君臣政要序》，《危太朴文集》卷7，《元人文集珍本丛刊》第7册，第442页。
④ （元）危素：《神农冕服辨》，《危太朴文续集》卷10，《元人文集珍本丛刊》第7册，第592页。
⑤ （元）危素：《横州新城诗序》，《危太朴文集》卷8，《元人文集珍本丛刊》第7册，第457页。

史之要……是犹作室，在于聚材择匠，聚才则先当购书，择匠则必遴选史官。"① 朝廷用其议，增设史官、遣使购书，危素遂在使者之列。若与总裁官、纂修官相比，危素人微言轻，当时他的身份只是一名经筵检讨，而非正式的翰林国史院官员，似乎在浩大的修史工程里，他的任务无足轻重。其实不然。根据事后危素的回忆，搜求史书的工作十分繁杂，且耗费精力，于是他写下了《史馆购书目录序》，言及修史求书之大概：

> 至正三年诏修辽、金、宋史，遣使旁午购求遗书，而书之送官者甚少。素以庸陋备数史官，中书复命往河南、江浙、江西，素承命恪共，不遑宁处。谕以皇上仁明，锐志删述，于是藏书之家，稍以其书来献，驿送史馆。既采择其要者书诸策矣，暇日因发故椟，录其目藏焉。其间宋东都盛时所写之书，世无他本者，今亦有之。朝廷之购求，民间之上送，皆至公之心也。素之跋涉山海，心殚力劳，有不足言。后之司管钥者诚慎守之，不至于散亡可也。有志于稽古者，岂不有所增广其学问云耳？②

起初民间配合修史送书者不多，危素奉使往各地苦苦访求后，以至于许多珍本、孤本都被找到，可见此次搜求力度之大且不易。所以危素才会叮嘱，一定要保管好这些图书，切勿散佚。这次的工作经历，也让危素颇有感慨："至于人情之险阻、事物之胶轕，别为之录，以示儿子。俾知生乎今之世，虽事之小者，奉公尽职之为难。"③

从危素文集透露的信息来看，此次南下求书，他曾到过余姚（《余姚州核田记》）、鄞江（《鄞江送别图序》）、句章（《夏小正经传考序》）、钱塘（《宇文氏族谱序》）、常州（《昭先小录序》）、括苍、松江（《本政书序》）、临江（《盗发彭府君墓记》）、乐平（《乐平州慈湖书院赡学田

---

① （元）危素：《大元故翰林学士承旨光禄大夫知制诰兼修国史圭斋先生欧阳公行状》，《危太朴文续集》卷 7，《元人文集珍本丛刊》第 7 册，第 564 页。

② （元）危素：《史馆购书目录序》，《危太朴文集》卷 8，《元人文集珍本丛刊》第 7 册，第 455 页。

③ （元）危素：《史馆购书目录序》，《危太朴文集》卷 8，《元人文集珍本丛刊》第 7 册，第 455 页。

记》)、豫章 (《曾秀才墓志铭》)、歙县 (《元江西湖东道肃政廉访司经历赠嘉议大夫中书礼部尚书上轻车都尉追封荥阳郡侯郑公绍墓志铭》)、越 (《友樵斋记》) 等地,其大致的活动范围是浙东与江右地区。至于上文中说朝廷命危素往"河南、江浙、江西"之"河南",相关的求书活动并未在他的文集里反映出来。这次奉使购书的经历,既为编写《宋史》提供了丰富的材料,也增加了危素与地方文人结识的机会。尤其是当他到鄞县时,"鄞之士君子闻素至甚喜,无贵贱长少,日候素于寓馆,所以慰藉奖予,无所不至。其退山谷间者,亦褒衣博带,相携来见",这让危素感到受宠若惊:"素何以得此哉!素山林之鄙人,学未卒业,以贫干禄,无寸长以自见,且非有穹官峻爵,以耸动当世。遡其先世,未尝宦游此邦而有遗爱在其人,何鄞之士君子待遇之隆一至于此,岂殆有宿缘耶。"就连驿吏见如此情景,也感慨道:"向使者之来,未尝有宾客如此之盛也。"① 由此反映出危素在当时已具备一定的文化影响力,朝廷用之为购书使者,或许就有这方面的考虑。袁桷曾撰《修辽金宋史搜访遗书条列事状》,言及家中所藏文献可供朝廷修史之用,危素此番来鄞,主要是访求这部分书。

危素奉使南行,并非单单为了购书,他还兼有访求前朝故实的任务。在《故宋秘书监毛公墓表》里,他就说自己曾奉使访厓山遗事于南宋故臣邓光荐家。② 不过此时距南宋灭亡已近七十载,许多史事还能寻访到吗?在修史以前,危素就表示过这样的担忧:"自大德末年以来,国家多故,于兹事有倡之者而无和者,于今又四十年。事迹灭磨,传记散轶,宿老凋零,无从而质问故实,荒忽尤困于稽寻,非可惜哉!"③ 事实的确如此,"既而奉使购求遗书,所过求故家子孙问之,往往荒忽不知,是以执笔之际,为之叹惋焉",④ "独恨忠义之家,其子孙往往才智下,不能道先

---

① (元) 危素:《鄞江送别图序》,《危太朴文集》卷7,《元人文集珍本丛刊》第7册,第447~448页。

② (元) 危素:《故宋秘书监毛公墓表》,《危太朴文续集》卷4,《元人文集珍本丛刊》第7册,第537页。

③ (元) 危素:《上贺相公论史书》,《危太朴文续集》卷8,《元人文集珍本丛刊》第7册,第584页。

④ (元) 危素:《书张少师传后》,《危太朴文续集》卷9,《元人文集珍本丛刊》第7册,第588页。

世事，可胜悲哉"①。所以时隔愈久，前朝史事愈难得知，由此反映出危素倡导修史的建议是十分及时的。

宋濂《危公新墓碑铭》称："公复移书执政，请修宋、辽、金三史，乘传行宋两都，访撚阙遗，书成，公之力居多。"② 那么作为史官之一的危素，究竟参与修撰了哪部分史书？这一问题前人鲜有论及。

首先可以明确的是，元修三史乃是各任其官、分别述作的，危素只参与了《宋史》的编撰，他尝自言："至正三年，国家修辽、金、宋三史，素以非才，与修《宋史》。"③ 至于他具体参与的部分，可以从其文集中窥得大概。第一，危素曾分修《宋史·忠义传》。《昭先小录序》曰："仰惟今皇帝示天下以至公，明诏史臣毋讳死节。素待罪史官，分修《忠义传》，网罗放失，夙夜兢兢，故常之事，得而备书之。然犹恨死者多逸其氏名，为之永慨而已。"④ 目前通行的《宋史·忠义传》有十卷，就是出自危素的手笔。第二，对南宋前四帝的史事做过补充。他在《书张少师传后》里谈道："按太祖至徽、钦，列传至为详备，至高、孝、光、宁四朝史，盖蜀人李心传氏所修，其阙漏不可计，心传亦以是论罢。素博考实录中所附传，及它野史、文集、郡国志，粗见始终者，稍稍补完。"⑤ 于此透出一则重要信息，即《宋史》列传的修撰，是按照年代次序给史官们分配不同的任务，危素所负责的即前四帝时的列传内容。第三，根据危素在不同文献里的陈述，大致可以整理出其具体所修的《宋史》传记有《彭龟年传》（《盗发彭府君墓记》）、《柴中行传》（《儒英阁记》）、《王应麟传》（《汉艺文志考证序》）、《林勋传》（《本政书序》）、《沈焕传》、《舒璘传》（《舒文靖公文集序》）、《黄畴若传》（《黄氏族谱序》）、《王安中传》（《定武王氏族谱序》）、《孙梦观传》（《云窗集本传》）、《冷应澂

---

① （元）危素：《昭先小录序》，《危太朴文集》卷7，《元人文集珍本丛刊》第7册，第443页。

② （明）宋濂：《故翰林侍讲学士中顺大夫知制诰同修国史危公新墓碑铭》，载罗月霞主编《宋濂全集》，第1460页。

③ （元）危素：《书张少师传后》，《危太朴文续集》卷9，《元人文集珍本丛刊》第7册，第588页。

④ （元）危素：《昭先小录序》，《危太朴文集》卷7，《元人文集珍本丛刊》第7册，第444页。

⑤ （元）危素：《书张少师传后》，《危太朴文续集》卷9，《元人文集珍本丛刊》第7册，第588页。

传》(《跋〈冷应澂传〉》) 等, 这几篇传记的传主皆为南宋人, 且都是文人出身。不过危素说他还曾为故宋吏部郎官黄次山、茶陵军使黄端卿作过传。① 次山是黄畴若的祖父, 端卿乃畴若之孙, 但今天在《宋史》里却找不到他们的传记, 排除二传可能散佚的原因外, 这就说明在修史的过程中, 史官们修撰的内容还须经过上级层层审核, 很显然危素所作的黄次山、黄端卿列传最终遭到了否决, 没能进入《宋史》。

关于修史的一些细节, 危素也记载了下来。如《昭先小录序》云: "大元至正三年, 皇帝诏修辽、金、宋史, 其曾孙显曾以书告史官翰林直学士王公沂师鲁、翰林修撰陈君祖仁子山、经筵检讨危素太朴, 请录公死节事。陈君及素复书曰: '史官修撰余君廷心, 实当纪公事, 而慎重不轻信。'于是显曾又呕以书告余君, 反复哀痛, 余君虽爱其词, 然犹难之。后从国史院史库得《德佑日记》, 载公授官岁月, 与夫复城城守两转官、城破死节褒赠等事甚悉, 始为立传。"② 反映出修史的分工明确, 与史官们的态度谨慎, 此传即《宋史·陈炤传》; 并且也透露出三史的编修并非闭门造车, 在一定条件下, 它可以接纳在野文士的建议。元廷除了任用在朝的官员参与修史外, 还征辟了一些布衣之士来校勘文字,《送刘子铉序》曰: "至正二年, 皇上有诏作辽金宋史, 执政与总裁官等集议设修写四十人, 用翰林国史院书写十有六人, 国子伴读籍记部令史各十有二人。辽、金史卷帙不甚多, 既已进上, 独宋故史纪载详备, 今史氏势不得尽削, 而野史杂记当参证者不可胜数。于是政府选能书者廿有一人, 以布衣辟置馆中。"③ 那么史书修成以后, 这部分布衣人士该如何奖赏呢? 危素曾记载: "史成, 上进有司, 议校勘为儒学教授, 一考为流官, 制可。"④ 不过实际任命时却有所变化,"按本朝故事,《大一统志》成书者廿有五人,《经世大典》成书者三十人, 皆用为儒学教授。今所修史, 尤为繁

---

① 参见 (元) 危素《黄氏族谱序》,《危太朴文集》卷 8,《元人文集珍本丛刊》第 7 册, 第 452 页。

② (元) 危素:《昭先小录序》,《危太朴文集》卷 7,《元人文集珍本丛刊》第 7 册, 第 443 页。

③ (元) 危素:《送刘子铉序》,《危太朴文集》卷 8,《元人文集珍本丛刊》第 7 册, 第 452 页。

④ (元) 危素:《送彭公权序》,《危太朴文集》卷 7,《元人文集珍本丛刊》第 7 册, 第 448 页。

多，而廿一人，宜遵先朝故事官之。"①，危素的好友葛子熙便在这二十一人之列，事成后遂受官武昌学录，② 对于朝令如此的变动，危素则颇为不满："用以施教于一县，既不足以酬其劳，又不足以展其才。"③《宋史》卷帙浩繁，堪称"二十四史"之最，虽然危素以职微而名列史官之末，但就其参与修史的作为看来，其功劳不可谓不大。

除了编写三史，危素还曾参与其他的一些史学工作，如编修后妃功臣传，这也是元顺帝朝的一件大事。至正以前，朝廷曾多次诏修后妃功臣列传（或称皇后功臣列传），但卒无所成。王祎在《代国史院进后妃功臣列传表》说道："维祖宗实录之具完，独臣后本编之犹阙。粤自大德丙午之岁，逮今至正戊子之年，屡庀攸司，特严直笔，乃懿范徽猷之放失，及骏勋伟绩之网罗，迄为全书，足裨正史。"④ 可见早在大德十年（1306），朝廷就下诏修后妃功臣列传，然而直到顺帝至正八年（1348），仍然是"臣后本编之犹阙"。《元史·顺帝本纪》"至正八年春正月"条记载："诏翰林国史院纂修后妃、功臣列传，学士承旨张起岩、学士杨宗瑞、侍讲学士黄溍为总裁官，左丞相太平、左丞吕思诚领其事。"⑤ 时任翰林应奉的危素于是便参与了此次修史工作，同时参与此事的还有周伯琦、贡师泰、余阙、杜本、方道叡等人。关于危素此次的工作情况，宋濂记道："事多亡逸无据，公买饧饼馈宦寺戚里，历历扣之，复参覆得实，乃始笔之，卒为全史。"⑥ 于此可见危素搜求史料之勤，亦知其写作态度的严谨。待危素官至翰林学士承旨后，他见翰林国史院出现了一种恶习：但凡有司不按时发放餐费，翰林官们就袖手而坐。于是他对大家说："吾等以史为职，且

① （元）危素：《送刘子铉序》，《危太朴文集》卷 8，《元人文集珍本丛刊》第 7 册，第 452 页。

② （元）郑玉：《送葛子熙之武昌学录序》，《师山集》卷 3，景印《文渊阁四库全书》第 1217 册，第 25 页上。

③ （元）危素：《送刘子铉序》，《危太朴文集》卷 8，《元人文集珍本丛刊》第 7 册，第 453 页。

④ （明）王祎：《代国史院进后妃功臣列传表》，《王忠文公集》卷 12，景印《文渊阁四库全书》第 1226 册，第 258 页。

⑤ 《元史》卷 41《顺帝本纪》，第 880 页。

⑥ （明）宋濂：《故翰林侍讲学士中顺大夫知制诰同修国史危公新墓碑铭》，载罗月霞主编《宋濂全集》，第 1461 页。

禄已厚矣，奚俟餐钱而后为邪？"众人听其言，方才开始工作。①

由于危素长期供职翰林，负责修国史之事，因而他利用工作之便编写过许多人物传记，有些庋藏诸史库供后世修史参考，其中部分传记收在其文集里得以保留下来，如《杨行道传》《滕先生传》《王柏补传》《夏侯尚玄传》《黄次山传》《王宏钧传》《萧修撰传》《吴尚辅传》《黄孝子传》。其中杨行道、滕埭、王宏钧、夏侯尚玄、萧文孙、吴尚辅、黄赟皆元人，王柏、黄次山乃宋人。王柏在《宋史》有传，《王柏补传》是为补其遗事；《黄次山传》本来是危素修《宋史》时的作品，却未被《宋史》收入，所幸此传见于危素文集之中。每一传记后面皆附有危素的论、赞，是其史观的具体表现。至于危素为元人编写的列传，意欲留待后世修史参考，然而在《元史》里却找不到它们的踪迹，因而这部分列传，很可能被他列入自己所编的《元史稿》当中。宋濂称，危素著有"《宋史稿》五十卷，《元史稿》若干篇藏于家"②，可惜的是，这些史学著作至今皆已亡佚，无从查考了。至于现行署名作者危素的《元海运志》，③ 已被四库馆臣考证出是伪书："旧本题明危素撰。素有《草庐年谱》，已著录。是编载曹溶《学海类编》中，验其文，乃邱浚《大学衍义补》之'海运'一条也，亦不善作伪矣。"④ 故该书不可视作危素的作品。

第二节　危素的文学与书法成就

从危素的生平来看，其之所以能为一时文人贤士所推崇，主要还是得益于他在文学方面的造诣。与他有过交往的诸位师长，如"元诗四大家"中的虞集、揭傒斯、范梈，"儒林四杰"中的柳贯、黄溍，他们都曾给予危素文学上的指点，由是危素逐渐成为元末文坛上的重要人物，在文学史

---

① （明）宋濂：《故翰林侍讲学士中顺大夫知制诰同修国史危公新墓碑铭》，载罗月霞主编《宋濂全集》，第 1464 页。

② （明）宋濂：《故翰林侍讲学士中顺大夫知制诰同修国史危公新墓碑铭》，载罗月霞主编《宋濂全集》，第 1465 页。

③ 此书曾收入于《丛书集成初编》（商务印书馆，1936）与广文书局的《史料四编》（广文书局，1972）之中。

④ （清）永瑢等：《元海运志一卷提要》，《四库全书总目》卷 84，第 721 页。

上起到了承前启后的作用。此外，危素的兴趣十分广泛，早年"百家之书列于左右，昼诵夜弦"①，这便成就了他学问广博的特点，他在书法、音律等方面也有所建树。本节即以危素在文学、艺术诸领域的经历，就其成就与影响稍加讨论。

一 危素的文学成就

现存《云林集》《说学斋稿》，是危素文学成就的集中反映。《云林集》凡二卷，由乃贤编次，在元末时已刊刻付梓，该集所录皆为危素在元时的诗作；《说学斋稿》共十卷，收录危素的部分文章，素手书藏于家，后辗转流落到明人归有光手中，有光遂将其录而存之。入明以后，危素因"南来忧患，未尝为人作字"②，所以很少能见到他在这一时期的作品。今人潘柏澄在《云林集》《说学斋稿》的基础上，又从清代抄本、刻本中辑出许多篇危素的文章，辑为《危太朴文续集》十卷，这三种文献即目前所见《元人文集珍本丛刊》中《危太朴集》的主要内容。此外，危素的作品还散见于诸多方志中，仍有待后人做进一步的辑佚。至于清乾隆二十三年刊行的《危学士全集》，"乃其乡人取二集汇辑而成，虽名全集，实非原本"③，内容与《云林集》和《说学斋稿》多有重复，不过偶见几篇《危太朴集》未收的文章，应当引起注意。李修生主编《全元文》第48册，所收录的危素文章比《元人文集珍本丛刊》之《危太朴集》多出39篇，比较全面地展现了危素作品的基本面貌。

危素的文学造诣，不仅时人多有赞誉，亦为后世所推重。如吴伯宗《美危太朴奉使南归》曰："书来乌粤知强健，诗到虬罗识姓名。""传经更忆危夫子，一代衣冠属老成。"④ 李昌祺《张舒州家观元承旨危素画像》言："虞揭凋零玉署空，堂堂至正独推公。气全河岳英灵秀，手抉云霞制

---

① （元）危素：《云林图续记》，《危太朴文续集》卷1，《元人文集珍本丛刊》第7册，第490页。

② （明）郑真：《识先教授墓铭后》，《荥阳外史集》卷37，景印《文渊阁四库全书》第1234册，第211页。

③ （清）永瑢等：《危学士全集十四卷提要》，《四库全书总目》卷175，第1549页。

④ （明）吴伯宗：《美危太朴奉使南归》，《荣进集》卷3，景印《文渊阁四库全书》第1233册，台湾商务印书馆，1986，第248页上。

作工。"① 宋濂亦称许道："公文之纯，大音玄酒。"② 这是对一位文人很高的赞誉，③ 与归有光所言"昔宋太史称公至正中以文名天下，渊深精纯，独继欧虞之后"是一致的。④ 清人余之梅、王懋竑也给予很高的评价，王曾说道："太仆［朴］在黄、柳之后，杰出冠时，至正间声望甚重。入明以谪死，集遂散轶不大传。其文演迤澄泓，视之若平易而实不可几及。"⑤ 即使鄙夷危素气节的四库馆臣，也不得不承认："而文章则欧、虞、黄、柳之后，屹为大宗。""然气格雄伟，风骨遒上，足以陵轹一时，就诗论诗，要不能不推为元季一作者矣。"⑥ 既然历代文人如此称赞危素的文学成就，其文章诗作必有称道之处。通过对其文集的梳理，不难发现其作具有如下特点。

首先，重视文章写作的实用性。危素在《续复古编序》里批评近世文人"安于浅陋之习，往往驰骛于空言，而不究于实用"⑦，他还认为南宋之所以灭亡，是因为"大抵持鲁莽之学以争雄，述芜秽之文以相尚，假高虚之论以自诡"的学风盛行。⑧ 因此，反映在他自己的文章中，功用性便是第一位的。如《种菜为霜雪所杀叹》诗云："云林山人穷到骨，手种菘菜连中唐［塘］。栽培深蓊照云水，拮掇翠甲盈筐箱。江南仲冬寒气盛，小草无力排风霜。侧闻今岁谷不熟，田里嗟怨吾神伤。大车运米填旧债，一穗不在农夫仓。农夫辛苦食无粟，菘菜正欲充糇粮。上天胡为降杀气，造物骄蹇颓其纲。吾君爱民如爱子，忧国感激张平

---

① （明）李昌祺：《张舒州家观元承旨危素画像》，《运甓漫稿》卷5，景印《文渊阁四库全书》第1242册，台湾商务印书馆，1986，第491页上。

② （明）宋濂：《故翰林侍讲学士中顺大夫知制诰同修国史危公新墓碑铭》，载罗月霞主编《宋濂全集》，第1465页。

③ 参见李超《危素文章"太音元酒"论》，《东华理工大学学报》（社会科学版）2010年第3期。

④ （明）归有光：《说学斋稿跋》，《危太朴文集》卷10，第477~478页。

⑤ （清）王懋竑：《书危太仆［朴］集后》，《白田杂著》卷8，景印《文渊阁四库全书》第859册，台湾商务印书馆，1986，第768页。

⑥ （清）永瑢等：《说学斋稿四卷提要》，《四库全书总目》卷169，第1466页；《云林集二卷提要》，《四库全书总目》卷169，第1466页。

⑦ （元）危素：《续复古编序》，《危太朴文续集》卷1，《元人文集珍本丛刊》第7册，第500页。

⑧ （元）危素：《汉艺文志考证序》，《危太朴文集》卷7，《元人文集珍本丛刊》第7册，第449页。

章。臣忿贪夫满郡邑，臣愿盛世跻虞唐。君不见豪家大户餍酒肉，暖阁
无风咽丝竹。又不见饥人破铛夜煮蕨根粥，妻子嗷嗷向天哭。"① 他从自
己的观察视角出发，生动地展现出元末社会动荡、民生艰难的景象，反
映出其深刻的现实批判精神。这种写实主义手法，还被他运用在另一首
写给邓叟的诗里，当时邓姓老人上门乞食，危素愧无相予，遂在诗中写
道："邓翁老耄食无粮，卧病愁多白发长。千里南闽无过雁，五更秋雨
乱啼螿。年来破屋尘生甑，岁暮空山雪似墙。愧我相逢贫到骨，悲歌此
曲意苍茫。"② 危素对现实社会的批判文章，则为数更多，如《送史县
尹诗序》云："姑以吾抚州而观之，临川附县也，郡临其上，百需咸取
给焉。为长令、佐贰者郡之史，苟非常学问者，莫不颐指气使之。至于
郡之皂隶，亦平视或反相讪侮，送迎馈赆，日无虚于斯时也。欲少徇其
诛求，而苟免于谴责，往往临财而不思义，论势而不知理，丧其节而坠
其名者相望也。君子深忧之，吾是以为难也。"③ 写的都是发生在危素身
边的事，因而其体会才显得越发真实。可以说，这种实用性是危素大部
分作品的核心，它既体现了危素对政治与社会的反思，亦反映出元末文
学回归现实的趋势。

其次，文字多朴实无华。实际上，它正是危素重视文章实用性的具体
表现。除撰写的铭词、贺表外，危素的大多数作品表现出这一语言特点。
如《仙岩图序》曰："自舟中仰望，峭壁万仞，众岩棋布，如辘轳酒瓮。
仙仓仙棺，不可枚数。有三人者同坐岩中，俯观流水，然或隐或显，意非
飞仙不能到也。樵者虽极力攀缘，至绝顶仅可俯窥，而石磴嵌空，终莫能
即……缘藤萝而上，有大岩可容数百人。益折而上，至其颠甚平旷，浮图
师架岩为宫室。复登舟行数里，至桃原，太史范先生尝为之记。及舍舟入
山，造演法观，汉张天师炼丹处，犹仿佛可见。又有水帘洞者，瀑流泻厓
上，若缟练飞而雷霆吼。入洞中可坐，虽疾趋，衣巾必沾湿。至邹尊岩，

① （元）危素：《种菜为霜雪所杀叹》，《危太朴云林集》卷1，《元人文集珍本丛刊》第7
册，第381页。
② （元）危素：《邓叟时可大寒中见过……不以送叟》，《危太朴云林集》卷2，《元人文集
珍本丛刊》第7册，第388页。
③ （元）危素：《送史县尹诗序》，《危太朴文集》卷6，《元人文集珍本丛刊》第7册，第
436页。

乱石为门扉，中多黄精、薯蓣、鹈鸰之类。"① 此为危素对当年游览仙岩的回忆，可见其文字平实无奇，不以华丽见长，却用寥寥数笔刻画出栩栩如生的场面。又如《石鹿书院记》记载道："始君得胜地于所居之近，剪薙榛棘，值微径草树蒙密，地势斗绝，乃尽力攀缘。睨之，不百举武而豁然平衍，环以群山，中为方池，鉴虚涵碧。陟其巅，乔木成林，石磴蔽亏，两石旁倚，呀然如蚌蛤。有石昂首若灵禽之翔，因名之曰'凤鸣台'。三石之最奇者在其东，中峰削立，平若敷席，曰'磐石'。折而西为亭，曰含光亭。又西，大石圆顶方趺，若树碑碣。稍前，为上谷厓之回者曰'生云'，突然垤者曰'雪丘'，洼然坎者曰'鹿泉'。"② 文字层次分明，所描写的景物跃然纸上，丝毫不见堆砌词藻的痕迹。与同时代的文人相比，危素的文章往往显得平实真切，很少见到空洞的言论，这一点在《上贺相公论史书》里体现得最为明显。比如，就修史"正统论"而言，杨维桢、王祎、揭傒斯等人动辄以道统自居，刻意讲求历史发展与理学思想之间的虚无关系，往往长篇累牍，文字不厌其烦；而危素却能开门见山，就事论事，且条理清晰，在文中利用四个问答的形式，便讲清了时人对修史的顾虑以及他的见解。可以看出，虽然他尝受业于诸位理学大家，但文字间却很少随意阐发理学思想，亦不故作姿态，反而表现出质朴实在的文字特点。

最后，危素的文章风格与叙事主旨前后发生过转变。我们基本上能够以他至正二年（1342）入仕作为转折点，将其不同文风的作品划分成前后两大部分。在前期，危素的作品普遍洋溢着对社会现实的批判，以及对自然风光的赞美。比如《游牛头山记》是他写作于远游金陵之际，描绘了他与僧侣道人一起游山玩水、访求名胜的经历，又如《和吴尊师龙兴纪游二十一首》记载了他与道士吴某郊游所见，每到一处景点危素就赋诗一首，于是便有了《泊官步门》《早饭楄坡》《过清远驿》《游铁柱观》等诗篇。当危素悒悒不乐时，他并不压抑自己，而是将消极的情绪通过诗词歌赋发泄出来，如他曾说道："余居深山，郁郁不乐，醉中长歌，以

① （元）危素：《仙岩图序》，《危太朴文集》卷8，《元人文集珍本丛刊》第7册，第453页。
② （元）危素：《石鹿书院记》，《危太朴文集》卷4，《元人文集珍本丛刊》第7册，第422页。

《东风》命篇，与一二知己倡和之。"① 于是便写下了《东风行》。可以说，危素在前期的作品里，反映出的是一个愤世嫉俗、爱憎分明的人物形象。入仕以后，其文章风格与叙事主旨逐渐发生变化。一方面出现了许多言不由衷的溢美之辞，比如他在《朝元阁记》称赞方国珍："盖自兵祸且一纪，名山胜地浮屠氏之寺宇，往往摧拉焚烧，化为狐兔之穴、草莽之墟，独庆元诸刹得以无事。臣国珍能于斯时，保境而安民，观诸天童之事，其功有足书者。"② 虽然该文是奉朝廷之命而作，但表现出他对政治命运的顺从。另一方面，他时常在文章里抒发对归隐山林的向往，如《山庵图序》云："则予之非才，乞身而返，其初服有日矣，方壶子其俟我于仙岩之上游哉。"③ 又如《送葛子熙序》曰："余久在羁旅，以朴愚不能媚于世，亦思与子熙复求当日游从之乐，诛茅空山，弦歌先王之风雅。顾自累于贫，未能舍其升斗之禄，为之惘然自失者久之。"④ 然而这一想法，对于在仕途上渐行渐远的危素而言，变得越发遥不可及了。

二 危素的艺术成就

危素不仅在文学、史学方面有所建树，他还是一位著名书法家。宋濂《危公新墓碑铭》称危素"尤精于书，得片楮只字者，宝秘以为荣"⑤。当时危素的书法就已经很有名气了，就连元顺帝也屡次三番想让危素抄写佛经："顺帝以公善笔札，诏书释氏书。"⑥ 在现存的许多元朝碑铭中，亦能找到许多由他人执笔、危素书写而成的作品，元人赵汸曾说："危学士太朴为书二大字揭之楣间，至正戊子，汪尚书叔志、胡山长世佐、朱进士

---

① （元）危素：《东风行》，《危太朴云林集》卷2，《元人文集珍本丛刊》第7册，第388页。

② （元）危素：《朝元阁记》，《危太朴文续集》卷1，《元人文集珍本丛刊》第7册，第494页。

③ （元）危素：《山庵图序》，《危太朴文集》卷6，《元人文集珍本丛刊》第7册，第441页。

④ （元）危素：《送葛子熙序》，《危太朴文集》卷8，《元人文集珍本丛刊》第7册，第451页。

⑤ （明）宋濂：《故翰林侍讲学士中顺大夫知制诰同修国史危公新墓碑铭》，载罗月霞主编《宋濂全集》，第1465页。

⑥ （明）宋濂：《故翰林侍讲学士中顺大夫知制诰同修国史危公新墓碑铭》，载罗月霞主编《宋濂全集》，1461页。

公迁，皆咏识之。"① 可见危素在书法上颇有造诣。陶宗仪《书史会要》称危素"文藻敏赡，善楷书，有释志永及虞永兴之典则"②，可知其以楷书见长。清人孙承泽说道："太朴擅书名，虽乏挺拔，然圆秀有致，名手也。"③ 宋濂曾作《题危太朴隶书歌后》，其文曰："吾友危先生太朴作《隶书歌》一篇，赠四明汪君大雅，备括诸碑之所自，且历疏之，亹亹千余言不休。"④ 亦表明危素对于隶书颇有心得。

关于危素书法的师承，明人解缙在《书学源流详说》中曾有介绍："子山在南台时，临川危太朴、饶介之得其授传，而太朴以教宋璲仲珩、杜环叔循、詹希元孟举，孟举少亲受业子山之门，介之以授宋克仲温。而在至正初，揭文安公亦以楷法得名，传其子法，其孙枢在洪武中仕为中书舍人，与仲珩、叔循声名相埒云。"⑤ 实际上，在危素从游的诸位师辈里，也不乏一代书法之大家，如虞集"真行草篆，皆有法度，古隶为当代第一"，范梈"古隶清劲有法"，柳贯"工篆籀，于大字得体，杜本谓其妙处不减李阳冰"，吴澄"直用篆法，而结体加方，以成一家之书"，⑥ 危素或许得到过他们的指点。此外，与友人互相切磋也是危素提升书法技艺的重要途径，如他为长于篆籀的吾衍作《吾丘子行学古编序》，论及篆籀之流变，又在《续复古编序》里概言书法之传承，并且在他所结交的友朋里，许多人也以书法闻名，如邓文原、揭傒斯、张起岩、李有、吾衍、欧阳玄、张翥、陈旅、饶介、杜本、柯九思、苏天爵、揭汯等人，书法皆有所长。⑦ 危素对黄溍的书法推崇备至，他尝言："吾平生学书所让者，黄溍〔晋〕卿一人耳。"⑧

对书法孜孜不倦的追求，使危素成为一代大家，他的作品也成为历代收藏家竞相置购的对象。明人孙矿《书画跋跋》云："薛道祖手书禊帖，

① （元）赵汸：《孝则居士程君可绍墓表》，《东山存稿》卷7，景印《文渊阁四库全书》第1221册，台湾商务印书馆，1986，第363页下。
② （明）陶宗仪：《书史会要》卷7"危素"条，上海书店，1984，第315页。
③ （清）孙承泽：《危素书崇国寺碑》，《庚子销夏记》卷7，景印《文渊阁四库全书》第826册，台湾商务印书馆，1986，第85页下。
④ （明）宋濂：《题危太朴隶书歌后》，载罗月霞主编《宋濂全集》，第1328页。
⑤ （明）解缙：《书学源流详说》，《文毅集》卷15，景印《文渊阁四库全书》第1236册，台湾商务印书馆，1986，第824页上。
⑥ 以上参见（明）陶宗仪《书史会要》卷7，第307～310页。
⑦ 以上参见（明）陶宗仪《书史会要》卷7，第309～310、315～326页。
⑧ （明）陶宗仪：《书史会要》卷7"黄溍"条，第315页。

是从真定武本临得者，足称哲裔。此帖文征仲太史家藏，入张伯起，转以
售余。签首有征仲八分小字精绝，及危太朴、虞伯生二跋，皆可宝也。"①
虽是跋文，但也"可宝"，足见其价值之重，后来果然有人专门将字画里
危素的跋文偷走了，此事载于清人钱泳《履园丛话》中。危素的书法作
品留传下来的有《陈氏方寸楼记》，《墨缘汇观》记载道："白纸本，乌丝
隔栏，正书四十四行，为四明陈贵白为记者。书法虞永兴，首书'陈氏
方寸楼记'，款书'临川危素记'，后押'危素'白文印、'太朴'朱文
长印。"② 图4-1~图4-6是危素现存的部分书法作品展示。

图4-1　陈氏方寸楼记

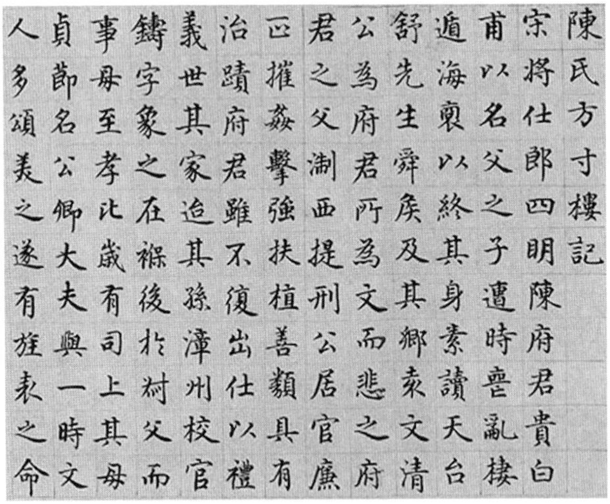

陈氏方寸楼记　四明陈府君贵白
宗将仕郎之子于遗素尝乱台楼
甫以名父庶及其身时危府君贵白
遇海襄君舜西为文而乡素读天台
公为先府君所提为刑而乡悲文清
舒为父君难提强扶植公而居官府
正治摧蒍澌击不复善顥居官有廉
世踬其家在褟出仕校而官礼有
铸字象之追其后于漳州父母校而官
事母至孝此岁有司上其文母
贞节名公卿大夫与一时文
人多颂美之遂有旌表之命

图4-2　陈氏方寸楼记（局部）

① （明）孙矿：《薛道祖兰亭二绝》，《书画跋跋》卷1，景印《文渊阁四库全书》第816
册，台湾商务印书馆，1986，第26页下。

② （清）安岐：《危素陈氏方寸楼记》，《墨缘汇观》法书卷下，《中国历代书法艺术论著丛
编》第32册，中国大百科全书出版社，1997，第281~282页。

图 4 - 3　唐陆柬之书文赋　　图 4 - 4　"廉正"　　图 4 - 5　危素书法作品一

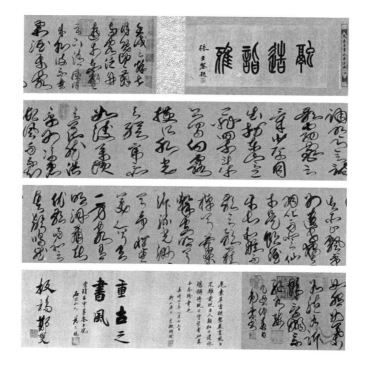

图 4 - 6　危素书法作品二

即使在病危临终前，危素仍未放弃书法创作，明人徐一夔《跋危内翰所撰炬法师塔铭后》曰："宝石山荪师以临川危公所撰炬法师塔铭装潢成卷，持以示余曰：'此危公垂没之笔也。'其文总若干字，而点窜又计若干字，字大如蝇头，而兼用行草。其孤狀识其后曰：'此文洪武五年正月十日先君子所作，是月廿又五日以疾终。今以此文寄其徒秋岩昆仲，用见先君子之意'……使后人见公当垂没之际，其文与字画不苟如此。公以文章翰墨名世，著作既高，而楷行草三体并臻于妙，凡世臣大家、释老寺观、穹碑短碣，多出公手。至于遐方裔壤，得其片言只字，莫不宝以为玩，当时号称词翰两绝。公凡为文既脱稿，类皆楷书登石，此文如其孤所志，去捐馆之日十又五日尔，盖以病仅克属稿不及别书也。"①

浸淫书法日久，使他具有品鉴识翰的本领。有一次，危素向宋濂展示自家收藏的王羲之《野鸟帖》，并告诉宋濂尚有王羲之的《喜色帖》存世，"别有喜色帖在江右，出自丞相周益公家，传授次第，一一有据"，后来宋濂果然得到此帖，"因惊喜曰：'此殆太朴所言者。'遍示中朝善书者，咸定为真迹无疑"，便珍藏于家。② 明人李日华擅长书法，且好求字画真迹，他将自己的日常艺术生活集为《味水轩日记》，其中收录了不少与危素相关的记载：

> 万历三十七年五月八日，访冯长离不遇。过徐山人，出观南浔叶客所携韩幹画《照夜白》，有米带题字，及危太朴以下诸跋，佳品也。
>
> 万历三十八年十一月二十七日，又米南宫云山卷，近层作四段，三桥一渡，林木枝梢撑劲，烟叶堆堕有法，远层山霭出没，亦极其趣……"南宫画幽深无际，出有入无，此卷旧在梁礼部思伯，爱之，时置几案，舍弟得与观焉。余癸卯秋，自建业扬帆，历采石、皖城，眺九华、匡庐之胜，遥岑近渚，空青润翠，与舫相出没，令人乐而忘返。今在郧城中，如斗大坐卧一室，忽忽无聊，偶散市衢，不意得此

---

① （明）徐一夔：《跋危内翰所撰炬法师塔铭后》，《始丰稿》卷6，景印《文渊阁四库全书》第1229册，台湾商务印书馆，1986，第225页。
② （明）宋濂：《题王羲之真迹后》，载罗月霞主编《宋濂全集》，第715页。

于贾人肆中。殊自珍爱，时展玩之，以当卧游，且以庆此卷之得所也。在兴鲁坊聋子巷写，临川危素记。"

万历四十年六月十二日，客持陈仲美《春游角技图》来玩……临川危太朴跋云："仲美《春游图》，笔意简古，神情散朗，较张择端《清明上河图》更有胜气。向为周公谨所藏，今成斋王先生得之，诚可宝秘也。为题而归之，时己酉六月六日也，危素。"

万历四十三年二月二十五日，方小子引松人持卷轴来。有梅道人墨竹长卷，所写竹俱在回冈断坡奔流伏波之间，雄逸震荡，萧寒凄迷，奇观也。危太朴著语亦奇："植物之中竹难写，古今虽画无似者。惟君下笔独逼真，丹青以来惟一人。人画竹身肥拥肿，君画茎瘦节节竦。人画竹梢死羸垂，君画枝活叶叶动。不根而生从意生，不笋而成由笔成。野塘水边碛岸侧，森森两丛几百茎。婵娟不失筠粉态，萧索尽得风烟情。举头忽见不似画，侧耳静听疑有声。西丛七茎劲而健，省向天竺寺前石上见。东丛八茎疏且寒，忆曾湘妃庙里雨中看。幽姿远思少人知，与君相顾空长叹。吴君老可惜，手战眼昏头雪白。自言便是绝笔时，从今此竹尤难得。周景远先生一日过访，出示吴仲圭画竹，烂熳盈卷。索余题识，漫附此歌于清风高节间，相为悠远云尔。时至正二十一年春三月既望，临川危素识。"①

后三则题记分别写于至正二十三年（1363）、洪武二年（1369）与至正二十一年，既显露出危素自身较高的书画鉴赏水平，也体现了他与书画家们的交游情况。不难发现，在混乱的政治斗争与动荡的社会环境之下，危素依然坚守着对书画的追求与热爱。

危素尝以书法教宋璲、杜环、詹希元等人，其中宋璲是宋濂次子。《书史会要》称宋璲："大小二篆，纯熟姿媚，行书亦有气韵。"② 明人朱谋垔在《续书史会要》则具体说道："宋璲字仲珩，景濂之次子也，官中书舍人，工大小二篆，并精行草。评者云：'其书法端劲温厚，秀拔雄

---

① （明）李日华著，屠友祥校注《味水轩日记》，第 21~22、147、239、446 页。
② （明）陶宗仪：《书史会要》卷 7 "宋璲"，第 328 页。

逸，规矩二王，出入旭素，当为本朝第一。'"① 杜环、詹希元后来都成为著名的书法家，这与危素的指导是分不开的。

此外，危素还在音乐方面有一定的造诣。首先，他对音乐的传承流变有所了解，他曾说道："琴在乐中为丝属，可以独作。然而古之音远矣，近世咸宗宋少师、杨缵氏、毛敏叔氏诸人，所度曲谓之'浙谱'，谓数十年以前人所弹者为'江谱'，故浙谱行而江谱废，盖一时之取舍，各有不同。如此以此观之，愈变而愈新，愈出而愈繁。遡而上之，轩辕氏、陶唐氏、有虞氏之时，其变也多矣。"② 并借助对旁人的发问，阐发了自己的独到见解："今夫合木以为器，纶丝以为弦。其声万变千化焉，且声之出也，果于木乎？于丝乎？于木耶，无丝不鸣；于丝耶，匪木无声，是何欤？古之乐作凤来仪、兽率舞者无论也，后世盖有精于此者，亦能帷裂瓦飞、鸟鷪鱼跃、景星列卿、云出甘露、降醴泉涌，若此者又何欤？是必有道矣。宏道亦尝思之乎？思而得之，则子进乎技矣。"③ 其次，危素常与琴师互有往来，比如他曾作《送董英仲琴师诗序》《送琴师张宏道序》《后买琴歌为邓旭甫作》《赠员怡然员善琴余与之寓于上清宫》《为李仲经赋得古音琴》等，以及《述变》一首，赠予宋室后裔琴师赵友直，这些诗文或多或少地反映出危素对音乐的认知水平。危素官太常博士时，曾亲自撰定《三皇祭礼乐章》十六曲，而且"窃思既隆其礼，宜制仪文，颁行郡县"，遂与任斁"讨论典故，为《祭礼》一卷"④，今天《元史·祭祀志》所见"三皇庙祭祀"的乐曲部分，就是当年危素所作。

小　结

本章对危素在史学、文学与书法方面的成就进行了梳理与讨论。

---

① （明）朱谋垔：《续书史会要》之"宋璲"，景印《文渊阁四库全书》第814册，台湾商务印书馆，1986，第813页上。

② （元）危素：《送琴师张宏道序》，《危太朴文集》卷6，《元人文集珍本丛刊》第7册，第435页。

③ （元）危素：《送琴师张宏道序》，《危太朴文集》卷6，《元人文集珍本丛刊》第7册，第435页。

④ （元）危素：《三皇祭礼序》，《危太朴文集》卷10，《元人文集珍本丛刊》第7册，第470页。

第一节主要围绕危素在史学领域的作为，对其史学思想与贡献分别展开探讨，但在实际生活中，两者又是密不可分的。他对史学思想的重视与实践，早在入仕以前就有所反映，如这一时期由他倡领的金溪葛氏孝女传与临川郡志的编修，便是其初期的叙史之作。至正二年（1342）入仕前后，是危素史学思想与成就凸显的阶段。一方面，他在写给贺惟一的信里，集中表达了自己的史学观，以及强烈的修史愿望，可以说顺帝最终下诏修辽、金、宋三史，与危素的这次建议有很大的关系。另一方面，他为官仅一年便加入三史的编修，既带给他繁重无比的工作压力，同时也锻炼了他的史学能力，因而这一阶段是危素在史学方面迅速成长的时期。从此以后，他既对修史工作驾轻就熟，也在史学思想上得到了升华，闲暇之余，创作了许多人物传记，形成他日后《宋史稿》《元史稿》的重要内容，其中传记所附的论、赞，则较为集中地反映出危素的史学思想。至于危素"护史不死"一事虽不见得真实，却从侧面反映出世人对危素史学地位的认可，无怪乎宋濂直呼其为"国史危公"。①

第二节以文学、艺术为出发点，着重分析了危素在诗文、书画和音律方面所取得的成果，以及所呈现的特点。就文学而言，危素的作品反映出鲜明的实用主义，即对现实社会的关切，他反对文章流于高谈空言，因而其语言便相应地呈现朴实无华的特色。但应稍加留意的是，他的作品风格与叙事主旨尽管以批判现实为主，但前后期仍然发生过一些转变，大致以入仕的时间为转折点，与前期的创作相比，危素后期诗文透露出几许对政治的屈从和归隐的渴望。在音乐与书法方面，危素皆有一定的造诣。他谙熟礼仪乐制，不仅常与人谈论音律，而且曾为朝廷祭礼作《乐章》，这反映出他具有较高的音乐天赋与创作能力。而就书法而言，危素堪称元末一大名家，友人曾称其"危君不让米南宫，置之武库尤加护"②，将他与米芾相比，是知其在当时就具有很高的书法名望，因而元顺帝也屡次找他抄写佛经。他的书法师从康里巎巎，又传授给宋璲等人，可以说在书法史上

---

① 参见（明）宋濂《佛日普照慧辨禅师塔铭》，载罗月霞主编《宋濂全集》，第 452 页；《〈清啸后稿〉序》，载罗月霞主编《宋濂全集》，第 490 页。

② （元）吴镇：《李昭道春江图》，载（清）顾嗣立编《元诗选二集》戊集，第 715 页。

起到了承上启下的作用。不过他虽爱好书法，却能持之有度，当他见到承旨朵尔直班沉溺其中时，便劝谏道："明公之学，当务安国家、利社稷，毋为留神于末艺。"朵尔直班遂深服其言。① 总体而言，正因为在文史、艺术领域皆有显著的成就，危素成为元末明初叱咤一时的历史人物。

---

① 《元史》卷139《朵尔直班传》，第3360页。

结　语

危素究竟是一个怎样的人物？除了正文中已探讨的之外，他还有哪些鲜为人知的方面，后人对他的评价又如何。只有进一步弄清楚这几个问题，才能对危素的人生与历史地位做出中肯的评判。

首先，除了实用主义外，危素的思想里还透露出不拘名节的色彩，集中反映在《虚游说》、《说隐》和《遁解》三篇文章中。在《说隐》中，危素强调道："自功利之习胜而躁竞之风行，民志不宁而无恒心，于是有志之士自甘于穷约，耻于自鬻以干时，故其《诗》曰：'考槃在阿，硕人之薖。独寐寤歌，永矢弗过。'又曰：'衡门之下，可以栖迟。泌之洋洋，可以乐饥。'若此者，岂其恶富贵而好贫贱哉？其所以自处者，必有其道矣。则司马公之说，可以论三代之先，而不可以论三代之后也。"① 虽然司马光的《资治通鉴》流露出对隐者的讥讽，宣扬士人应"各尽其材"的思想，但在危素看来，这种评价标准有些片面，他认为人才迫于外部环境而选择潜隐，也应该获得肯定。隐与遁有相通之理，尽管危素并未直接宣扬这种思想，但他却将隐遁视为避世的一种有效手段，他曾利用卦爻理论来解释"显"与"遁"的关系。"阴之浸长，小人之谋害君子，必假为忠顺之态，以自结于其君，待君心胶固然后大为变更，以行其志，君子之所当知而速遁也……天下无穷而不反之理，苟能反而复之，则前日之遁者

---

① （元）危素：《说隐》，《危太朴文续集》卷10，《元人文集珍本丛刊》第7册，第595页。

反为今日之大壮，岂非肥之极者耶?"① 这种通达的辩证观念，不拘泥于名物的约束，或许便是他日后选择屈节仕明的原因之一。在《虚游说》中，危素将自己演化成一位"家于晋、长于吴、宦于楚、仕于燕，年几八十"的老者，而且"朔南之公卿大夫士莫不与交，高论宏议，嘻笑怒骂，出入经史百氏，莫不各得其欢心"，实际上这一形象正是危素平生的真实写照。他四十岁左右负笈远游、离开家乡，后半生的二十余年都是在大都度过的，他既在元朝做官，又仕于明，入明之际已然垂垂老矣;他交游广泛，身兼数家之学，且能各尽其长。文章以问答的形式，阐发了危素"虚游"之说:"石户之农进而问曰:先生善游，世知先生之能虚，先生之能虚，故知先生之能蜕，敢问蜕亦有道乎? 先生曰:有。吾少而耽玩载籍，既得其精华，吾蜕于书矣。吾少而攻习文词，既通于制作，吾蜕于文矣。吾且老而身縻爵禄，既辞其宠荣，吾蜕于仕矣。蜕于书，圣贤与为徒;蜕于文，神明之与居;蜕于仕，可混于樵渔。故先生之出处尚焉，往而不自得哉。"② 不难发现，所谓"虚游"可以说是一种理想境界，需要借助"蜕"的手段来达到，至于"蜕"则包含了升华与变通的意思，无法变通意味着将会受到束缚，这便是危素当时所处的尴尬处境，以及他心中对"虚游"的向往。"若仆者，蕲蕲焉，规规焉，缚于礼法，劳于案牍，如胶漆而不解。吾不知何时而可蜕。又何时而能游。"③

　　其次，危素的思想含有敬事鬼神的观念。宋濂《危公新墓碑铭》中有这样一则纪事:"公未仕时，馆授贵溪张氏。张思伐杏树以辟家塾，有鬼夜叩寝门，告公曰:'吾杏之精也。主人将伐，愿参政生之。'公即造张力解而止，鬼致白金壶为谢，公辞。及公为参政，尝以满盈为惧，后升左丞，遂怏怏不乐云。"④ 如此记载，在行状、墓铭里实不多见。暂且不论事情的真实与否，单就危素的反应来看，可以说其对鬼神充满了恐惧与

① （元）危素:《遁解》，《危太朴文续集》卷10，《元人文集珍本丛刊》第7册，第595~596页。

② （元）危素:《虚游说》，《危太朴文续集》卷10，《元人文集珍本丛刊》第7册，第594~595页。

③ （元）危素:《虚游说》，《危太朴文续集》卷10，《元人文集珍本丛刊》第7册，第595页。

④ （明）宋濂:《故翰林侍讲学士中顺大夫知制诰同修国史危公新墓碑铭》，载罗月霞主编《宋濂全集》，第1465页。

敬畏。第一，树精深夜来访，以将伐之事告素，素信且不疑，即前去力劝主家不要砍伐。难道树精是自己产生的幻觉吗？对危素而言，很显然不是，因为事后鬼又来找过他，并以白金壶作为感谢。第二，树精一事过去近三十年后，他依然耿耿于怀，且"以满盈为惧"，后来任官岭北左丞，表面上看似乎官职有所上升，其实却是对他的变相降职，因而他又联系到往昔遇鬼的经历，于是变得终日悒悒不乐。事后看来，危素深信鬼言"愿参政生之"道出了自己日后仕途的发展，这无疑又是宿命论的体现，隐含了因果报应与功德修行的色彩。因此可以说，敬事鬼神也是危素思想方面的一个表现。它既反映出士人对自己命运无法掌控的无奈，也是这一时期儒、释、道三家文化中鬼神观相互影响的一种折射。

最后，危素的性格内向，严谨、刻板是他给人带来的主要印象。比如宋濂《危公新墓碑铭》就直接称："公厚重，深中有容，寡言笑，闻人诋毁如不知，与人交有礼，虽贵显恒若平时。"① 也有资料写他的不善言谈："丞相贺惟一曰：'君向寡言，今又何多也？'"② 这种沉默少言的性格，往往容易令人联想到阴鸷或文弱的形象。在王祎的文集里，有这样一条记载："授经郎临川危君素尝偕君章谒时贵，危君谦退固让，不敢坐上坐，君章笑曰：'吾布衣也，贵贱之际无所嫌，敢坐诸君右。'遂坐上坐。"③ "不敢"二字，可以说将危素的性格刻画得十分传神。明人刘绩《菲雪录》里，更是明确记载了由于危素的内向，引起王冕对他产生误会，该文后收入《宸垣识略》中，其文曰："危素为翰林学士，居钟楼街。会稽王山农冕游大都，常见其文，而不相识。一日危骑而过山农所，与之坐，不问其姓名，徐曰：君非钟楼街住耶？危曰：然。不出他语而罢。人问之，山农曰：吾观其文有诡气，且其人举止亦然，料知必危太朴也。"④ 王冕不知其向来沉默少语，反而认为"文如其人"。其实结合上文有关危素交游的讨论，就不难发现，他并非为人阴险狡诈、故作城府，只不过是

① （明）宋濂：《故翰林侍讲学士中顺大夫知制诰同修国史危公新墓碑铭》，载罗月霞主编《宋濂全集》，第1464页。
② （明）宋濂：《故翰林侍讲学士中顺大夫知制诰同修国史危公新墓碑铭》，载罗月霞主编《宋濂全集》，第1462页。
③ （明）王祎：《谢君章行述》，《王忠文公集》卷22，景印《文渊阁四库全书》第1226册，第465页下。
④ （清）吴长元辑《宸垣识略》，北京古籍出版社，1982，第327页。

性格内向、不善言谈。危素与他人的交往属于慢热型，一旦结成朋友，他便会呈现自己热忱的一面，不会刻意地再去掩饰自己的情感，将自己唯一的女儿嫁给好友的儿子，就是一个例子。而且谨慎、寡语是他入仕之后留给他人的形象，早年他也曾有过放浪不羁、慷慨高歌的行为，只是经历了世事沉浮与白云苍狗，他越发懂得了收敛锋芒的必要。

后人对危素的评价褒贬不一，围绕他屈节投降一事，大致在明中后期形成了旗帜鲜明的两派。首先就与危素交往颇多的宋濂而言，他对危素的评价是："惟公以渊深之学，精纯之文，尝都显要之地位，海内仰之如祥云景星，亦可谓有得于天矣。而逢时乱亡，不获大展以死，岂不可哀乎？虽然，观其所自著者，固足以不朽矣。"① 除却为死者隐讳的成分外，宋濂的评价还算比较客观的。他既指出了危素的成就与贡献，也对其命运感到惋惜。在同样与危素有过交往的晚辈心里，即使到了明朝，也不失对他的尊重，比如贝琼曾谈到他对危素的最后印象："余少时心识其名，皇明洪武三年始识于京师，则既老矣。然耳聪目明，与学者商榷古今，终日无倦色。时余预编史事，弗暇与之周旋，未几而公卒。越三年，复见其子于㠓，粹然天球之不琢，故知其有后也。"② 危素故人之子郑真，以父遗命向危素征求墓铭，事后评价道："危公出处大节，天下具有公论。"③ 不过，后来他又有些鄙薄危素的失节，其在《读赵格庵墓表》中说道："故宋格庵先生赵公，上承朱子之传，所著四书纂疏，天下咸所传诵，而临川危公以失节称之……危公既讥其失节，至于其身乃不免焉。是所谓大义责人而不能律己，所以卒为名教之罪人欤。"④

明中期以后，官、私史书渐多，此时对于危素的评价也越发分明。一方面有诸如《殿阁词林记》等所言："素仕元，秉文衡、都枢要，学者仰之如星凰。及徐达收燕蓟，命仕元者投告身，素与编修黄哻约死于难，哻

---

① （明）宋濂：《故翰林侍讲学士中顺大夫知制诰同修国史危公新墓碑铭》，载罗月霞主编《宋濂全集》，第1465页。

② （明）贝琼：《送危于㠓赴安庆教授序》，《清江文集》卷20，景印《文渊阁四库全书》第1228册，台湾商务印书馆，1986，第422页下。

③ （明）郑真：《识先教授墓铭后》，《荥阳外史集》卷37，景印《文渊阁四库全书》第1234册，第211页。

④ （明）郑真：《读赵格庵墓表》，《荥阳外史集》卷37，景印《文渊阁四库全书》第1234册，第217页上。

死而素背约焉。及至跻显荣、陟清华，愧东阁之履声，惨南滁之汗颜，竟自经于沟渎，而不之耻庄生有言'哀莫大于心死'，素之谓矣。"① 以致吴敬梓在《儒林外史》里，将危素丑化成一个袖手老儒的反面形象，可谓贬低至极。② 另一方面，则以归有光为代表，撇开气节之论，重新审视危素在文学方面的成就，归有光十分欣赏危素的文采，且为之整理《说学斋稿》并刊行。他曾作诗向友人征求危素的遗文，诗云："昔年宋学士，尝称太朴文。独力撑颓宇，清响薄高云。余少略见之，讽诵每忻忻。淡然玄酒味，曾不涉世芬。如欲复大雅，斯人真可群。苟非知音赏，宋公安肯云。嗟乎轻薄子，狂吠方狺狺。惜哉简邪亡，家簏少所蕴。徒为尝一脔，盈鼎未有分。四贤宦游地，博达多前闻。为我一咨访，庶以慰拳勤。"③ 可见归有光独具慧眼，他认为但凡诋毁危素的皆轻薄之人，没有领略到危素诗文的精深境界，表现出他对危素尊崇有加。

明末清初，由于再次涉及降臣与死节的问题，于是危素又成为人们热议的话题。清人贝青乔《元御史大夫福寿墓》诗云："红塔光腾国势孤，绣衣南甸握兵符。围城守死完臣节，新主褒忠葬敌俘。史阁羞听危素履，经筵甘附比干图。凤台门畔栖神地，千古青磷走碧芜。"④ 孙尔准《怀宁令陶竹侯沄重修唐兀忠宣公祠索诗纪事》曰："小孤门户似当时，凭吊犹令异代悲。埋骨崇邱齐泰岱，握拳遗像凛须眉。睢阳何似双忠庙，刘尹重修至德祠。我欲增摹危太朴，履声如听到阶墀。"⑤ 皆是讽刺危素弃节降明一事，而按照清朝官方的说法，则是"素晚节不终，为世僇笑，其人本不足称，而文章则欧虞黄柳之后屹为大宗。懋竑跋称其文演迤澄泓，视

① （明）廖道南：《弘文馆学士危素》，《殿阁词林记》卷6，景印《文渊阁四库全书》第452册，第226页。

② 危素的文学形象出现在《儒林外史》的第一回。相关的讨论，可以参见刘庆华《论〈儒林外史〉中危素的形象及意义》，《明清小说研究》2010年第2期。

③ （明）归有光：《奉托俞宜黄访求危太朴集并属蒋萧二同年及长城吴博士》，周本淳校点《震川先生集》，上海古籍出版社，1981，第951页。

④ （清）贝青乔：《元御史大夫福寿墓》，《半行庵诗存稿》卷1，《清代诗文集汇编》第635册，上海古籍出版社，2010，第513页上。

⑤ （清）孙尔准：《怀宁令陶竹侯沄重修唐兀忠宣公祠索诗纪事》，《泰云堂集》卷11，《清代诗文集汇编》第497册，上海古籍出版社，2010，第131页下、132页上。

之若平易，而实不可几及，非熙甫莫知其深。其珍重钞传，盖非漫然矣"①，一方面仍然斥责危素的失节，另一方面却也认可他在文学方面的成就。许多清人爱惜危素的文才，因而为他受气节所累而感到不平，如陆继辂作诗云："过江山色最无情，袁褚匆匆任死生。塞草尚悲前相国，岭梅又殉小朝廷。各留佳传终青史，定有贞魂聚碧城。守墓转怜危太朴，几人曳履不闻声。"② 李绂《读危太朴云林集》曰："后劲得云林，如《国风》有《豳》。宋王拜下风，国史功不湮。偶然履橐橐，上嫌称老臣。御史乃希旨，元故臣宜摈。和州看余庙，于事犹轻尘。论者不复察，集矢何龂龂。岂知公出处，大节光霄旻。言事既激烈，邪闭善则陈。仓卒起田间，辞禄已五春。投井义不屈，存史情亦真。兴朝访故老，四国响然臻。聊因国史出，凤志将一伸。区区圭组荣，浮云谢天民。青田亦仕元，佐命持衡钧。松雪亦承旨，实宋天潢亲。不知持论者，比此何等伦。掩卷三叹息，流俗多顽嚚。"③ 这反映了一些文人既在情感上怜惜危素的遭遇，又在文学成就方面给予他积极的肯定。

在今人眼里，危素是贰臣废宦，是易代文士，也是一个悲剧人物，甚至有学者说他"也许有些可怜，但肯定是有些可憎和可鄙"④。然而就笔者看来，这些说法仍失之偏颇。若能抛开过多的主观臆想，将危素置于历史的大环境中去考量，或许会得出更接近真实的评价。首先，危素自幼出身贫寒，却能笃志向学，为人谦谨，因而深得师长们的喜爱与真传，经过自己不懈的努力后，终成一代大家。其次，危素不好功名利禄，却因文名而走上仕途，一方面的确是为生计所迫，另一方面也是他在见到至正更化、振兴有望后做出的抉择，但他毕竟只是一介书生，既缺乏从政的经验，也未尝经历过科举的磨砺，因而即便是官至中书参政，却没有留下什么值得夸耀的功绩；而他之所以能入居清要之职，可以说是元末政治斗争的一个附生品。最后，危素屈节降明，终被贬和州，尽管并非去守余阙

---

① （清）永瑢等：《说学斋稿四卷提要》，《四库全书总目》卷169，第1466页；《云林集二卷提要》，《四库全书总目》卷169，第1466页。

② （清）陆继辂：《朱霍山士达招谒唐兀忠宣公墓因饮大观亭酒阑题壁》，《崇百药斋三集》卷1，《续修四库全书》第1497册，上海古籍出版社，2001，第115页。

③ （清）李绂：《读危太朴云林集》，《穆堂别稿》卷4，《清代诗文集汇编》第233册，上海古籍出版社，2010，第25页下、26页上。

④ 么书仪：《元代文人心态》，第262页。

庙，但此时的他已经心灰意冷、无复振作，继故友、妻室纷纷驾鹤以后，他也魂归道山。不得不说，或许在降明之际危素还曾对新政权抱有希望，至此则所有的幻想都化为泡影了。

从危素的一生来看，他既为史学的发展做出过贡献，也在文学、书法方面获得了较高的成就，政治上亦有许多可圈可点之处。作为元明之际的重要人物，他起到了承前启后的作用，因而其历史地位值得肯定。至于他的著作与学术思想，迄今仍具有重要的研究价值与现实意义，应当引起更加深入的关注。

参考文献

一　基本史料

《魏书》，中华书局，1974。

《晋书》，中华书局，1974。

《梁书》，中华书局，1973。

《新唐书》，中华书局，1975。

《新五代史》，中华书局，1974。

《宋史》，中华书局，1977。

《明太祖实录》，"中央研究院"历史语言研究所，1962。

《元史》，中华书局，1976。

（明）谈迁：《国榷》，中华书局，2011。

（清）毕沅：《续资治通鉴》，中华书局，1957。

《明史》，中华书局，1974。

（民国）柯劭忞：《新元史》，收于《元史二种》，上海古籍出版社，2012。

（宋）路振撰，吴在庆、吴嘉麒点校《九国志》，《五代史书汇编》第6册，杭州出版社，2004。

（宋）王象之：《舆地纪胜》，中华书局，1992。

（元）孛兰盻等撰，赵万里校辑《元一统志》，中华书局，1966。

（元）熊梦祥著，北京图书馆善本组辑《析津志辑佚》，北京古籍出版社，

1983。

（明）黄仲昭修纂（弘历）《八闽通志》，福建人民出版社，1989。

（明）李贤：《明一统志》，景印《文渊阁四库全书》第 472 册，台湾商务印书馆，1986。

（明）林庭㭿纂（嘉靖）《江西通志》，明嘉靖刻本。

（明）夏良胜纂修（正德）《建昌府志》，明正德刻本。

（明）徐良传：《抚州府志》，嘉靖卅三年刊本影印，成文出版社，1989。

（明）易鸾纂修（嘉靖）《和州志》，明嘉靖七年刻本。

（明）张爵：《京师五城坊巷衕衒集》，北京古籍出版社，1982。

（明）萧良幹、张元忭纂（万历）《绍兴府志》，《中国方志丛书》"华中地方"第 520 号，成文出版社，1983。

（清）程芳：《金溪县志》，同治九年刊本影印，成文出版社，1989。

（清）和珅等纂修（乾隆）《大清一统志》，清光绪二十八年石印本。

（清）蒋廷锡等纂修（康熙）《大清一统志》，清道光九年木活字本。

（清）梁栋修，唐焯纂（乾隆）《含山县志》，清乾隆十三年刻本。

（清）刘坤一：《江西通志》，光绪七年刻本，台湾商务印书馆，1986。

（清）刘坤一等编绘（同治）《江西全省舆图》，清同治七年刻本。

（清）穆彰阿等纂修《嘉庆重修一统志》，《四部丛刊续编》第 7 册，上海书店，1985。

（清）邵友濂：《浙江省余姚县志》，光绪二十五年刊本影印，成文出版社，1983。

（清）松安等纂修（道光）《金溪县志》，清道光刻本。

（清）王有年纂（康熙）《金溪县志》，清康熙二十一年刻本。

（清）王赠芳修纂（道光）《济南府志》，清道光二十年刻本。

（清）谢旻：《江西通志》，雍正十年刊本影印，成文出版社，1989。

（清）许应镕：（光绪）《抚州府志》，清光绪二年刻本。

（清）杨文瀚等纂（乾隆）《金溪县志》，清乾隆十六年刻本。

（清）赵灿修、唐廷伯等纂（康熙）《含山县志》，清康熙二十三年刻本。

（清）赵良墅修，田实发等纂（雍正）《合肥县志》，清雍正八年刻本。

（清）朱长泰修，凌家瑞等纂（顺治）《含山县志》，清顺治八年刻本。

（清）朱大绅修，高照纂（光绪）《直隶和州志》，清光绪二十七年木活字本。

（同治）《金溪县志》，清同治九年刻本。

（宋）邓名世著，王立平点校《古今姓氏书辩证》，江西人民出版社，
2006。

（宋）吕南公：《灌园集》，景印《文渊阁四库全书》第1123册，台湾商
务印书馆，1986。

（宋）洪迈撰，孔凡礼点校《容斋随笔》，中华书局，2005。

（宋）欧阳修：《欧阳文忠公文集》，《四部丛刊初编》景元本。

（宋）苏颂：《苏魏公文集》，《宋集珍本丛刊》第12册，线装书局，
2004。

（宋）谢枋得：《叠山集》，《四部丛刊续修》景明本。

（元）陈高：《不系舟渔集》，《元人文集珍本丛刊》第8册，新文丰出版
公司，1985。

（元）陈旅：《安雅堂集》，景印《文渊阁四库全书》第1213册，台湾商
务印书馆，1986。

（元）陈世隆辑《宋诗拾遗》，《续修四库全书》第1621册，上海古籍出
版社，2002。

（元）成延珪：《居竹轩诗集》，商务印书馆，2005。

（元）程钜夫：《雪楼集》，景印《文渊阁四库全书》第1202册，台湾商
务印书馆，1985。

（元）戴良：《九灵山房集》，《四部丛刊初编》景明本。

（元）丁复：《桧亭集》，景印《文渊阁四库全书》第1208册，台湾商务
印书馆，1986。

（元）范梈：《范德机诗集》，《北京图书馆古籍珍本丛刊》第94册，书目
文献出版社，1998。

（元）贡奎：《云林集》，《北京图书馆古籍珍本丛刊》第96册，书目文献
出版社，1998。

（元）顾瑛辑，叶爱欣整理《玉山名胜集》，中华书局，2008。

（元）顾瑛辑，杨镰等整理《草堂雅集》，中华书局，2008。

（元）胡助：《纯白斋类稿》，景印《文渊阁四库全书》第1214册，台湾

商务印书馆，1986。

（元）黄溍著，王珽点校《黄溍全集》，天津古籍出版社，2008。

（元）揭傒斯著，李梦生标校《揭傒斯全集》，上海古籍出版社，2012。

（元）李存：《鄱阳仲公李先生文集》，《北京图书馆古籍珍本丛刊》第 92册，书目文献出版社，2000。

（元）刘岳申：《申斋集》，景印《文渊阁四库全书》第 1204 册，台湾商务印书馆，1985。

（元）柳贯著，柳遵杰点校《柳贯诗文集》，浙江古籍出版社，2004。

（元）马玉麟著，邓瑞全等点校《马玉麟集》，吉林文史出版社，2010。

（元）乃贤著，叶爱欣校注《乃贤集》，河南大学出版社，2012。

（元）欧阳玄：《圭斋文集》，《四部丛刊初编》景明本。

（元）任士林：《松乡集》，景印《文渊阁四库全书》第 1196 册，台湾商务印书馆，1985。

（元）苏天爵著，陈高华、孟繁清点校《滋溪文稿》，中华书局，2007。

（元）陶宗仪：《南村辍耕录》，中华书局，2004。

（元）王冕著，寿勤泽点校《王冕集》，浙江古籍出版社，2012。

（元）王士点、商企翁编《秘书监志》，浙江古籍出版社，1992。

（元）王沂：《伊滨集》，景印《文渊阁四库全书》第 1208 册，台湾商务印书馆，1985。

（元）危素：《危太朴集》，《元人文集珍本丛刊》第 7 册，新文丰出版公司，1985。

（元）吴澄：《吴文正公集》，《元人文集珍本丛刊》第 3 册，新文丰出版公司，1985。

（元）吴师道著，邱居里、邢新欣点校《吴师道集》，浙江古籍出版社，2012。

（元）徐一夔，徐永恩校注《始丰稿》，浙江古籍出版社，2008。

（元）许衡撰，（明）郝亚卿辑《鲁斋遗书》，景印《文渊阁四库全书》第 1198 册，台湾商务印书馆，1985。

（元）许有壬：《至正集》，《元人文集珍本丛刊》第 7 册，新文丰出版公司，1985。

（元）杨翮：《佩玉斋类稿》，景印《文渊阁四库全书》第 1220 册，台湾商务印书馆，1986。

（元）杨维桢：《杨维桢诗集》，浙江古籍出版社，1994。

（元）佚名撰，王颋点校《庙学典礼》，浙江古籍出版社，1992。

（元）余阙：《青阳先生文集》，《四部丛刊续编》景明本。

（元）虞集著，王珽点校《虞集全集》，天津古籍出版社，2007。

（元）袁桷：《清容居士集》，《四部丛刊初编》景元本。

（元）袁士元：《书林外集》，《续修四库全书》第1324册，上海古籍出版社，2002。

（元）张养浩著，李鸣等点校《张养浩集》，吉林文史出版社，2008。

（元）张以宁：《翠屏集》，景印《文渊阁四库全书》第1226册，台湾商务印书馆，1986。

（元）张翥：《蜕庵集》，景印《文渊阁四库全书》第1215册，台湾商务印书馆，1986。

（元）赵汸：《东山存稿》，景印《文渊阁四库全书》第1221册，台湾商务印书馆，1986。

（元）郑玉：《师山集》，景印《文渊阁四库全书》第1217册，台湾商务印书馆，1986。

（元）郑元祐著，邓瑞全等点校《郑元祐集》，吉林文史出版社，2010。

（元）周伯琦：《近光集》，景印《文渊阁四库全书》第1214册，台湾商务印书馆，1985。

（元）周霆震：《石初集》，江西教育出版社，2007。

（明）贝琼：《清江文集》，景印《文渊阁四库全书》第1228册，台湾商务印书馆，1986。

（明）陈镐：《阙里志》，《北京图书馆古籍珍本丛刊》第23册，书目文献出版社，1998。

（明）陈建著，钱茂伟点校《皇明通纪》，中华书局，2008。

（明）戴重：《河村集》，《四库禁毁书丛刊》第11册，北京出版社，1997。

（明）顾祖禹：《读史方舆纪要》，中华书局，2005。

（明）归有光著，周本淳校点《震川先生集》，上海古籍出版社，1981。

（明）郭子章：《郡县释名·江西》，明万历三十四年刻本。

（明）何乔远：《名山藏》，北京大学出版社，1993。

（明）胡布辑《元音遗响》，景印《文渊阁四库全书》第1369册，台湾商务印书馆，1985。

（明）胡翰：《胡仲子集》，景印《文渊阁四库全书》第1229册，台湾商务印书馆，1986。

（明）黄佐：《翰林记》，景印《文渊阁四库全书》第596册，台湾商务印书馆，1985。

（明）姜南：《蓉塘诗话》，《续修四库全书》第1695册，上海古籍出版社，2001。

（明）蒋一葵：《尧山堂外纪》，《续修四库全书》第1195册，上海古籍出版社，2001。

（明）郎瑛：《七修类稿》，《续修四库全书》第1123册，上海古籍出版社，2001。

（明）雷礼纂辑《国朝列卿纪》，《明代传记丛刊》第32册，明文书局，1991。

（明）李昌祺：《运甓漫稿》，景印《文渊阁四库全书》第1242册，台湾商务印书馆，1986。

（明）李日华著，屠友祥校注《味水轩日记》，上海远东出版社，1996。

（明）廖道南：《殿阁词林记》，景印《文渊阁四库全书》第452册，台湾商务印书馆，1986。

（明）林鸿：《鸣盛集》，景印《文渊阁四库全书》第1231册，台湾商务印书馆，1985。

（明）钱谷编《吴都文粹续集》，景印《文渊阁四库全书》第1386册，台湾商务印书馆，1985。

（明）宋濂著，罗月霞主编《宋濂全集》，浙江古籍出版社，1999。

（明）孙矿：《书画跋跋》，景印《文渊阁四库全书》第816册，台湾商务印书馆，1986。

（明）陶宗仪：《书史会要》，上海书店，1984。

（明）王冀：《历代忠义录》，明嘉靖刻本。

（明）王世贞著，魏连科等点校《弇山堂别集》，中华书局，1985。

（明）王祎：《王忠文公集》，景印《文渊阁四库全书》第1226册，台湾商务印书馆，1986。

（明）文德翼：《求是堂文集》，《四库禁毁书丛刊》第141册，北京出版社，1997。

（明）乌斯道：《春草斋集》，上海书店，1994。

（明）吴伯宗：《荣进集》，景印《文渊阁四库全书》第1233册，台湾商务印书馆，1986。

（明）吴宽：《平吴录》，艺文印书馆，1964。

（明）解缙：《文毅集》，景印《文渊阁四库全书》第1236册，台湾商务印书馆，1986。

（明）徐一夔：《始丰稿》，景印《文渊阁四库全书》第1229册，台湾商务印书馆，1986。

（明）许中丽编《光岳英华》，《四库全书存目丛书》第289册，齐鲁书社，1997。

（明）叶盛：《水东日记》，中华书局，2007。

（明）叶盛著，魏总平点校《水东日记》，中华书局，1980。

（明）叶子奇：《草木子》，中华书局，2010。

（明）佚名：《秘阁元龟政要》，《四库全书存目丛书》第13册，齐鲁书社，1996。

（明）俞本撰，李新峰笺证《纪事录》，中华书局，2015。

（明）张朝瑞：《皇明贡举考》，《续修四库全书》第828册，上海古籍出版社，2002。

（明）张昱：《张光弼诗集》，商务印书馆，1934。

（明）郑真：《荥阳外史集》，景印《文渊阁四库全书》第1234册，台湾商务印书馆，1986。

（明）周楫纂，陈美林校点《西湖二集》，江苏古籍出版社，1994。

（明）朱谋垔：《续书史会要》，景印《文渊阁四库全书》第814册，台湾商务印书馆，1986。

（清）安岐：《墨缘汇观》，《中国历代书法艺术论著丛编》第32册，中国大百科全书出版社，1997。

（清）贝青乔：《半行庵诗存稿》，《清代诗文集汇编》第635册，上海古籍出版社，2010。

（清）陈田辑《明诗纪事》，上海古籍出版社，1993。

（清）陈衍辑，李梦生点校《元诗纪事》，上海古籍出版社，1987。

（清）董诰等纂《全唐文》，中华书局，1983。

（清）段玉裁：《说文解字注》，上海古籍出版社，2012。

（清）傅维麟：《明书》，《明代传记丛刊》第88册，明文书局，1991。

（清）傅占衡：《湘帆堂集》，《清代诗文集汇编》第27册，上海古籍出版社，2010。

（清）顾嗣立编《元诗选》二集，中华书局，1997。

（清）黄宗羲撰，沈芝盈点校《明儒学案》（修订本），中华书局，2008。

（清）黄宗羲撰，魏得良等点校《宋元学案》，浙江古籍出版社，1999。

（清）李绂：《穆堂别稿》，《清代诗文集汇编》第233册，上海古籍出版社，2010。

（清）陆继辂：《崇百药斋三集》，《续修四库全书》第1497册，上海古籍出版社，2001。

（清）陆心源：《皕宋楼藏书志》，清光绪八年刻本。

（清）钱大昕：《潜研堂集》，上海古籍出版社，2009。

（清）钱谦益：《列朝诗集小传》，上海古籍出版社，2008。

（清）钱熙彦编《元诗选补遗》，中华书局，2002。

（清）全祖望著，朱铸禹校注《全祖望集汇校集注》，上海古籍出版社，2000。

（清）邵远平：《元史类编》，《续修四库全书》第313册，上海古籍出版社，2001。

（清）孙承泽：《庚子销夏记》，景印《文渊阁四库全书》第826册，台湾商务印书馆，1986。

（清）孙尔准：《泰云堂集》，《清代诗文集汇编》第497册，上海古籍出版社，2010。

（清）王懋竑：《白田杂著》，景印《文渊阁四库全书》第859册，台湾商务印书馆，1986。

（清）王鸣盛著，黄曙辉点校《十七史商榷》，上海书店出版社，2005。

（清）王玉树：《经史杂记》，《续修四库全书》第1156册，上海古籍出版社，2001。

（清）吴升：《大观录》，《中国历代书法艺术论著丛编》第 30 册，中国大百科全书出版社，1997，

（清）吴修：《续疑年录》，《续修四库全书》第 517 册，上海古籍出版社，2002。

（清）永瑢等：《四库全书总目》，中华书局，2008。

（清）赵翼：《廿二史札记》，上海古籍出版社，2011。

（清）周寿昌：《汉书注校补》，上海古籍出版社，2006。

（清）朱彝尊：《曝书亭集》，世界书局，1978。

严耕望辑《石刻史料丛书》，艺文印书馆，1967。

李修生主编《全元文》，凤凰出版社，2004。

国家图书馆古籍馆编《中国古代地方人物传记汇编》，北京燕山出版社，2008。

二　相关著作

陈得芝：《蒙元史研究丛稿》，人民出版社，2005。

陈得芝：《蒙元史与中华多元文化论集》，上海古籍出版社，2013。

陈高华、史为民：《元代大都上都研究》，中国人民大学出版社，2010。

陈高华、张帆、刘晓：《元代文化史》，广东教育出版社，2009。

陈高华、张帆等点校《元典章》，天津古籍出版社，2011。

陈谷嘉：《元代理学伦理思想研究》，湖南大学出版社，2010。

陈来、杨立华等：《中国儒学史·宋元卷》，北京大学出版社，2011。

陈学霖：《明代人物与史料》，香港中文大学出版社，2001。

陈垣：《元西域人华化考》，上海古籍出版社，2008。

董光和、张国乔主编《孤本明代人物小传》，全国图书馆文献微缩中心，2003。

方龄贵：《元史丛考》，民族出版社，2004。

桂栖鹏：《元代进士研究》，兰州大学出版社，1997。

韩儒林：《穹庐集》，河北教育出版社，2000。

韩儒林主编《元朝史》，人民出版社，1986。

洪金富点校《元代台宪文书汇编》，"中央研究院"历史语言研究所，2003。

胡青：《吴澄教育思想研究》，江西教育出版社，2003。

黄兆强：《清人元史学探研——清初至清中叶》，稻乡出版社，2000。

贾继用：《元明之际江南诗人研究》，齐鲁书社，2013。

李渡：《明代皇权政治研究》，中国社会科学出版社，2004。

李天白：《江西宰相传》，江西教育出版社，2008。

李修生主编《全元文》，凤凰出版社，2004。

刘晓东：《明代士人生存状态研究》，吉林文史出版社，2002。

蒙思明：《元代社会阶级制度》，中华书局，1980。

钱穆：《中国学术思想史论丛》，生活·读书·新知三联书店，2009。

邱树森：《妥懽贴睦尔传》，吉林教育出版社，1991。

瞿林东：《中国古代史学批评纵横》，中华书局，1994。

瞿林东：《中国史学史纲》，北京出版社，1999。

饶宗颐：《中国史学上之正统论》，上海远东出版社，1996。

任崇岳：《庚申外史笺证》，中州古籍出版社，1991。

商传：《明代文化史》，东方出版中心，2007。

尚衍斌：《元史及西域史丛考》，中央民族大学出版社，2013。

申万里：《理想、尊严与生存挣扎：元代江南士人与社会综合研究》，中华书局，2012。

申万里：《元代教育研究》，武汉大学出版社，2007。

孙立群：《中国古代的士人生活》，商务印书馆，2003。

唐朝晖：《元遗民诗人群研究》，海南出版社，2006。

涂云清：《蒙元统治下的士人及其经学发展》，台湾大学出版中心，2012。

王明荪：《辽金元史学与思想论稿》，花木兰文化出版社，2009。

王明荪：《元代的士人与政治》，花木兰文化出版社，2012。

吴晗：《朱元璋传》，生活·读书·新知三联书店，1965。

萧启庆：《九州四海风雅同——元代多族士人圈的形成与发展》，联经出版公司，2012。

萧启庆：《蒙元史新研》，允晨文化出版公司，1994。

萧启庆：《内北国而外中国：蒙元史研究》，中华书局，2007。

萧启庆：《元代的族群文化与科举》，联经出版公司，2008。

萧启庆：《元代进士辑考》，"中央研究院"历史语言研究所，2012。

萧启庆主编《蒙元的历史与文化——蒙元史学术研讨会论文集》，台湾学生书局，2001。

徐远和：《理学与元代社会》，人民出版社，1992。

徐子方：《挑战与抉择：元代文人心态史》，河北教育出版社，2001。

杨伯峻：《春秋左传注》，中华书局，1990。

杨昶编《明代人物别名索引》，崇文书局，2008。

杨镰：《元代文学编年史》，山西教育出版社，2005。

杨镰：《元诗史》，人民文学出版社，2003。

么书仪：《元代文人心态》，生活·读书·新知三联书店，1998。

姚大力：《蒙元制度与政治文化》，北京大学出版社，2011。

袁冀：《元吴草庐评述》，文史哲出版社，1978。

展龙：《元明之际士大夫政治生态研究》，人民出版社，2013。

张云：《元代吐蕃地方行政体制研究》，中国社会科学出版社，1998。

郑克晟：《明代政争探源》，天津古籍出版社，1988。

郑克晟：《明清史探实》，中国社会科学出版社，2001。

郑晓江主编《江右思想家研究》，中国社会科学出版社，2003。

周少川：《元代史学思想研究》，社会科学文献出版社，2001。

三　学术论文

崔志伟：《元末明初松江文人群体研究》，博士学位论文，上海大学，2011。

郝永伟：《元代江西文人诗集序文之整理与研究》，硕士学位论文，江西师范大学，2008。

利煌：《范梈的生平和交游》，硕士学位论文，暨南大学，2006。

马晓林：《元代国家祭祀研究》，博士学位论文，南开大学，2012。

史江：《宋代会社研究》，博士学位论文，四川大学，2002。

王建军：《元代国子监研究》，博士学位论文，暨南大学，2002。

吴愫劼：《元明易代之际悲剧人物危素研究》，硕士学位论文，西北师范大学，2013。

吴晓红：《危素研究》，硕士学位论文，江西师范大学，1996。

武海波：《危素交游研究——以师辈、同僚、方外友人为考察对象》，硕士学位论文，暨南大学，2014。

岳峰：《贡师泰诗歌研究》，硕士学位论文，扬州大学，2012。

赵玉萍：《危素〈云林集〉注释与研究》，硕士学位论文，陕西师范大学，2015。

周春江：《余阙及其〈青阳集〉研究》，硕士学位论文，安徽大学，2014。

陈寅恪：《吾国学术之现状及清华之职责》，《金明馆丛稿二编》，生活·读书·新知三联书店，2001。

柴文俊：《明初元遗民的生存状态》，《南阳理工学院学报》2013年第1期。

陈高华：《元史纂修考》，《历史研究》1990年第4期。

邓京力：《关于古代历史人物评价标准问题的研究与反思》，《学习与探索》2011年第3期。

段海蓉：《元末江南士人在大都的活动——以迺贤为例》，《中国文化研究》2009年第4期。

高荣盛：《元代祭祀三题》，《南京大学学报》（哲学·人文科学·社会科学版）2000年第6期。

胡青、桑志军：《危素学术思想探析》，《江西教育学院学报》（社会科学）1998年第5期。

黄丽娟：《明刘彦昺生卒年考略》，《古籍整理研究学刊》2007年7月第4期。

贾继用：《元明之际汉族遗民诗人考论》，《阜阳师范学院学报》2010年第5期。

江湄：《元代"正统"之辨与史学思潮》，《中国史研究》1996年第3期。

孔繁敏：《危素与〈宋史〉的纂修》，《燕京学报》1996年第1期。

赖瑞和：《论唐代的检校郎官》，《唐史论丛》第10辑，2008。

李超：《危素文章"太音元酒"论》，《东华理工大学学报》（社会科学版）2010年第3期。

李圣华：《"元季之虎"危素——兼谈〈儒林外史〉对危素的讽刺》，《文学史话》2012年第6期。

李治安：《修端〈辨辽宋金正统〉的撰写年代及正统观考述》，《内陆亚洲历史文化研究——韩儒林先生纪念文集》，南京大学出版社，1996。

林红：《元遗民诗人的群体文化特征》，《社会科学战线》2004 年第 4 期。

刘庆华：《论〈儒林外史〉中危素的形象及意义》，《明清小说研究》2010 年第 2 期。

刘祥光：《从徽州文人的隐与仕看元末明初的忠节与隐逸》，《大陆杂志》1997 年 94 卷第 1 期。

罗小东：《论元代末年的士风与诗风》，《华东师范大学学报》2003 年第 6 期。

彭茵：《"不负科名"：元末文人余阙述略——兼论元代少数民族文人群体出现的土壤》，《南京社会科学》2007 年第 8 期。

邱树森：《脱脱和辽金宋三史》，《元史及北方民族史研究集刊》第 7 期。

饶龙隼：《明初诗文的走向》，《江西师范大学学报》2001 年第 2 期。

任崇岳：《论朱元璋对待儒士的态度》，《中州学刊》1982 年第 4 期。

任红敏：《文化遮蔽下的宋元遗民及其遗民文学》，《内蒙古社会科学》2012 年第 2 期。

商传：《元末明初的学风》，《明史研究论丛》第七辑，紫禁城出版社，2007。

尚衍斌：《读〈宋濂全集〉札记（六则）》，载达力扎布主编《中国边疆民族研究》第八辑，中央民族大学出版社，2015。

师纶：《危素〈西宁王忻都碑〉及其他》，《民主协商报》2005 年第 3 期。

谭文选：《张雨〈题张彦辅二画诗卷〉重录考略》，《美术学报》2012 年第 2 期。

檀上宽、王霜媚：《日本关于元末明初研究的变迁与现状简介》，《第六届明史国际学术讨论会论文集》，东北师范大学出版社，1999。

唐朝晖：《元代理学与元遗民文人群心态》，《文学评论》2010 年第 3 期。

万明：《明初政治新探——以诏令为中心》，《明史研究论丛》第九辑，紫禁城出版社，2011。

王颋：《元英宗朝政治与南坡之变》，《暨南史学》第 1 辑，暨南大学出版社，2002。

王晓清：《宋元史学的正统之辨》，《中州学刊》1994 年第 6 期。

王媛：《〈元音遗响〉作者考》，《中国典籍与文化》2001 年第 3 期。

魏红梅：《从交游对象看余阙的交游特点》，《山西财经大学学报》2012 年第 4 期。

魏青：《论元末明初文坛的风云变幻与文人走向》，《厦门教育学院学报》2005 年第 3 期。

温世亮：《危素文学思想与创作实践平议》，《山西师大学报》2015 年第 1 期。

乌兰察夫、段文明：《理学在元代的传播与发展》，《朱子学新论——纪念朱熹诞辰 860 周年国际学术会议论文集》，上海三联书店，1991。

吴海涛：《贺惟一与元末政治》，《阜阳师院学报》1997 年第 1 期。

吴愫劼：《和谐家庭 和谐宗族——浅谈危素社会思想之宗族建设》，《丝绸之路》2012 年第 18 期。

吴廷嘉：《历史人物研究中的几个理论问题》，《安徽史学》1986 年第 3 期。

向燕南：《宋濂的史学思想》，《湛江师范学院学报》2008 年第 1 期。

萧启庆：《元明之际的多元政治抉择——以各族进士为中心》，《台大历史学报》2003 年第 32 期。

徐子方：《从宋濂、刘基的早期诗文看其由元入明前后的心态》，《浙江社会科学》2005 年第 3 期。

颜培建：《元代史学家苏天爵交游考述》，《南阳理工学院学报》2010 年第 1 期。

杨杭军：《朱元璋与明初江南士人》，《河南师范大学学报》1992 年第 1 期。

张帆：《元代经筵述论》，《元史论丛》第 5 辑，中国社会科学出版社，1993。

张佳：《明初的汉族元遗民》，《古代文明》2014 年第 1 期。

张文澍：《蒙元之贰臣，朱明之废宦，易代之文人——论元明之际作家危素》，《厦门教育学院学报》2010 年第 4 期。

张燕婴：《稿本〈故中书舍人南丰先生曾公谥议〉述略》，《文化遗产》

2008 年第 3 期。

郑克晟：《元末的江南士人与社会》，《东南文化》1990 年第 4 期。

朱仲玉：《明代江西籍史家作品述略》，《赣南师范学院学报》1990 年第 2 期。

左东岭：《元明之际的种族观念与文人心态及相关的文学问题》，《文学评论》2008 年第 5 期。

附录　危素简明年谱

一岁　元成宗大德七年癸卯（1303）

生于江西临川金溪县。

四岁　元成宗大德十一年丁未（1307）

祖父危龙友命之读书。成宗崩，武宗即位，加孔子号曰"大成"。

九岁　元仁宗皇庆元年壬子（1312）

祖父命往姑父刘永定家学习。朝廷定翰林国史院秩，博选中外之士居之。

十一岁　元仁宗延祐元年甲寅（1314）

外公黄顺翁卒。铁木迭儿复任右丞相，阿散为左丞相。

十五岁　元仁宗延祐五年戊午（1318）

通五经大旨，据座为人师，与同郡葛将、曾坚、黄晖、葛元哲，互相督促学习。向金溪县主簿徐长公问学。作《春日上高桥阡》。

十七岁　元仁宗延祐七年庚申（1320）

开始跟随范梈学习。仁宗卒，铁木迭儿任太师。

二十岁　元英宗至治二年壬戌（1322）

范梈调任福建廉访司后，转从吴澄学习。

二十一岁　元英宗至治三年癸亥（1323）

吴澄得授翰林学士同修国史，素又转投孙辙门下学习。至治年间，素客居邻境贵溪，游学于桂武仲处。

秋八月，铁木迭儿卒，太皇太后弘吉剌氏崩，以拜住为右丞相。

二十二岁　泰定帝泰定元年甲子（1324）

作《赵步院记》。皇太子阿速吉八立。

二十三岁　泰定帝泰定二年乙丑（1325）

三月，时素居深山，心中郁郁，作《东风行》《临川危氏家谱序》。

九月，与邓晋同游崇山，作《崇山游》。

二十六岁　泰定帝致和元年、元文宗天历元年戊辰（1328）

素父危永吉卒，葬于金溪白马乡范田之原。泰定帝崩，文宗立，禁蒙古人、色目人居亲丧。

二十八岁　元文宗至顺元年庚午（1330）

约是年，从祝蕃、李存游学。范椁卒，素照顾其遗孤，且请吴澄撰铭纪念。云南诸王秃坚反，立明宗子懿璘质班为邛王，立燕王阿剌忒纳答剌为皇太子。

三十一岁　元顺帝元统元年癸酉（1333）

素家遭遇官司，客居郡城，与孙辙为邻。闲时尝与道人郊游，作《和吴尊师龙兴纪游二十一首》。吴澄卒。作《平偃六策序》。

三十二岁　元顺帝元统二年甲戌（1334）

请虞集、李存为金溪葛氏孝女撰文。孙辙卒。元统间，素往何仙舟读书山中学习。作《杨氏族谱序》《送琴师张宏道序》《至元长庆寺碑记》。

三十三岁　元顺帝后至元元年乙亥（1335）

送别好友葛将，作《别友赋葛子熙》《送曾君静从军广西序》。

冬十一月，诏罢科举。

三十四岁　元顺帝后至元二年丙子（1336）

祝蕃卒。作《千字文跋》《游先生文集目录后记》《送史县尹诗序》《禅居寺芳禅师塔铭》。

三十五岁　元顺帝后至元三年丁丑（1337）

十月，出游金陵，虞集作《送危太朴序》。西番乱，杀镇西王党兀班，寻蔓延至二百余处。

三十六岁　元顺帝后至元四年戊寅（1338）

抵金陵，与僧人明晋、善继、如璧、道士费一元游牛头山，作《游牛头山记》。结识张起岩、张翥等人。作《送陈子嘉序》《释景洙翠屏文集序》《安乐寺记》。

三十七岁　元顺帝后至元五年己卯（1339）

作《张文忠公年谱序》《武伯威诗集序》。

三十八岁　元顺帝后至元六年庚辰（1340）

作《桂先生碑》。

三十九岁　元顺帝至正元年辛巳（1341）

随张起岩入朝，拜谒苏天爵、揭傒斯等人，翰林承旨脱脱为素筑室而居。作《兴学颂》。

四十岁　元顺帝至正二年壬午（1342）

用大臣荐，入为经筵检讨，揭傒斯匾其室曰"说学斋"，李存撰《说学斋铭》相贺。与中书右丞贺惟一论史事，作《上贺相公论史书》。柳贯卒，素妻舒氏去世。作《借书录序》《太平十策序》《跋陈去非手写诗卷》《元故都昌陈先生墓志铭》。

四十一岁　元顺帝至正三年癸未（1343）

三月，命脱脱等修三史。

素分修《宋史》，奉命往江南搜求前朝遗书逸事，途中结识乃贤、胡助等人。续娶赵氏。作《山庵图序》《金溪县后赛院置田记》《故宋秘书监毛公墓表》《故将仕郎漳州路总管府知事赵府君墓铭》。

四十二岁　元顺帝至正四年甲申（1344）

揭傒斯、吴师道卒。作《余姚核田记》《余姚州经界图记》《余姚州同治廨瑞柏堂记》《盗发彭府君墓记》《乐平州慈湖书院赡学田记》《夏小正经传考序》《桧亭集序》《白云稿序》《吾丘子行学古编序》《端静冲粹通妙真人黄君寿藏碑》《故贵溪彭君墓碣铭》《曾夫人何氏墓碣铭》《曾秀才墓志铭》《沈秀才墓志铭》《宜兴储先生墓志铭》。

四十三岁　元顺帝至正五年乙酉（1345）

三史修成，改任国子助教。作《三节堂赋》《友樵斋记》《君臣政要序》。

四十四岁　元顺帝至正六年丙戌（1346）

分监上都国子学，整顿学务，帮助地方缙绅兴办私学。作《清啸轩记》《休宁县尹唐君核田记》《国子监分学题名记》《殿中司题名记》《洪赞孔子庙素像记》《昭福寺法堂记》《昭先小录序》《送叶庸生序》《李节妇诗序》《送湖州吴教授诗叙》《送邹景孟序》《承宣集序》《孝经辑注序》《鄞江送别图序》《溪香文集序》《送彭公权序》《汉艺文志考证序》《本政书序》《赠潘子华序》《送葛子熙序》《郑童子墓铭》《祭揭侍讲文》《侍读学士尚师简神道碑》。

四十五岁　元顺帝至正七年丁亥（1347）

受代回京，除应奉翰林文字，转宣文阁授经郎，兼经筵译文官。时戚里大臣子弟顽劣不堪，素创立条规，赏罚教训，官学氛围暂时有所好转。作《玄儒吕先生道行记》《黄氏族谱序》《舒文靖公文集序》《送刘子铉序》《仙岩图序》《燕石集后序》《舒伯可墓志铭》《兰亭定武本跋》。

四十六岁　元顺帝至正八年戊子（1348）

复入翰林为应奉，受命修累朝后妃、功臣列传。虞集卒。十一月，台州方国珍兵起。作《金溪县梁安峡义度记》《尊经阁记》《经邦轨辙序》《送方推官赴嘉兴序》《送敖巡检序》《史馆购书目录序》《跋〈冷应澄传〉后》《刘中立故妻张氏墓志》。

四十七岁　元顺帝至正九年己丑（1349）

作《莲华宝胜寺记》《安公堤记》《江州路能仁禅寺三门记》《静明书塾记》《翰林国史院经历司题名记》《儒英阁记》《兰溪桥记》《信州龟峰瑞相寺记》《怀德书院记》《王左山房记》《马兰桥毛氏族谱序》《杨梓人待制文集序》《送郭真人还玉简山序》《横州新城诗序》《送归宪使赴河西诗序》《送徐时之还句吴序》《送董英仲琴师诗序》《洪杏庭集序》《故管领随路蒙古汉人军民都总管府判官彭君墓志铭》《处士刘公墓志铭》《故金潭先生于君墓铭》《鹤斋诗跋》。

四十八岁　元顺帝至正十年庚寅（1350）

张雨卒。作《存存斋赋》《望番禹赋》《经律图赞》《赐帛颂》《蕲春县兴学颂》《云林图记》《上都宜兴州孔子庙建两庑记》《无量寿庵记》《云台大隐记》《翊正司题名记》《吏部主事题名记》《龙山堂记》《文始道院记》《惠州路东坡书院记》《中书省刑部题名续记》《石鹿书院记》《送道士李九成序》《送镏志伊采大元文乘序》《送苏县尉序》《黎省之诗序》《送夏仲信序》《安福周氏族谱序》《太行书院四咏序》《柳待制文集序》《宇文氏族谱序》《贵溪郑氏家谱序》《雪松隐者图序》《异石铭》《范文正公读书台铭》《刘桂翁先生墓志铭》《王仲善墓志铭》。

四十九岁　元顺帝至正十一年辛卯（1351）

与张翥同迁儒林郎太常博士，人称"双璧"。建议皇帝亲自参加祭祀，修筑北郊以分祭天地，并且撰写三皇《祭礼》与《乐章》。颍州刘福通、罗田徐寿辉起义。作《宁都州儒学新作礼殿记》《梅江书院高明楼记》《赈恤乐户记》《赵氏家法记》《庐陵萧氏先世画像记》《陈氏尚德堂记》《定武王氏族谱序》《先天观诗序》《临川王氏世谱序》《三皇祭礼序》《广信文献录序》《广信桂氏三世文集序》《洒易之金台后稿序》《卫氏族谱序》《明伦传序》《故昭信校尉管军千户累赠中奉大夫山东东西道宣尉使护军追封太原郡公王公神道碑》《江州路玄妙观碑》。

五十岁　元顺帝至正十二年壬辰（1352）

苏天爵卒。作《世学楼记》《扬州正胜寺记》《太行书院先贤祠记》《扬州普门禅寺庵记》《元氏世录序》《玉堂集序》《送许巡检序》《浸铜要略序》《濡水集序》《永丰王氏族谱序》《续复古编序》《故翰林学士承旨资善大夫知制诰兼修国史赠推忠辅义守正功臣集贤学士上护军追封涞水郡公谥忠嘉耶律公神道碑》《大元钦象大夫提点司天监事王公寿藏碑》《宋乡贡进士周先生墓》《故刘君允恭夫人余氏墓志铭》《故何君国佐墓铭》。

五十一岁　元顺帝至正十三年癸巳（1353）

转国子监丞，出己资刻《小学》书与《夏小正经传考》，以惠学者。

夏五月，泰州张士诚起兵；六月，皇太子爱猷识理达腊立。

作《尼山大成殿四公配享记》《文殊师利菩萨无生戒经序》《上都分学书目序》《玄儒吴先生碑》《元江西湖东道肃政廉访司经历赠嘉议大夫中书礼部尚书上轻车都尉追封荥阳郡侯郑公绍墓志铭》《邓汝贞墓铭》。

五十二岁　元顺帝至正十四年甲午（1354）

擢兵部员外郎，于雄、霸二州开垦荒田。李存卒。作《故承事郎汴梁路通许县尹王公墓碣铭》《元故奉议大夫行宣政院经历王公墓志铭》《故天临路医学教授彦君墓铭》。

五十三岁　元顺帝至正十五年乙未（1355）

迁礼部郎中，赞皇太子爱猷识理达腊受玉册；拜监察御史，录英宗朝御史观音保等四人子嗣为官，且为囊加歹昭雪平冤；迁工部侍郎，以廉访使身份前往淮南考察，上余阙捍贼功状。胡助卒。刘福通拥韩林儿为小明王，国号宋，建元龙凤。作《金溪黄氏墓记》《南丰曾氏祠堂记》《兵部续题名记》《静修书院记》《杜氏世谱考异序》《故临川处士饶君大可甫墓碣铭》。

五十四岁　元顺帝至正十六年丙申（1356）

转大司农丞，以雄、霸屯田供给京粮。朱元璋取集庆。作《云林图续记》《元故番易李先生墓志铭》。

五十五岁　元顺帝至正十七年丁酉（1357）

升大司农少卿，复入礼部为尚书。黄溍、欧阳玄卒。刘福通所部红巾军三道北伐。

五十六岁　元顺帝至正十八年戊戌（1358）

代祀北岳葛洪山，受命为参议中书省事，兼经筵官。余阙、郑玉卒。作《大元故翰林侍讲学士中奉大夫知制诰同修国史同知经筵事赠中奉大夫江西等处行中书省参知政事护军追封江夏郡公谥文献黄公神道碑》。

五十七岁　元顺帝至正十九年己亥（1359）

进御史台治书侍御史。素未受到贺惟一党人贪赃案牵连，得皇太子手书"澄清忠义，清白传家"。作《大元敕赐故翰林学士承旨光禄大夫知制诰兼修国史赠光禄大夫大司徒柱国追封楚国公谥文宪程公神道碑铭》。

五十八岁　元顺帝至正二十年庚子（1360）

任中书参知政事。陈友谅杀徐寿辉，改国号汉，建元大义。作《中书左司省掾题名后记》《静江路新城记》《有元元阿育王山广利禅寺住持兼住天童景德寺佛日圆明普济禅师光公塔铭》。

五十九岁　元顺帝至正二十一年辛丑（1361）

作《杭州路皇冈书院记》《唐陆柬之书文赋后》。

六十岁　元顺帝至正二十二年壬寅（1362）

夏五月，明玉珍自称陇蜀王。六月，察罕帖木儿被杀，其子扩廓帖木儿代之。作《改封齐国公制》《白水观记》《元故徵君杜公伯原父碑》《元故薛君思永配倪夫人墓铭》《大元敕赐追封西宁王忻都公神道碑》。

六十一岁　元顺帝至正二十三年癸丑（1363）

贺惟一卒。作《朝元阁记》《古灵书院记》。

六十二岁　元顺帝至正二十四年甲辰（1364）

草诏削孛罗兵权，除翰林学士承旨知制诰、兼修国史。未几，孛罗入京问罪，将素外放岭北左丞。因不满时政，遂告病辞归房山。朱元璋称吴王。编《临川吴文正公年谱》，作《题何秘监归庄图》。

六十六岁　元顺帝至正二十八年戊申（1368）

八月明军入京，素投降输告身。黄哻、乃贤、张翥卒。顺帝北奔。作《天宁寺碑记》。

六十七岁　明太祖洪武二年己酉（1369）

正月，同元故臣张以宁、曾坚等八十余人至南京，素受任翰林侍讲学士。

二月，撰《皇陵碑》文。

十月，甘露降于钟山，素向太祖称贺。

十一月，同宋濂、王祎、魏观等人参加御宴，素临席赋诗得太祖褒奖。

六十八岁　明太祖洪武三年庚戌（1370）

正月，作《济南府治记》。

四月，复为翰林侍讲学士，兼弘文馆学士。太祖赐之小车以代步，并许素免行朝谒礼。顺帝崩，子爱猷识理达腊即位。

是年冬，素遭监察御史王著等弹劾，坐免出居和州。张以宁、曾坚、陈基卒。

七十岁　明太祖洪武五年壬子（1372）

正月十四日，妻赵氏卒，二十五日素去世。明师以徐达、李文忠、冯胜等分道北伐。

二月十五日，权厝于含山。

明太祖洪武十年丁巳（1377）

素子危贠撰写行状，请宋濂作铭。

后 记

读者眼前的这册小书，是在本人博士学位论文基础上修改而成的。虽然文绌辞鄙、识浅力薄，却反映的是作者青年时期求学治史的一种面貌。倘若能供诸君从中去粗取精，此书便达到了它的最大目的。

追求学术研究的兴趣，始于 2010 年考入北京师范大学历史学院。硕士研究生入学后，我与同门孙虎君、伯国君得到业师王东平教授的亲炙，三年间竞相追赶，努力填补知识缺漏。王老师的研究方向是明清史及北方民族史，他很重视让我们学习民族语言并使用档案资料，还经常谈到自己在南京大学元史研究室的学习经历。王老师的言传身教，激起了我对民族史前辈名家的无限景仰；加之在学习清史过程中，常遇到清人追述蒙古先世的情况，这就愈发令我好奇，想要一窥蒙元史的神秘面目。机缘巧合，2013 年我慕名投入中央民族大学尚衍斌教授门下，开始攻读博士学位。

尚老师长期致力于蒙元史与民族史的研究，尤其在西域史及家族、人物史方面拥有相当精深的学术造诣。当得知我硕士期间的研究重心在清代西北民族时，先生不以为意，反而询问我是否愿意转到元史方向。我欣然答应，毕竟这是中外瞩目的学术领域，何况若能打通元、清似乎也有裨于学问。入门之后我暗下决心弥补基础，先生不仅以经年积累的读书方法无私相授，还许我参加以研讨为首务的元史读书班。如此训练使我很快尝到初窥门径的快乐，然而当面临学位论文选题时，我却仍感到有些游移。先生提醒我不妨从人物着手，一方面基于我对历史人物已有些许研究经验，另一方面元朝士人常有文集传世，主要资料相对集中也易于把握。受到先生的一番启发,我最终确定以危素作为毕业论文的研究对象。在元末的历史舞台上,危素作为一介书生跻身政坛,又因投降明朝而遭受讥讽,他复杂的人生经历引发了我的研究关注。危素生逢元明鼎革之际,交游又不止于汉人,所以在他身上折射出多民族交流频仍的时代特点,这是民族史研究不容忽视的一个课题。

带着对这个问题的持续思考,我进入中国社会科学院民族所博士后流动站,跟随刘正寅教授继续学习。刘老师注意到我常受考据细节方面的困扰,学术视野不够宽广,因此建议我多借鉴人类学、民族学的理论方法,并鼓励我结合不同学科视角,以危素为切入点,考察中华民族共同体形成与发展过程中的历史关节。这便为我接下来的学术研究打开了新思路。留在所里工作后,在刘正寅老师、彭丰文老师等各位前辈学者的支持和推动下,我以本书申请获得了中国社会科学院创新工程出版资助,并收到社会科学文献出版社郑庆寰先生的枣梨之邀。

在拙著的撰写与修订过程中,除上文提及的各位先生外,还承蒙乌兰研究员、达力扎布教授、奇文瑛教授、赵令志教授、王明荪教授、洪金富研究员等贤师硕儒以及白浩琨兄、卢绪友兄等高朋雅士的指点与帮助,并且各位评审专家和编辑老师也给予了相当宝贵的意见,在此一并致以谢忱。

家人始终默默付出,成为我迈上学术之路不敢回首的牵念。危素诗云:"千里家乡渐投老,云山烂漫许相寻",老去的岂止岁月,寻得的唯有余欢。

肖超宇

2020 年 5 月 23 日

图书在版编目（CIP）数据

元末士人危素研究／肖超宇著．－－北京：社会科
学文献出版社，2020.5
ISBN 978 - 7 - 5201 - 6414 - 6

Ⅰ.①元⋯　Ⅱ.①肖⋯　Ⅲ.①危素－人物研究　Ⅳ.
①K825.4

中国版本图书馆 CIP 数据核字（2020）第 047182 号

元末士人危素研究

著　　者／肖超宇

出 版 人／谢寿光
责任编辑／郑庆寰
文稿编辑／李帅磊

出　　版／社会科学文献出版社·历史学分社 （010）59367256
　　　　　地址：北京市北三环中路甲 29 号院华龙大厦　邮编：100029
　　　　　网址：www. ssap. com. cn
发　　行／市场营销中心 （010）59367081　59367083
印　　装／三河市尚艺印装有限公司

规　　格／开　本：787mm × 1092mm　1/16
　　　　　印　张：14.5　字　数：236 千字
版　　次／2020 年 5 月第 1 版　2020 年 5 月第 1 次印刷
书　　号／ISBN 978 - 7 - 5201 - 6414 - 6
定　　价／79.00 元